Thomas Grosse | Lisa Niederreiter | Helene Skladny (Hrsg.)
Inklusion und Ästhetische Praxis in der Sozialen Arbeit

D1620355

Thomas Grosse | Lisa Niederreiter |
Helene Skladny (Hrsg.)

Inklusion und Ästhetische Praxis in der Sozialen Arbeit

Bibliografische Information der Deutschen Nationalbibliothek
Die Deutsche Nationalbibliothek verzeichnet diese Publikation in der
Deutschen Nationalbibliografie; detaillierte bibliografische Daten sind
im Internet über http://dnb.d-nb.de abrufbar.

© 2015 Beltz Juventa · Weinheim und Basel
Werderstraße 10, 69469 Weinheim
www.beltz.de · www.juventa.de
Herstellung und Satz: Ulrike Poppel
Druck und Bindung: Beltz Bad Langensalza GmbH, Bad Langensalza
Printed in Germany
ISBN 978-3-7799-3315-1

Inhalt

Einleitung

In dieser Veröffentlichung soll die Inklusionsdebatte aus Sicht der Hochschullehre mit dem Schwerpunkt der Sozialen Arbeit beleuchtet werden. Die öffentliche Debatte um Inklusion wird – vor allem wenn es um pädagogische Belange geht – stark von der Diskussion innerhalb der Schule dominiert. Und tatsächlich sind die Herausforderungen im Bereich der Schule, insbesondere seit dem Inkrafttreten der UN-Behindertenrechtskonvention, groß: Geht es doch darum, Regelschulen dazu zu befähigen, heterogene Lerngruppen von Kindern und Jugendlichen mit unterschiedlichen Lern-, Entwicklungs- und Förderbedarfen gemeinsam zu unterrichten und das in einem bisher auf weitgehend homogene Lerngruppen ausgerichteten Schulsystem.

Die Theorie und Praxis der Sozialen Arbeit ist dagegen überwiegend von Gruppen geprägt, die sich durch Heterogenität auszeichnen. Die Menschen, an denen sich die vielfältigen Angebote der Sozialen Arbeit richten, sollen möglichst lebensweltorientiert angesprochen, beraten und begleitet werden. Persönliche Eigenschaften sollen demnach als Ressource begriffen werden und der Leitgedanke, die individuellen Stärken zu stärken und Schwächen zu schwächen, begleitet die Grundhaltung der Professionellen in diesem Feld seit langer Zeit. Folglich stehen Selektionssysteme, die auf Homogenität einer Gruppe zielen, im Widerspruch zu vielen Prozessen der Sozialen Arbeit und die Verschiedenheit der Klientinnen und Klienten ist eine aus dem Alltag sich ergebende Selbstverständlichkeit.

Seit sich mit Gründung der Fachhochschulen in Deutschland Soziale Arbeit als eigenständige Disziplin und Profession im Sinne einer Sozialarbeitswissenschaft herausgebildet hat, stellt der Themenbereich Kultur – Ästhetik – Medien eine wichtige Säule in Ausbildung und Alltagspraxis dar. Das Ästhetische als prä/nonverbale, leiborientierte, die Sinne integrierende und symbolische Wahrnehmungs-, Ausdrucks- und Handlungsform spielt eine große Rolle im Interventionskanon. Besonders in den letzten Jahren haben diese Arbeitsfelder innerhalb der Theoriebildung, Methodenentwicklung und systematisch empirischen Untersuchung an Bedeutung gewonnen. Sie haben – um im Bild zu sprechen – schon lange den Nimbus des in der Freizeit Bastelns, Musizierens oder Spielens etc. abgelegt. Der Stellenwert der Ästhetischen Bildung ist mittlerweile hinreichend herausgearbeitet, reflektiert und nachgewiesen. So reiht sich das vorliegende Buch in den Kontext von Veröffentlichungen der vergangenen Jahre, vor allem folgender Publikationen ein:

Jutta Jäger, Ralf Kuckherrmann (Hrsg.) (2004): Ästhetische Praxis in der Sozialen Arbeit. Wahrnehmung, Gestaltung und Kommunikation; Petra Marquardt, Wolfgang Krieger (2007): Potentiale Ästhetischer Praxis in der Sozialen Arbeit. Eine Untersuchung zum Bereich Kultur-Ästhetik-Medien in Lehre und Praxis; Anne Bamford (2010): Eine weltweite Analyse der Qualität künstlerischer Bildung und Mona-Sabine Meis, Georg-Achim Mies (Hrsg.) (2012): Künstlerisch-ästhetische Methoden in der Sozialen Arbeit. Kunst, Musik, Theater, Tanz und Neue Medien. Anknüpfend an diese einschlägigen Fachbücher wird der Diskurs nun hier auf das Thema „Inklusion" bezogen.

Folgende Leitmotive sind dabei von Bedeutung:

- Die „künstlerischen Fächer" ermöglichen Menschen mit unterschiedlichen Gaben und Fähigkeiten Räume für Begegnung und Kommunikation. Kulturelle, psychosoziale, körperliche und intellektuelle Andersartigkeiten und/oder Einschränkungen der verschiedenen Klientelgruppen erfordern erweiterte Handlungsräume. Dieser Freiraum kann durch die „Nichtzweckgebundenheit" der Künste zur Verfügung gestellt werden. Somit können künstlerische Formate, wie beispielsweise offene Ateliers, Theaterwerkstätten, Medienlabore, sozialraumorientierte Film-/Fotoprojekte oder die Arbeit mit interkulturellen Hiphop-Gruppen, um nur einige zu nennen, integrative Ermöglichungsräume eröffnen. Mit den aktuellen gesellschaftlichen Entgrenzungsdynamiken der Nachmoderne rückt die Fähigkeit zur Gestaltung und Deutung der eigenen Identität, Biografie und Lebenswelt für die Subjekte mehr und mehr in den Vordergrund. Dies ist umso bedeutsamer für von Deprivation und Exklusion bedrohte Individuen. Ästhetische Handlungsfelder können dazu beitragen, sich in hybriden Kulturen zu orientieren. Hier kann eine Verbindung zur Verortung ästhetischer Erfahrung als Ausdrucks-, Kommunikations- und Erkenntnisform hergestellt werden.
- Die Verbindung von Kunst und Sozialer Arbeit gewinnt auch deshalb immer mehr an Bedeutung, da die Künste selber soziales Handeln thematisieren, bzw. in einer Bandbreite verschiedenster künstlerischer Interventionen und Strategien innerhalb des Sozialen agieren. So nimmt sich beispielsweise Jochen Gerz mit seinem 2-3 Straßen-Projekt partizipativer Stadtteilarbeit im Ruhrgebiet an oder die Künstlergruppe „Wochenklausur" führt seit 1993 erfolgreich „soziale Interventionen" mit potenziellen Klientelgruppen durch, um nur einige zu nennen. Joseph Beuys Vision der „Sozialen Plastik" hat demnach in vielfacher Hinsicht konkrete Gestalt angenommen. Diese Entwicklung birgt vielfältige Chancen und

Handlungsmöglichkeiten Ästhetischer Bildung innerhalb der Sozialen Arbeit auf dem Weg zu einer inklusiven Gesellschaft.

- Ästhetische Bildung ermöglicht kulturelle und gesellschaftliche Teilhabe. Wenn Mona-Sabine Meis und Georg-Achim Mies in o. g. Publikation auf die scheinbare Paradoxie hinweisen, dass die sogenannte Hochkultur einerseits die Klientel Sozialer Arbeit ausschließt, sich andererseits aber durch Kunst und Kultur auch Brücken bauen ließen (2012, S. 33), wird die Bedeutung Ästhetischer Praxis für inklusive Angebote unmittelbar verständlich. Pierre Bourdieus Überlegungen zum kulturellen Kapital sind auch in der Inklusionsdebatte tragfähig und bieten einen guten Erklärungsansatz für die Bedeutung Ästhetischer Bildung.
- Und nicht zuletzt geht es um die Steigerung von Lebensqualität, die durch die Freude am Gestalten, an Musik, Bildern, Schauspiel, an gelungenen ästhetischen Räumen und Atmosphären im Zentrum stehen soll. Das ist ein Aspekt, der in der momentan weitgehend angestrengten Debatte über Inklusion Perspektiven eröffnen soll: Es erscheint immer wieder angebracht, darauf hinzuweisen, dass hierin der Wert Ästhetischer Praxis besteht und sich Menschen überhaupt aus diesem. Grund damit beschäftigen – und nicht, um Kunst und Kultur primär für Zwecke der Persönlichkeitsbildung zu instrumentalisieren.

Inklusion ist spätestens seit dem Beitritt Deutschlands zur UN-Behindertenrechtskonvention in aller Munde und steht als Leitbegriff in den meisten Konzeptionen der Einrichtungen Sozialer Arbeit. Sie ist jedoch inhaltlich nicht eindeutig definiert und wird mitunter inflationär aus einem gewissen Alltagsverständnis heraus nach dem Motto gebraucht, dass „wir ja alle unsere eigenen Stärken und Schwächen hätten". Im Zuge der Inklusionsdebatte bemühte Diskurse wie jener der „diversity" oder der „Stärkenperspektiven" in Verbindung mit einer zunehmenden Umbenennung von Eigenschaften und Problemlagen Einzelner oder sozialer Gruppen im Sinne der „political correctness" bergen nicht selten die Gefahr, reale Beeinträchtigungen und damit Hilfebedarfe zu verschleiern oder gar zu leugnen.

In diesem Buch sollen Beispiele aus den verschiedenen Handlungsfeldern der Ästhetischen Bildung innerhalb der Sozialen Arbeit unter dem Leitbegriff der Inklusion vorgestellt werden. Die Auswahl der Beiträge aus den Bereichen: Bildende Kunst, Theater, Musik, Neue Medien und Sprache erheben dabei keinen Anspruch auf Vollständigkeit, sondern haben exemplarischen Charakter. Der Aufbau des Buches folgt einer inhaltlichen Grundlinie, allerdings können alle Beiträge auch einzeln gelesen werden. Kennzeichnend für den Umgang mit der Thematik ist, dass in den jeweiligen Feldern verschiedene Herangehensweisen, Perspektiven und Definitionen von „Inklusion" erkennbar sind. Diese werden in manchen Beiträgen nochmals beschrieben. Dies ist mitnichten als Redundanz zu verstehen, sondern zeigt im Gegenteil auf, wie vielschichtig die Debatte geführt wird – auch im Bundesarbeitskreis Kultur-Ästhetik-Medien (BAKÄM), in dessen Umfeld die Idee zu dem vorliegenden Buch entstand und aus dessen Reihen die im BAKÄM vertretenen Lehrenden aus dem Bereich Soziale Arbeit einen Beitrag zu der Inklusionsdebatte leisten können. Entsprechend der an Fachhochschulen im Mittelpunkt stehenden praxisorientierten Lehre spielt der Theorie-Praxis-Transfer in den meisten Beiträgen eine gewichtige Rolle.

Die Zielgruppe des vorliegenden Bandes bilden alle in sozialen Arbeitsbereichen Tätigen, insbesondere Lehrende und Studierende der Sozialarbeit und Sozialpädagogik und verwandter Berufsgruppen. Ebenso können aber gerade die praxisorientierten Anteile der Beiträge auch für von Exklusion betroffene Personen, deren Angehörige oder Freundinnen und Freunde Anregungen und Argumentationshilfen bieten. Die Herausgebenden hoffen sehr, dass sich aus den Beiträgen ein entsprechend vielfältiges und inspirierendes Bild der Inklusionschancen in Deutschland herauslesen lässt. Die Autorinnen und Autoren haben zu einer weit gefächerten Ausrichtung beigetragen:

In seinem eröffnenden Beitrag „Inklusion und ästhetische Praxis" befasst sich **Clemens Dannenbeck** mit der Herausforderung für die professionelle Haltung, dass die Inklusionsorientierung aufgrund der prinzipiellen Unteilbarkeit des Menschenrechts auf uneingeschränkte und selbstbestimmte Teilhabe als Grundlage zu betrachten sei. Doch stellt er dabei dar, Inklusion nicht den handelnden Personen allein zu überlassen. Vielmehr erfordert das Thema Inklusion eine anhaltende theoretisch fundierte Reflexionsbereitschaft, die Fähigkeit zum analytischen Erkennen, den Willen zur Gestaltung strukturellen Wandels und zur praktischen Beseitigung von Teilhabebarrieren und Einschränkungen der Selbstbestimmung.

Wenn die Inklusionsdebatte wie eingangs erwähnt, in erster Linie auf die Schuldebatte reduziert wird, erscheint es sinnvoll, diese Diskussionsverläufe einzubeziehen. Aus diesem Grund haben **Ina Döttinger** und **Nicole Hollenbach** einen Beitrag verfasst, der einen Brückenschlag ermöglichen soll. Neben einem detaillierten Überblick der Fakten, Zahlen und Tendenzen im Vergleich der deutschen Bundesländer untereinander, befassen sich die Autorinnen mit der Frage der Umsetzung der UN-Behindertenrechtskonvention im Schulsystem. Dabei geht es sowohl um die – im internationalen Vergleich – geringe Inklusionsrate deutscher Regelschulen als auch um uneinheitliche und weit voneinander divergierende Diagnoseverfahren, da Förderbedarfe und Zuweisungen an Förderschulen in den einzelnen Bundesländern unterschiedlich gehandhabt werden. Der Beitrag zeigt somit grundsätzliche Problemfelder der Inklusionsdebatte auf, deren Ursache in gesamtgesellschaftlichen Prozessen zu suchen und für den Diskurs innerhalb der Sozialen Arbeit relevant ist.

Auf der Grundlage von kenntnis- und quellenreichen Überlegungen zum Integrations- und Inklusionsbegriff in seiner Entwicklung und vergleichenden Bedeutung für Menschen mit Beeinträchtigungen und Migrationshintergründen stellt **Wolfgang Krieger** sein Modell der Kulturkommunikativen Musikpädagogik in seinen Grundkoordinaten vor. Er versteht sie als einen sozialintegrativen und bildungsstützenden Ansatz und umreißt ihn anschaulich in seinen handlungsleitenden Ideen und methodischen Implikationen auf der Basis einer hohen Sensibilisierung für wechselseitige kulturalisierende, ethnisierende, ja autoethnisierende Attributionen der jugendlichen Akteure. Darin – anschaulich gemacht an beeindruckenden Praxisbeispielen transkultureller musikpädagogischer Arbeit – löst er den Anspruch des kulturellen Mandats der Sozialen Arbeit in der Eröffnung eines dritten Raums über die und in der musikalischen Begegnung ein.

Theo Hartogh bezieht in seinem Beitrag: „Inklusion demenziell veränderter Menschen – aufgezeigt am Beispiel kultureller Teilhabe" den Inklusionsbegriff als grundlegendes humanorientierendes Prinzip auf den Themenbereich Demenz. Nach einer detaillierten Einführung geht es ihm um die Frage der Rahmenbedingungen, bezogen auf gelingende Zugänge sowie Haltungen und Kompetenzen der zuständigen Institutionen und Akteure der Sozialen Arbeit. Darüber hinaus eröffnet der Beitrag Perspektiven, inwieweit kulturelle Inklusion zur Überwindung der im gesellschaftlichen und politischen Diskurs dominierenden medizinischen Sichtweise auf Demenz beitragen kann.

Anhand eines Theorie- und Praxisprojekts mit Studierenden zeigt **Kulkānti Barboza** Chancen und Möglichkeiten von Inklusion und Kultureller Bildung am Beispiel außerunterrichtlicher Sprachförderung mit ästhetischen Medien auf. Anschließend werden die dem Beitrag zugrundeliegenden Kernbegriffe der „Integration", der „Inklusion", der „Assimilation" sowie der „Exklusion/Separation" erörtert und einer kritischen Reflexion unterzogen.

Tilly Miller stellt ihren Ausführungen zunächst systemtheoretische Überlegungen voran, die Inklusion hinsichtlich ihrer Anschlussfähigkeit an rationale Systemlogiken in den Blick nehmen. Vor diesem Hintergrund formuliert sie für die theaterpädagogische Praxis die Dimension der Inklusion sowie handlungsleitende Überlegungen für Professionelle.

Mit dem Theater der Vielfalt beschreibt **Ingrid Hentschel** die langjährige, auf Diversität, Freiheit und Heterogenität der Akteure fußende performativ-künstlerische Praxis der Theaterwerkstatt Bethel. Im Gegensatz zur häufig kompetenzorientierten Begründung inklusiver pädagogischer Angebote zieht sie das sozialphilosophische Konzept der „Gabe" als Nukleus der dem Theaterspiel eigenen wechselseitigen Austauschprozesse heran, die trotz Freiwilligkeit per se von sozialer Verpflichtung und Partizipation jenseits von Beeinträchtigungen gekennzeichnet sind. Eine Reihe von theaterpädagogischen Interventionsbeispielen und Formaten lassen das Potenzial einer so verstandenen und verkörperten Theaterarbeit für ein oder als inklusives Prozessgeschehen aufscheinen.

Lisa Niederreiter thematisiert Methoden künstlerischen Forschens am Beispiel sogenannter „Outsiderart". Es geht ihr darum, Wirksamkeiten ästhetischer Rezeption und künstlerischen Ausdruckshandelns bezogen auf Bildungs- und Auseinandersetzungsprozesse für beeinträchtigte wie nicht beeinträchtigte Menschen gleichermaßen aufzuzeigen. Im Zentrum des Beitrags steht die Vorstellung und Auswertung eines Modellprojekts, das im Museum Kunsthaus Kannen gemeinsam mit Menschen mit psychischen Beeinträchtigungen durchgeführt wurde. An umfangreichem Bildmaterial werden einzelne Fallverläufen illustriert und Perspektiven inklusiver Kooperationsprojekte im Kontext von Sozialer Arbeit und Kunstmuseen aufgezeigt.

Inhaltlich an den Beitrag von Theo Hartogh anschließend, thematisiert **Helene Skladny** Chancen und Möglichkeiten ästhetischer Bildung innerhalb der Sozialen Arbeit im Umgang mit Menschen mit Demenz. Dabei problematisiert sie insbesondere das Phänomen der „ästhetischen Infantilisierung" und zeigt anhand eines Modellprojektes mit Studierenden im Bochumer Kunstmuseum Perspektiven kultureller Teilhabe auf.

Wolfgang Meyberg und **Carmen Dorrance** erläutern anhand der spezifischen Musizierpraxis des baskischen Instruments „Txalaparta", wie sich Inklusion praktisch umsetzen lässt und verbinden ihre Ausführungen mit direkten Hinweisen auf die entsprechenden politischen Vorgaben und Forderungen.

Elke Josties schildert in ihrem Beitrag ausgehend von einem Fallbeispiel sehr plastisch, welche Schwierigkeiten im Alltag bestehen, im Bereich der Ästhetischen Praxis Inklusion in Anspruch zu nehmen. Ergänzt durch einen kritischen Exkurs werden diese Überlegungen anhand des beruflichen Selbstverständnisses von Menschen mit „Behinderung" weiter auf Lebenswelten bezogen und dadurch verdeutlicht, welche Ansprüche an eine gelingende Inklusion an die Gesellschaft gestellt werden müssen.

Franz Josef Röll umreißt in seinen Ausführungen zum Beitrag der Neuen Medien in der Inklusionsdebatte zunächst die Problematik der Teilhabeungerechtigkeit, die bei eingeschränktem Zugang zu neuen Medien besteht. Anhand der in den letzten Jahren vorgenommen Änderungen wird deutlich, welche Barrieren abgebaut werden können, gleichzeitig aber lässt sich erkennen, dass damit allein eine Inklusion noch nicht erreicht wird.

Zwei Praxisbeispiele verdeutlichen, in welcher Form hier ein Beitrag in der Praxis Sozialer Arbeitet geleistet werden kann.

In dieser Veröffentlichung ist den Autorinnen und Autoren überlassen worden, welche Darstellungsform – gerade in Bezug auf geschlechtergerechte Sprache – sie wählen wollen. Das Gleiche gilt auch die Frage nach der Verwendung von Begrifflichkeiten wie „Beeinträchtigung" oder „Behinderung" etc. Die zunehmende Sensibilität für sprachliche Exklusionsprozesse sehen wir als einen ersten Schritt auf dem Weg zu einer nicht nur in Sprache, sondern auch im Alltag zunehmenden Inklusion. Wir wünschen allen Leserinnen und Lesern in diesem Sinne eine anregende Lektüre.

Detmold – Darmstadt – Bochum im Dezember 2014
Thomas Grosse, Lisa Niederreiter und Helene Skladny

Inklusion und ästhetische Praxis

Herausforderung für die professionelle Haltung

Clemens Dannenbeck

Vom Irritationspotenzial einer Notwendigkeit

Die gegenwärtig zu beobachtende theoretisch weitgehend uninformierte Diffusion des Inklusionsbegriffs in unseren alltäglichen Sprachgebrauch[1] wirft Fragen auf, die Politik, Leitmedien und leider auch manch fachwissenschaftliche Akteursebene öffentlichkeitswirksam längst beantwortet zu haben behaupten: Was kann denn unter einer „inklusiven" Gesellschaft verstanden werden? Und wie „inklusiv" ist es um unsere Gesellschaft denn bestellt? Nicht anders ist es zu erklären, dass sich zunehmend ein Verständnis von Inklusion durchsetzt, welches sich in einer maßvoll verbesserten Integration von Menschen mit (allerdings nur ganz *bestimmten*[2]) Behinderungen (vornehmlich ins (Schul-)Bildungssystem) erschöpft und dessen Grenzen im jeweils (partei-)politisch Gewollten, finanziell Machbaren und (sonder-)pädagogisch Vertretbaren ausgemacht werden. Die Diskussion gerät immer mehr in Widerspruch zur Tatsache, dass die *UN-Konvention über die Rechte von Menschen mit Behinderung (UN-BRK)* (seit immerhin 2009 hierzulande ratifiziertes Recht[3]) eine geradezu diametral entgegengesetzte Perspektive ein-

---

1 In diesem Zusammenhang überfällig wäre eine diskursanalytisch inspirierte Betrachtung dieses Prozesses, die aufzeigen könnte, wie sich Bedeutungsfelder von Inklusion durch die inflationäre Verwendung des Begriffs seitens der unterschiedlichen politischen, professionsspezifischen und medialen Akteure interessengeleitet entwickeln und verändern.

2 So weist etwa Ahrbeck (2014) in einem SPIEGEL-Gespräch öffentlichkeitswirksam auf die angeblich durch die Art der zugrundeliegenden Behinderung pädagogisch gebotenen Grenzen von Inklusion hin – eine seit langem vertretene Position, die sich offensichtlich durch die Verabschiedung der UN-BRK kaum irritieren ließ. Im selben Sinne äußert sich Josef Kraus, seit 1987 Präsident des Deutschen Lehrerverbandes, in der Talkrunde bei Günther Jauch am 18.5.2014 – und bekräftigt seine Position am Folgetag in einem Interview mit der Süddeutschen Zeitung (SZ), in dem er eine Inklusion aller Schüler mit Behinderung als illusorisch bezeichnet.

3 Zu den einschlägigen Originaltexten der UN-BRK und die Genese ihrer Verabschiedung, Ratifizierung sowie zum aktuellen Stand der Umsetzung vgl. die Homepage des Berliner

nimmt: Die Inklusionsforderung, in der UN-BRK menschenrechtlich konnotiert und begründet, stellt das jeweils politisch Gewollte, als finanziell machbar Angesehene und als pädagogisch vertretbar Behauptete *grundsätzlich* und *permanent* infrage.

Die gesellschaftspolitisch wie fachwissenschaftlich stets aufs Neue irritierende und provozierende Frage ist die nach den unmittelbaren und potenziellen Folgen sozialer Strukturen und Prozesse in Bezug auf Teilhabechancen und Ausschlussrisiken für kontextabhängig als *anders* markierte und marginalisierte Gruppen und Individuen – also keineswegs nur in Bezug auf Menschen mit Behinderungen. Es sind die herrschenden Strukturbedingungen, kollektiv wie individuell vollzogene Handlungsmuster und kulturell verfestigten Haltungen, die die Verhältnisse konstituieren und die sich erst dann zur Debatte gestellt sehen, wenn die Ratifizierung der UN-BRK in ihrer ganzen gesellschaftspolitischen Tragweite erkannt wird. In welchem Maß die gebotene Berücksichtigung der dort erfolgenden menschenrechtlichen Fundierung selbstbestimmter Teilhabe gegenwärtig gegeben ist, wird sich unter anderem in der Reaktion auf den *Ersten Staatenbericht der Bundesregierung*[4] sowie den im Jahre 2013 eingereichten *Parallelbericht der Zivilgesellschaft zur Umsetzung der UN-BRK*[5] erweisen[6]. Nicht weniger gilt diese Frage für die Disziplin und Profession Soziale Arbeit in all ihren Handlungsfeldern.

Im Folgenden soll von Sozialer Arbeit die Rede sein, insofern sie als Akteurin kultureller und/oder ästhetischer Bildung agiert (Hill 2012). Die Disziplin und die in ihrem Rahmen professionell Handelnden bewegen sich in einem Spannungsfeld zwischen sozialen Problemstellungen und ästhetisch-kulturellen Gestaltungsansprüchen. Dieses Spannungsfeld ist markiert durch interventionistisches Agieren in künstlerisch interpretierten und interpretierbaren Handlungsfeldern ebenso wie durch die Wahrnehmung von Bildungs- und Erziehungsaufgaben zum Zwecke der Ermöglichung ästhetischer Weltaneignung und Problembewältigung auf der Basis von Empowerment. Dabei fühlt sich Soziale Arbeit dem Prinzip sozialer Gerechtigkeit und der Erklärung der Menschenrechte verpflichtet.

Instituts für Menschenrechte (Sitz der Monitoringstelle für Deutschland): www.institut-fuer-menschenrechte.de.

4   BMAS (2011).

5   BRK-Allianz (2013). Die BRK-Allianz ist ein Zusammenschluss von 78 Organisationen der Zivilgesellschaft (Stand 2014).

6   Der UN-Fachausschuss hat den Termin für die Berichtsprüfung auf den April 2015 in Aussicht gestellt. Hierzu vgl.: http://www.institut-fuer-menschenrechte.de/monitoring-stelle/staatenberichtspruefung.html

„Die Kulturelle Bildung ist im Kontext der Sozialen Arbeit als gezielter aktiver Umgang mit künstlerischen Ausdrucksformen, kreativen Entwicklungsprozessen, kommunikativen Praktiken, sinnlichen Erfahrungen und kulturellen Konventionen zu verstehen. Sie ist als ressourcenorientierter Ansatz integriert, der am Alltag und an den Bedürfnissen der Individuen bzw. Zielgruppen ansetzt. Einerseits geht es um die Entwicklung individueller Potentiale von Kreativität und Sinnlichkeit zur Förderung des Selbstbewusstseins und der Persönlichkeitsentwicklung. Andererseits stehen die Aktivitäten immer in einem sozialen und kommunikativen Kontext" (Hill 2012, S. 739).

Soziale Arbeit in diesem Zusammenhang ist also zugleich professionelles – das heißt fachlich und wissenschaftlich begründetes – Agieren in kulturellen Handlungsfeldern wie auch Agieren mit kulturell-ästhetischem methodischem Instrumentarium. Beide Aspekte ließen sich in ihrer Genese kritisch-historisch analysieren und zu einer fachspezifischen Geschichte der Kulturellen Bildung in der Sozialen Arbeit unter Einschluss einschlägiger Methodenentwicklung ausarbeiten[7]. Dies soll jedoch an dieser Stelle nicht weiter verfolgt werden. Denn im Zusammenhang mit Inklusion stellt sich nicht so sehr die Frage nach den jeweiligen theoretischen oder methodischen Ausformungen Kultureller Bildung in der Sozialen Arbeit oder nach deren besonderer Geeignetheit (Effektivität und Effizienz) für spezifisch benachteiligte und Exklusionsrisiken ausgesetzte gesellschaftliche Teilgruppen. Auch das Bemühen um beispielsweise ein Stück mehr Barrierefreiheit in sozialen Einrichtungen oder die (nicht selten lediglich punktuelle, selektive und projektgebundene) Öffnung von Angeboten zum Zweck der Begegnung etwa zwischen Menschen mit und ohne Behinderung entspricht dabei nicht schon einer Einlösung der Inklusionsforderung im Sinne der UN-BRK. Vielmehr geht es in *diesem* Zusammenhang um eine *grundsätzliche* Bereitschaft zur *Reflexion* des fachlichen Selbstverständnisses wie der Praxen in Bezug auf das jeweilige Verhältnis von Inklusion und Exklusion. Oder plakativer ausgedrückt: Der fehlende Aufzug selbst wäre zunächst gewissermaßen als bloßes *Integrations*problem zu betrachten – wenn es hingegen um das Thema *Inklusion* geht, wäre der diskursive und praktische *Umgang* mit dieser Tatsache, also die Einordnung des analysierten Problems (hier: barrierebehafteter Zugang, eingeschränkte Nutzungsmöglichkeit mit der Folge gruppenspezifischer Exklusion) in eine Gesamtstrategie der Einrichtung[8] in das Zentrum der Bemühungen zu stellen.

---

7   Vgl. hierzu etwa Treptow (2012). Zur Methodenvielfalt vgl. Meis/Mies (2012).
8   Zur praktischen Umsetzung einer inklusionsorientierten Organisationsentwicklung unter Einbezug von Fragen nach Haltung, Praxis und Struktur in Einrichtungen des Bildungsbereichs vgl. insbesondere die neu übersetzte, erweiterte und auf den deutschsprachigen

Am Anfang der Überlegungen Inklusion in diesem Sinne zu diskutieren, steht damit nicht eine punktuelle Verbesserung der Integration behinderter Menschen (was nicht heißt, dass dieser Bereich öffentlicher Verantwortung nicht noch ein weites Feld darstellt, dessen Bearbeitung nach wie vor immenser Anstrengungen bedarf ...), sondern die Analyse der Mechanismen, die sogenannte Behinderungen (und andere gesellschaftlich wirksame Differenzkategorien, nach denen sich Teilhabechancen und -barrieren sozial ungleich verteilen) hervorbringen und reproduzieren. Dass das Etikett *Behinderung* dabei nicht isoliert auftritt, sondern stets zu analysierende Verbindungen mit anderen bedeutsam gemachten Differenzkategorien (wie etwa Genderzuordnungen, kulturelle Selbst- und Fremdzuschreibungen, soziale Zugehörigkeiten etc.) aufweist und eingeht, versteht sich von selbst. Der Blick der analytischen und praktisch-handlungsbezogenen Aufmerksamkeit verschiebt sich so gesehen auf die soziale und kulturelle Konstruktion von Andersheit an sich, auf Nichtzugehörigkeit und Fremdheit im und durch professionelles Agieren in Handlungsfeldern kultureller Bildung.

Eine solche Blickverschiebung hat allerdings ihren Preis, und das ist keineswegs nur im wörtlichen Sinne zu verstehen. Neben finanziellen Anstrengungen sind es vor allem die Anstrengungen der permanenten (Selbst-) Reflexion professionellen und individuellen Handelns, die mit bisweilen unvorhersehbaren Kosten verbunden sind. Mit dem Abbau von (materiellen und mentalen) Barrieren und der Ermöglichung von Teilhabe ist stets eine Verschiebung der Grenzziehung zwischen *uns* und den *Anderen* verbunden. Wie anstrengend und oft genug schmerzvoll Grenzverschiebungen der Wahrnehmung und Bewertung im Sinne einer inklusiven Orientierung bisweilen empfunden werden, zeigen beispielsweise die politischen und öffentlichen Auseinandersetzungen über den wünschenswerten und erforderlichen Umfang der Aufnahmebereitschaft, die praktische Behandlung und die Grenzen der Akzeptanz von Flüchtlingen, Asylbewerber*innen oder Non-Citizens.

Raum angewandte Fassung des Index für Inklusion in der Bildung (herausgegeben von Ines Boban und Andreas Hinz auf der Basis der englischen Ausgabe von Tony Booth und Mel Ainscow, erscheint voraussichtlich 2015). Nähere Informationen online unter: www.inklusionspaedagogik.de.

Vorsicht vor der Optimierungsfalle – mehr Integration ist nicht gleich Inklusion

Was aber tragen ästhetisch konnotierte Bildungsprogramme und Methoden im Rahmen Sozialer Arbeit zu diesen Anstrengungen bei? Zu fragen wäre, ob einem dauerhaften Antrommeln gegen aufrechterhaltene Teilhabebarrieren (oder deren gewollte wie unbeabsichtigte Verfestigungen) nicht der Vorzug zu geben wäre gegenüber einem demonstrativen Gemeinschaftstrommeln *mit* jeweils als anders und fremd Adressierten. Mal mit dem Anspruch empathischer Solidarität verbunden, mal aus mehr oder weniger unreflektierten Motiven belagernder Fürsorglichkeit heraus inszeniert, sind Strategien solcher Art allemal ungeeignet *Inklusion* zu befördern, da sie bestenfalls auf *punktuelle Integration* – oder deren Schein – abzielen und das strukturelle Inklusions-Exklusionsverhältnis in aller Regel weder thematisieren noch gar grundsätzlich zu verändern in der Lage sind.

Methodisch optimierte Partizipationsstrategien, so interessant, vielversprechend und damit sinnvoll sie auch sein mögen, verfehlen als Behauptung einer die fortdauernden Widersprüche unter sich begrabenden Gemeinschaftsbildung die Zielrichtung, worum es bei der Aufgabe, inklusiven Ansprüchen und Forderungen zu entsprechen, im Grunde geht. So droht Inklusion zum bloßen Fitnessprogramm für sozial Bewegte zu degenerieren, die in der demonstrativen (oft genug auch nur symbolischen) Zuwendung zum Anderen, für sich den Kitzel einer subjektiv bereichernden Exotik entdecken, der ihnen zudem ein wohltuendes Maß an professioneller Selbstzufriedenheit zu vermitteln vermag.

In seinen *Thesen gegen die musikpädagogische Musik* warnte seinerzeit Adorno vor der Illusion einer inklusiven Gemeinschaft, deren Existenz positiv zu behaupten, ihrerseits allemal der beste Beleg für die Fortdauer des universellen Verblendungszusammenhangs wäre:

> „Die Entfremdung der Menschen voneinander, die Verdinglichung ihrer Beziehungen ist gesellschaftlich gesetzt. Unmöglich, einen Zustand, der in den realen ökonomischen Bedingungen gründet, durch ästhetischen Gemeinschaftswillen zu beseitigen […]. Nur wer in einem Sonderbereich befangen ist, ohne dessen Beziehung auf das Ganze des gesellschaftlichen Lebensprozesses zu erkennen, kann wähnen, dass [sic!] durch isolierte Praktiken die Isolierung gelöst, etwas wie richtige Beziehungen zwischen Menschen wiederhergestellt werden können" (Adorno 2003, S. 437).

Integrative Angebote für Menschen mit Behinderungen durch spezifische Maßnahmen Sozialer Arbeit unter den Vorzeichen kultureller und/oder ästhetischer Bildung verharren auch als Ausdruck ästhetischen Gemeinschaftswillens allemal im Modus einer isolierten Praktik und sind als solche nicht geeignet, für ein Stück Richtiges im Falschen (Adorno)[9] zu sorgen. Das mag auf den ersten Blick bedauerlich erscheinen – und doch scheint mir Skepsis und Misstrauen gegenüber dem Furor einer positiv ausbuchstabierten inklusiven Gesellschaft geradezu eine notwendige Voraussetzung, um das kritische Potenzial eben dieses Maßstabs gesellschaftlicher Entwicklung unter Berücksichtigung der UN-BRK sich zu erhalten.

Eine theoriegeleitete Kritik an der Proklamation von Inklusion als visionäres (und zugleich utopisches) gesellschaftliches Zukunftsprojekt zielt nicht auf die (oft genug unterstellten) Grenzen und Risiken der Integrationsbereitschaft oder -fähigkeit bestimmter sozialer Gruppen, sondern auf ein essentialistisches Missverständnis. Geht es doch um die Einsicht, dass die inklusive Qualität eines Gemeinwesens sich eben nicht an der Zahl finanzierter oder als finanzierbar erachteter Projekte „gemeinsamen" Handelns ablesen lässt.

> „Gemeinschaft um der Gemeinschaft willen ist kein Ideal. Das Miteinander als solches zum Ziel zu erklären, zeigt an, dass [sic!] man an den Inhalt der Gemeinschaft, eine menschenwürdige Einrichtung der Welt, vergessen hat. [...] Eine wirkliche Gemeinschaft aber wäre eine von freien Menschen" (Adorno 2003, S. 438).

Das sich ausbreitende Wohlgefühl im integrierten Sitzkreis am Lagerfeuer, die inszenierte Begegnung zwischen einander bekannt gemachter Fremder zwecks Austauschs weitgehend unreflektierter Kulturklischees, die spontane Entdeckung bewunderter Ressourcen im Anderen bei Musik, Tanz und Spiel – all das hat seinen unzweifelhaften Sinn und Wert, aber es führt keineswegs (und schon gar nicht umstandslos) in ein inklusives Paradies (vielmehr, so steht zu befürchten, in eine Sackgasse).

Bleiben doch dabei all die *Bedingungen* des Zustandekommens von Begegnung, Austausch und wechselseitiger Anerkennung unbearbeitet, die den Kontext bilden für die demonstrative Wertschätzung des stets unaufgehoben bleibenden Anderen und – was noch schwerer wiegt: Jedes als *gelungen* erscheinende Integrationsereignis ist als *isolierte* Praxis nicht weniger Bestätigung der vorgeblichen Grenzen des Integrierbaren, wie es das nicht selten von Häme begleitete offensichtlich erscheinende Scheitern des guten Willens an den herrschenden Rahmenbedingungen ist.

---

9   Vgl. Adorno (2001, zuerst 1951). Zur erhellenden Recherche der berühmten Adorno-Sentenz vgl. Mittelmeier (2010).

Um noch einmal mit Adorno zu sprechen:

„Die erste Voraussetzung zum Besseren wäre, dass [sic!] sie die falsche Sicherheit verließen und die Kraft des kritischen Gedankens sich zueigneten, anstatt vorweg von der Schar der Gleichgesinnten sich bestätigen zu lassen, und das unbequeme Argument als längst bekannt und erledigt einzuordnen" (Adorno 2003, S. 440).

Demnach würde sich die Kunst der Inklusion an der *Aufrechterhaltung* eines kritischen Gedankens erweisen, der die eigene isolierte Praxis nicht bereits im Sinne einer unterstellten Verwirklichung des ästhetischen Gemeinschaftswillens mit der wirklichen Gemeinschaft freier Menschen (Adorno) verwechselt.

Das klingt nun etwas miesepetrig, möglicherweise auch leicht defätistisch. Einem eventuellen Vorwurf der Nestbeschmutzung wäre jedoch entgegenzuhalten, dass die Rettung und Aufrechterhaltung des kritischen Gedankens *im* inklusionsorientierten Projekt gleichbedeutend mit der reflexiven Arbeit an den gesellschaftlichen Verhältnissen wäre, die zu durchbrechen ästhetische Bildung für sich genommen überfordern mag, die sich aber doch programmatisch als hierfür in bevorzugter Weise beauftragt fühlen dürfte. Immerhin könnte ästhetischer Genuss, der vom Tauschwert sich emanzipiert, subversive Züge anzunehmen (vgl. Adorno 2003, S. 25) und sich um diese Subversivität zu bemühen, könnte die positive Botschaft der Kritik an der real existierenden Umsetzung der UN-BRK durch Politik und Fachpraxis sein.

Anstöße für kulturell-ästhetische Bildungsanstrengungen

Auf Basis dieser Überlegungen soll nun die Formulierung von Thesen folgen, die als Anstöße im doppelten Sinne des Wortes dienen können: Es handelt sich um provozierende Offerten für eine fachliche Diskussion in Handlungskontexten kulturell-ästhetischer Bildungsanstrengungen, sofern es um das Ringen eines Selbstverständnisses geht, das Inklusion als Orientierungsmaßstab für theoriegeleitetes Denken und praktisches Handeln begreift. Mit einer sich auf die Rechtsgültigkeit der *UN-Konvention über die Rechte von Menschen mit Behinderung (UN-BRK)* berufenden Inklusionsorientierung ist dabei eine wertgebundene Entscheidung[10] gemeint, die Struktur und Praxis

---

10 Zum Thema wertgebundene Praxis im Sinne inklusionsorientieren Handelns vgl. insbesondere Booth (2011). Er geht in diesem Zusammenhang auf folgende Aspekte ein: Gleich-

Sozialer Arbeit fortgesetzt auf den Prüfstand zu stellen bereit ist. Zu fragen ist, wie sich Teilhabeoptionen, aber auch -barrieren *durch* Soziale Arbeit entwickeln, verändern und verschieben. Inklusionsorientierung in diesem Sinne akzentuiert die kritische Analyse der Reproduktionsbedingungen von Ausgrenzung und (negativer wie positiver) Diskriminierung als fortdauernde Herausforderung für die Profession und die in ihrem Namen Agierenden. Inklusion ist dann nicht als utopische Wunschvorstellung oder vage Zukunftsvision zu beschreiben, sondern als ein Hier und Heute an die eigene Arbeit anzulegender Maßstab der Qualitätsentwicklung und –sicherung.

- Inklusionsorientierung unterscheidet sich vom mehr oder weniger gut gemeinten Willen zu mehr Integration als benachteiligt erkannter Zielgruppen darin, dass sie sich nicht in innovativen Projekten, Best- oder Good-Practice-Modellen oder in auf spezifische (unterstellte) Defizite hin konzipierte und in als besonders geeignet erscheinenden kreativen Methoden erschöpft. Inklusionsorientierung wäre vielmehr aufgrund der prinzipiellen Unteilbarkeit des Menschenrechts auf uneingeschränkte und selbstbestimmte Teilhabe als Grundlage allen professionellen Handelns zu betrachten.
- Inklusionsorientierung erfordert wertgebundenes Handeln in Verbindung mit der Bereitschaft, die existierenden strukturellen Bedingungen und praktischen Folgen des eigenen fachlichen Handelns zu reflektieren. Solchermaßen informierte Reflexionskompetenzen sind im Zuge der fachlichen Aus-, Fort- und Weiterbildung zu entwickeln. Inklusionsorientierte Haltungen begreifen Methoden kultureller Bildung in der Sozialen Arbeit nicht primär als Mittel und Medium zur (Re-)Integration Benachteiligter oder als ressourcenorientierte Strategie zur Stärkung individueller Potenziale, sondern analysieren deren potenziellen Beitrag zur Reproduktion von Benachteiligung im Bewusstsein der eigenen Verantwortlichkeit für die dynamischen Auswirkungen von Teilhabebarrieren.
- Inklusionsorientierung entfaltet ihr Potenzial erst in der fortgesetzten Bereitschaft zur Kritik an den durch politisches Handeln veränderten Bedingungen, auch dann, wenn in diesen partielle und selektive Integrationsfortschritte zu erkennen sind. Ein besonderes

---

heit, Rechte, Partizipation, Respekt für Vielfalt, Gemeinschaft, Nachhaltigkeit, Gewaltfreiheit, Vertrauen, Ehrlichkeit, Mut, Freude, Mitgefühl, Liebe/Fürsorge, Optimismus/Hoffnung und Schönheit.

Risiko besteht darin, dass rhetorisch beteuerte Inklusionsmotivation auf politischer wie professioneller Seite zu (selbstverständlich begrüßenswerten) Integrationsmaßnahmen führen mag, die im Moment ihrer Realisierung jedoch zugleich den Blick für die gesamtgesellschaftliche Dimension der Aufgabe zu verstellen drohen und so Integrationsgewinner von Integrationsverlierern auf neue Weise unterscheidbar werden lassen. Inklusion als menschenrechtlich begründeter Handlungsmaßstab aber ist unteilbar.

- Inklusionsorientierung erschöpft sich nicht in der wertschätzenden Anerkennung des als anders und fremd Identifizierten und Markierten. Gerade in Handlungskontexten Sozialer Arbeit ist die Gefahr nicht zu unterschätzen, dass einer nicht immer von sozialromantischen Tendenzen freien Wertschätzung von Vielfalt nicht eine gleichermaßen als bedeutungsvoll erkannte Aufmerksamkeit gegenüber den Reproduktionsmechanismen sozialer Differenzsetzung entspricht. Auch wenn die Einsicht in den sozialen Konstruktionscharakter von Differenz(en) mittlerweile zum Allgemeingut professionellen Selbstverständnisses zu gehören scheint und etwa die Kenntnis des sozialen Modells von Behinderung in professionellen Kontexten[11] heute unterstellt werden darf, scheint die reflexive Anwendung dieser (Er-)Kenntnisse keineswegs durchgesetztes Merkmal jeder Praxis zu sein.

Um es noch einmal zusammenfassend deutlich zu machen: Inklusion im Sinne der unhintergehbar notwendigen Berücksichtigung der UN-BRK stellt die Organisation, methodische Ausrichtung und professionelle Haltung Sozialer Arbeit im Bereich Kultureller und Ästhetischer Bildung vor *spezifische* Herausforderungen, die sich nicht auf das Erfordernis verbesserter Integrationsbedingungen für Menschen mit Behinderung beschränken lassen. Andernfalls würde man sich eine doppelte Verkürzung der Thematik einhandeln: Zum einen zielt Inklusionsorientierung nicht auf punktuelle oder modellhafte Integrationserfolge und zum anderen nicht ausschließlich auf die Zielgruppe von Menschen mit diagnostizierten Behinderungen oder chronischen Erkrankungen. Der erforderliche Paradigmenwechsel ist gleichbedeutend mit der Fokussierung von Exklusionserfahrungen, wo immer sie auftreten und auf welche gesellschaftlich bedeutsam gemachten Differenzsetzungen sie auch immer zurückzuführen sein mögen.

---

11 Zur Unterscheidung von individuell-medizinischen und sozialen Modellvorstellungen von Behinderung und ihre kulturwissenschaftliche Kritik im Rahmen der Disability Studies vgl. zum Beispiel Waldschmidt (2003) und Weisser/Renggli (2004).

Selbstverständlich sind verbesserte Integrationsbedingungen in jedem konkreten Einzelfall wünschenswert, immer notwendig und sinnvoll – bzw. unerlässliche Voraussetzung für inklusive Entwicklungen. Im Kontext von *Inklusion* geht es jedoch um eine anhaltende theoretisch fundierte Reflexionsbereitschaft, die Fähigkeit zum analytischen Erkennen und den Willen zur Gestaltung strukturellen Wandels und praktischer Beseitigung von Teilhabebarrieren und Einschränkungen der Selbstbestimmung. Dabei reicht es nicht aus, diese Aufgabe dem handelnden Individuum als Aspekt professioneller Kompetenz allein zu überlassen – auch die einzelne soziale Einrichtung oder das Modellprojekt mit Vorbildcharakter kann nicht ausschließlicher Verantwortungsträger inklusiver Entwicklungen in diesem Sinne sein. Inklusion ist so gesehen eine gesamtgesellschaftliche Aufgabe, die politisch eingefordert und durch Vernetzungsstrategien aller beteiligten Akteure voranzutreiben ist.

Literatur

Adorno, Th. W. (2001, zuerst 1951): Asyl für Obdachlose. Aus: Minima Moralia. Reflexionen aus dem beschädigten Leben. Frankfurt a. M.: Suhrkamp, S. 55–59.

Adorno, Th. W. (2003): Thesen gegen die musikpädagogische Musik. In: Adorno, Th. W.: Dissonanzen. Einleitung in die Musiksoziologie. Frankfurt a. M.: Suhrkamp, S. 437–440.

Ahrbeck, B. (2014): Spiegel-Gespräch über die bestmögliche Förderung behinderter Kinder. In: Der Spiegel, Nr. 34 vom 18.8.2014, S. 38–30.

BMAS – Bundesministerium für Arbeit und Soziales (Hrsg.) (2011): Übereinkommen der Vereinten Nationen über Rechte von Menschen mit Behinderungen. Erster Staatenbericht der Bundesrepublik Deutschland. www.bmas.de/SharedDocs/Downloads/DE/staatenbericht-2011.pdf?__blob=publicationFile (Abruf 29.4.2015).

Boban, I./Hinz, A. (Hrsg.) (voraus. 2015): Index für Inklusion in der Bildung. Lernen und Partizipation in der Bildung. Lernen und Partizipation im Bildungsbereich entwickeln. Auf der Basis der englischen (dritten) Ausgabe von Tony Booth und Mel Ainscow. Weinheim/Basel: Beltz.

Booth, T. (2011): Wie sollen wir zusammen leben? Inklusion als wertbezogener Rahmen für die pädagogische Praxis. Hrsg. von der Gewerkschaft Erziehung und Wissenschaft (GEW), 2. Aufl. Frankfurt a. M. www.gew.de/Binaries/Binary74925/Inklusion_Werte-End.pdf (Abruf 29.4.2015).

BRK-Allianz (2013): Für Selbstbestimmung, gleiche Rechte, Barrierefreiheit, Inklusion! Erster Bericht der Zivilgesellschaft zur Umsetzung der UN-Behindertenrechtskonvention in Deutschland. Berlin. www.brk-allianz.de/index.php/parallel-bericht.html (Abruf 29.4.2015).

Hill, B. (2012): Kulturelle Bildung in der Sozialen Arbeit. In: Bockhorst, H./Reinwand, V.-I./Zacharias, W. (Hrsg.): Handbuch Kulturelle Bildung. München: kopaed, S. 738–742. www.kubi-online.de/artikel/kulturelle-bildung-sozialen-arbeit (Abruf 29.4.2015).

Kraus, J. (2014): Das hilft dem Kind nicht. Josef Kraus im SZ-Interview. In: Süddeutsche Zeitung (SZ) vom 19.5.2014. www.sueddeutsche.de/bildung/lehrer-vertreter-kraus-zum-fall-henri-das-hilft-dem-kind-nicht-1.1969043 (Abruf 29.4.2015).

Meis, M.-S./Mies, G.-A. (Hrsg.) (2012): Künstlerisch-ästhetische Methoden in der Sozialen Arbeit. Kunst, Musik, Theater, Tanz und Neue Medien. Grundwissen Soziale Arbeit. Stuttgart: Kohlhammer.

Mittelmeier, M. (2010): Es gibt kein richtiges Sich-Ausstrecken in der falschen Badewanne. Wie Adornos berühmtester Satz wirklich lautet – ein Gang ins Archiv. In: Recherche. Zeitung für Wissenschaft. www.recherche-online.net/theodor-adorno.html (Abruf 29.4.2015).

Treptow, R. (2012): Wissen, Kultur, Bildung. Beiträge zur Sozialen Arbeit und Kulturellen Bildung. Edition Soziale Arbeit. Weinheim/Basel: Beltz Juventa.

Waldschmidt, A. (Hrsg.) (2003): Kulturwissenschaftliche Perspektiven der Disability Studies. Tagungsdokumentation. Schriftenreihe bifos. Kassel.

Weisser, J./Renggli, C. (Hrsg.) (2004): Disability Studies. Ein Lesebuch. Reihe ISP-Universität Zürich des Instituts für Sonderpädagogik der Universität Zürich.

Inklusion im Schulsystem

Versuch einer Klärung und Bestandsaufnahme

Ina Döttinger und Nicole Hollenbach

Noch vor wenigen Jahren wäre ein Band wie der vorliegende: „Inklusion und Ästhetische Praxis in der Sozialen Arbeit" undenkbar gewesen – denn kaum jemand hätte mit dem Begriff „Inklusion" etwas anfangen können. Das ist heute anders: Inklusion ist in aller Munde, und es werden häufig hoch emotionale Debatten darüber geführt. Das gilt ganz besonders für die Inklusion im Schulsystem. Aber was genau verbirgt sich hinter diesem Begriff – und über was wird diskutiert, wenn von Inklusionszahlen die Rede ist? Der folgende Beitrag möchte den Inklusionsbegriff in der schulischen Debatte herausarbeiten, die derzeitige Entwicklung nachzeichnen und damit eine Diskussions- und Verständnisgrundlage für die weiteren Beiträge in diesem Band liefern.

Der Begriff „Inklusion" ist in Deutschland eng mit der UN-Behindertenrechtskonvention (UN-BRK) verknüpft. Diese Konvention ist in Deutschland im Jahr 2009 in Kraft getreten. Seitdem haben, nach Artikel 24, alle Kinder Anspruch auf Teilhabe in einem inklusiven Schulsystem. Konkret heißt es dort:

> „[…] States Parties shall ensure an inclusive education system at all levels
> a) Persons with disabilities are not excluded from the general education system on the basis of disability, and that children with disabilities are not excluded from free and compulsory primary education, or from secondary education, on the basis of disability;
> b) Persons with disabilities can access an inclusive, quality and free primary education and secondary education on an equal basis with others in the communities in which they live."[1]

---

1 Wir verwenden hier den englischen Originaltext der UN-BRK, da die offizielle deutsche Übersetzung „inclusive" u. E. fälschlich als „integrativ" wiedergibt, die Schattenübersetzung jedoch an anderen Stellen Ungenauigkeiten oder unklare Begriffe enthält. Für eine synoptische Darstellung der drei Versionen siehe www.behindertenbeauftragter.de/SharedDocs/Publikationen/DE/Broschuere_UNKonvention_KK.pdf.

In Deutschland wird der Inklusionsbegriff in der öffentlichen Diskussion häufig darauf reduziert, dass Kinder mit Behinderung (oder „mit sonderpädagogischem Förderbedarf") eine Regelschule statt einer Sonderschule besuchen. Angesichts des vielgliedrigen Sonderschulsystems in Deutschland, das in fast allen Bundesländern neben dem Regelschulsystem existiert und mit dem alle heute Erwachsenen aufgewachsen sind, ist diese Reduktion nachvollziehbar. Sie spiegelt sich auch in den Definitionen zugänglicher statistischer Kennziffern wie zum Beispiel dem vielzitierten „Inklusionsanteil", der „Inklusionsquote" etc. wider, auf die wir unten noch eingehen werden. Und in der Tat ist das gemeinsame Lernen von Kindern mit und ohne Behinderung eine Kernaufgabe der Inklusion.

Aus dem oben zitierten Text der UN-BRK allerdings geht hervor, dass die Staaten zu einem „inklusiven Bildungssystem" verpflichtet sind. Damit wird deutlich, dass „inclusive education" nicht erst durch den Zugang für oder die Teilhabe von Kindern und Jugendlichen mit Behinderung entsteht. Es bedarf vielmehr eines inklusiven Schulsystems, um eine solche Teilhabe überhaupt möglich zu machen. Inklusion geht damit weit über das gemeinsame Lernen von zwei klar definierten Schülergruppen hinaus: Es geht darum, alle Kinder und Jugendlichen wertzuschätzen, Lernbarrieren für alle zu reduzieren, und Unterschiede im Lernen nicht als Problem, sondern als Chance und Herausforderung zu begreifen.[2]

Schuck und Rauer (2014, S. III) sehen diesem Verständnis folgend die Aufgabe inklusiver Schulen darin, „für alle [Schüler] Formen individueller, sozialer und kultureller Heterogenität optimale schulische Lernbedingungen zu schaffen". Hinter dieser Aufgabe liegt eine Grundhaltung gegenüber der menschlichen Vielfalt. Eine kategoriale Zuschreibung von Förderbedarf kann der Realität gar nicht gerecht werden (vgl. ebd., S. V). Stattdessen sind die Übergänge zwischen Förderbedarfen an sich fließend und sie verändern sich im Laufe des Lebens. In Finnland etwa ist jeder zweite Schüler bis zum Ende seiner Schulkarriere mindestens einmal Förderschüler (vgl. zum Beispiel Spiewak 2013) – ein Ausdruck der Tatsache, dass sich Unterstützungsbedarf wandeln und verschieben kann, in alle Richtungen. Belastende persönliche Situationen, wie etwa ein Umzug, Erkrankungen, Scheidung der Eltern, aber auch Entwicklungssprünge, besondere Begabungen und Interessen – alles das kann zu verändertem Bedarf an Unterstützung beitragen. In anderen europäischen Ländern wird ganz selbstverständlich temporärer Unterstützungsbedarf wie zum Beispiel Hilfen im Spracherwerb, bei schriftsprachlichen oder mathematischen Schwierigkeiten als Förderbedarf verstanden. Eine dauerhafte Zuschreibung oder gar Stigmatisierung erfolgt hier weit seltener.

---

2 Vgl. Index for Inclusion www.csie.org.uk/resources/inclusion-index-explained.shtml.

Inklusive Schule muss sich deshalb über die Organisationsform des gemeinsamen Lernens aller Kinder und Jugendlichen zur Aufgabe machen, deren Unterschiedlichkeit und wandelnden Bedürfnisse immer wieder als Chance zu begreifen. Sie muss Lernarrangements etablieren, das Miteinander und Voneinander lernen anregen und jedem Einzelnen dabei das Gefühl der Zugehörigkeit und der Wichtigkeit geben. Nicht zuletzt deshalb ist Inklusion kein (fertiger) Zustand, sondern immer ein Prozess. Wird dieses Grundverständnis ernstgenommen und werden die individuellen Möglichkeiten, Bedürfnisse und Voraussetzungen in den Mittelpunkt der Aufmerksamkeit gerückt, wird ein inklusives Bildungssystem automatisch leistungsstark und chancengerecht.

Wie aber lässt sich beurteilen, wie weit ein Land auf diesem Weg hin zu einem solchen inklusiven Schulsystem ist? In Deutschland ist die Beantwortung einer solchen Frage, die seit dem Inkrafttreten der UN-Behindertenrechtskonvention immer wieder gestellt wird, besonders herausfordernd. Denn es existieren bisher weder eine gemeinsame, bundesübergreifende Definition von Inklusion der sechzehn Bundesländer noch darauf bezogene Qualitätskriterien oder gar abgestimmte Maßnahmen- oder Zeitpläne zum Wandel von Regel- und Förderschulen in ein einziges, inklusives System.

Als Proxy wird in Deutschland zur Beschreibung des Ausbaustands von Inklusion – reduziert auf gemeinsamem Unterricht behinderter und nicht behinderter Schüler (s. o.) – in der Regel auf die jährlich von den statistischen Landesämtern an die Kultusministerkonferenz (KMK) gemeldeten schulstatistischen Kennzahlen zurückgegriffen, die den Lernort von Kindern mit sonderpädagogischem Förderbedarf erfassen (vgl. zum Beispiel Klemm 2013; Bertelsmann Stiftung 2014). Vier der zentralen Kennzahlen, die dort beschrieben werden, sind wie folgt definiert:

Definition **Kennzahlen**

Die **Förderquoten** gibt den Anteil der Schüler mit Förderbedarf an allen Schülern im schulpflichtigen Alter an – unabhängig von ihrem Förderort. Sie ergibt sich aus der Summe der Exklusionsquote und Inklusionsquote.
Die **Exklusionsquote** gibt den Anteil der Schüler mit Förderbedarf, die separiert in Förderschulen unterrichtet werden, an allen Schülern im schulpflichtigen Alter an.
Die **Inklusionsquote** gibt den Anteil der Schüler mit Förderbedarf, die an Regeschulen unterrichtet werden, an allen Schülern im schulpflichtigen Altern an.
Der **Inklusionsanteil** gibt den Anteil der Schüler mit Förderbedarf, die inklusiv unterrichtet werden, an allen Schülern mit Förderbedarf an.

Grafisch lässt sich dies wie in Abb. 1 darstellen.

Abb. 1: Kennziffern und Bezugsgrößen für das gemeinsame Lernen (fiktive Zahlen)

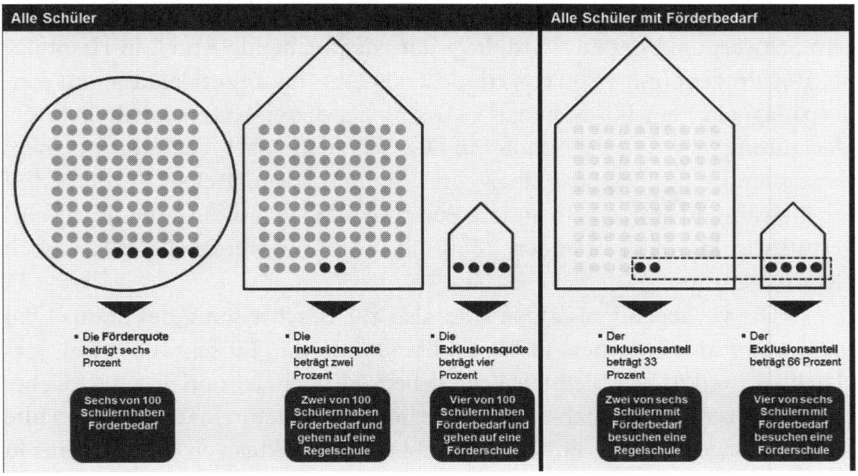

Alle Schüler | Alle Schüler mit Förderbedarf

- Die Förderquote beträgt sechs Prozent

Sechs von 100 Schülern haben Förderbedarf

- Die Inklusionsquote beträgt zwei Prozent

Zwei von 100 Schülern haben Förderbedarf und gehen auf eine Regelschule

- Die Exklusionsquote beträgt vier Prozent

Vier von 100 Schülern haben Förderbedarf und gehen auf eine Förderschule

- Der Inklusionsanteil beträgt 33 Prozent

Zwei von sechs Schülern mit Förderbedarf besuchen eine Regelschule

- Der Exklusionsanteil beträgt 66 Prozent

Vier von sechs Schülern mit Förderbedarf besuchen eine Förderschule

Diese zusammenfassenden Kennziffern und die dahinter liegenden Meldungen durch die statistischen Landesämter bergen allerdings durchaus Problematiken. So ist zum Beispiel nicht definiert, ob die Länder zur Kennziffer „Anzahl von Kindern mit sonderpädagogischem Förderbedarf" all jene Kinder melden, bei denen ein sonderpädagogischer Förderbedarf diagnostiziert worden ist, oder ob hier auch diejenigen Kinder dazu gezählt werden, die ohne eine vorherige Feststellung sonderpädagogische Förderung erhalten. Ungeregelt ist weiterhin, wann genau eine Beschulung als „inklusiv" gilt: Hinter den Zahlen zum inklusiven Unterricht können sich vom gemeinsamen Lernen bis hin zu Außenklassen sehr unterschiedliche Modelle verbergen (vgl. dazu auch Gresch/Piezunka i. D.). Dazu kommt, dass es keine bundeseinheitlichen Diagnosestandards gibt. Die durch die KMK 1994 genannten und in den nachfolgenden Empfehlungen zu Förderschwerpunkten beschrieben Behinderungskategorien sind äußerst unscharf gefasst und überschneiden sich zum Teil erheblich (vgl. dazu auch Hillenbrand 2013). Dies wird unter anderem dadurch deutlich, dass es selbst in den Bereichen der sogenannten „harten", also scheinbar klar beschreibbaren Behinderungen wie zum Beispiel dem Förderschwerpunkt Hören erhebliche Unterschiede in den Zahlen gibt, die nicht nachvollziehbar sind. Im Schuljahr 2012/13 hatten beispielsweise in Thüringen 2,2 Prozent aller Förderschüler in diesem Bereich Förderbedarf, in Rheinland-Pfalz dagegen liegt der Anteil mit 4,5

Prozent gut doppelt so hoch und Bremen ist er sogar bei 4,8 Prozent.[3] Noch deutlicher werden die Unterschiede bei den Schülern mit dem Förderschwerpunkt „Geistige Entwicklung". Während in Thüringen mit rund 2 700 Kindern und Jugendlichen fast jeder vierte Förderschüler (23,5 Prozent) zu diesem Schwerpunkt gezählt wird, liegt der entsprechende Anteil in Hamburg bei 10,1 Prozent (gut 1 200 von rund 12 000 Erst- bis Zehntklässlern mit sonderpädagogischem Förderbedarf). Angesichts dieser Unterschiede liegt die Vermutung nah, dass ein Schüler in Deutschland je nach Wohnort in einem Bundesland eine Diagnose über einen sonderpädagogischen Förderbedarf erhält, während er in einem andere Bundesland nicht als förderbedürftig eingestuft würde, weil dort andere Maßstäbe angesetzt werden (vgl. dazu auch Gresch/Piezunka i. D.).

Die vorliegenden Zahlen sind also zur Beschreibung des Status Quo im gemeinsamen Lernen in Deutschland nur mit Einschränkungen vergleichbar, weil unklar bleibt, welche Lebenswirklichkeit und welches gelebte Inklusionsverständnis sich dahinter verbirgt. Auch kann man mit ihrer Hilfe keine Aussage über den Entwicklungsstand eines inklusiven Schulsystems in Deutschland machen – denn die Qualität des gemeinsamen Lernens, der wertschätzende Umgang miteinander und die Bereitschaft, Vielfalt als Lernchancen zu sehen, werden damit nicht gemessen. Nichtsdestotrotz markieren die durch die Kennziffern dokumentierten quantitativen Entwicklungen der sechzehn Schulsysteme den Fortschritt auf dem Weg zu einem inklusiven Schulsystem. Wir können daran ablesen, inwieweit der Perspektivwechsel vom separierten zum gemeinsamen Unterricht für Kinder mit und ohne Behinderung schon gelungen ist und inwiefern die bislang parallel geführten Systeme der Regel- und Sonderschulen sich aufeinander zu bewegen.

Wie weit also ist das deutsche Schulsystem auf dem Weg zur Umsetzung der UN-Behindertenrechtskonvention bisher gekommen, wenn wir als Maßstab anlegen, dass der Unterricht von Kindern mit sonderpädagogischem Förderbedarf im allgemeinen Schulsystem der Regelfall sein soll und uns die genannten Indikatoren anschauen? Abb. 2 zeigt, wie sich zum Beispiel die Förderquote entwickelt hat, seitdem die UN-BRK in Kraft getreten ist.

---

3 In absoluten Zahlen bedeutet das, gerundet: In Thüringen hatten 240 von 11 300 Förderschülern den Förderbedarf Hören, in Rheinland-Pfalz 900 von 19 700 und in Bremen 140 von 2 300.

Abb. 2: Förderquoten im Ländervergleich – Schuljahre 2008/09, 2011/12, 2012/13
(Angaben in Prozent)

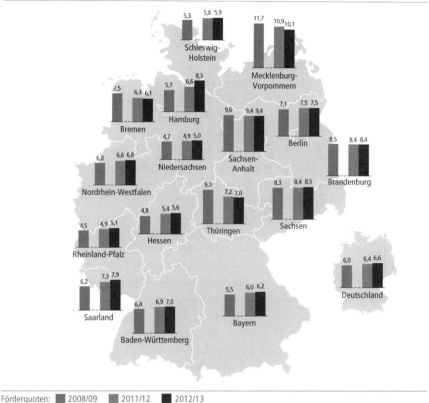

Förderquoten im Ländervergleich – Schuljahre 2008/09, 2011/12 und 2012/13

Anteil der Schülerinnen und Schüler mit Förderbedarf an allen Schülerinnen und Schülern – unabhängig von ihrem Förderort,
Angaben in Prozent

Förderquoten: ▓ 2008/09 ▒ 2011/12 ■ 2012/13

Quelle: Bertelsmann Stiftung, 2014. Daten auf Basis von KMK 2010, KMK 2012a, KMK 2012b, KMK 2012c,
KMK 2012d sowie KMK 2014. | BertelsmannStiftung

© Bertelsmann Stiftung 2014.

Wie sich zeigt, ist die Förderquote vom Schuljahr 2008/09 bis zum Schuljahr
2012/13 von 6,0 auf 6,6 Prozent gestiegen. Nun sagt die Förderquote an sich
zunächst noch nichts über Inklusion aus, es verwundert allerdings, dass es in
relativ kurzer Zeit deutschlandweit 10 Prozent mehr Schüler mit Behinderung geben soll. Was den Unterrichtsort dieser Kinder und Jugendlichen betrifft, so besuchen aktuell insgesamt rund 355 000 Förderschüler eine Sonder-
bzw. Förderschule. Das sind 4,8 Prozent aller Erst- bis Zehntklässler in
Deutschland (Exklusionsquote). Am sogenannten gemeinsamen Unterricht

31

an einer Regelschule hingegen nehmen nur rund 140 000 Kinder und Jugend-liche mit Behinderung teil. Die Inklusionsquote liegt damit nach wie vor bei nur 1,9 Prozent[4]. Das bedeutet: Von 100 Schülern haben sieben einen son-derpädagogischen Förderbedarf. Von diesen sieben gehen zwei auf eine Re-gelschule, die anderen fünf auf eine Sonderschule. In Deutschland wird also nur etwas mehr als jeder vierte Schüler mit Förderbedarf inklusiv unterrich-tet, der Inklusionsanteil beträgt 28.7 Prozent. Von dem in der UN-BRK ge-forderten Regelfall ist Deutschland damit noch weit entfernt.

Das gemeinsame Lernen findet in den neun Förderschwerpunkten über Deutschland hinweg sehr unterschiedlich statt: So besucht fast jeder zweite Schüler mit Förderbedarf im Bereich „Emotionale und soziale Ent-wicklung" eine Regelschule (47,1 Prozent). In den Förderschwerpunkten „Sprache" (37,2 Prozent), „Hören" (36,7 Prozent) und „Sehen" (34,6 Pro-zent) geht jeweils gut ein Drittel der Schüler zur Regelschule, erst danach kommen die Bereiche „Lernen" (31 Prozent) sowie „Körperliche und moto-rische Entwicklung" (26,4 Prozent). In den weiteren Förderschwerpunkten hingegen kommt dem gemeinsamen Unterricht praktisch keine Bedeutung zu.

In den Bundesländern fällt die Förderquote sehr unterschiedlich aus – dies ist unter anderem als Indiz für die unterschiedliche Diagnostik zu ver-stehen: So weist Mecklenburg-Vorpommern mit 10,1 Prozent eine doppelt so hohe Förderquote auf wie zum Beispiel Niedersachsen mit 5,0 Prozent. Insgesamt fällt auf, dass aus den ostdeutschen Bundesländern (mit Aus-nahme von Thüringen) tendenziell mehr Diagnosen über sonderpädagogi-sche Förderbedarfe gestellt werden, als dies in den westdeutschen Ländern der Fall ist. Insgesamt scheint es, dass die Bereitschaft zur Diagnostik insbe-sondere in den Bereichen Lernen / Sprache / Emotional-soziale Entwicklung dort größer ist, wo die Diagnose nicht mehr automatisch mit einem Förder-schulbesuch einhergeht (vgl. zum Beispiel Schuck/Rauer 2014).

Ein besonderes Augenmerk verdient bei der Frage nach dem ge-meinsamen Unterricht von Kindern mit und ohne sonderpädagogischem Förderbedarf die Exklusionsquote: Während der Inklusionsanteil sehr unter-schiedliche Umsetzungen des gemeinsamen Lernens beinhaltet, gibt die Ex-klusionsquote Auskunft über den Anteil der Kinder und Jugendlichen, die weiterhin separiert unterrichtet werden. Trotz der intensiven Diskussionen der vergangenen Jahre hat sich diese Quote sich seit 2009 bundesweit kaum verändert (vgl. Abb. 3).

---

4   Abweichungen in der Summenbildung der Förderquote durch Inklusions- und Exklusions-quote resultieren aus Rundungseffekten.

Abb. 3: Exklusionsquoten im Ländervergleich – Schuljahre 2008/09, 2011/12, 2012/13 (Angaben in Prozent)

Exklusionsquoten im Ländervergleich – Schuljahre 2008/09, 2011/12 und 2012/13

Anteil der Schülerinnen und Schüler mit Förderbedarf, die separiert in Förderschulen unterrichtet werden („Sonderschüler"), an allen Schülerinnen und Schülern, Angaben in Prozent

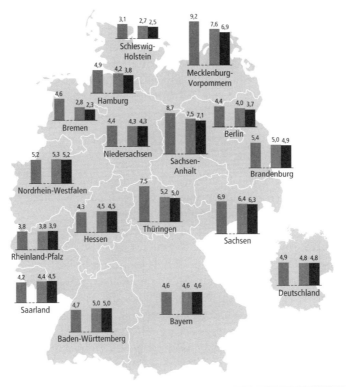

Exklusionsquoten: ■ 2008/09 ■ 2011/12 ■ 2012/13

Quellen: Bertelsmann Stiftung, 2014. Daten auf Basis von KMK 2010, KMK 2012a, KMK 2012b, KMK 2012c, KMK 2012d sowie KMK 2014. | BertelsmannStiftung

© Bertelsmann Stiftung 2014.

Nach wie vor liegt die Exklusionsquote im Schuljahr 2012/13 bei 4,8 Prozent. Hinter diesem bundesweiten Mittelwert verbirgt sich allerdings eine Spannweite von mehr als 4,7 Prozentpunkten zwischen den einzelnen Bundesländern.

Bremen und Schleswig-Holstein weisen mit einer Exklusionsquote von 2,3 bzw. 2,5 Prozent die bundesweit geringsten Werte aus, während Mecklenburg-Vorpommern und Sachsen-Anhalt mit 6,9 Prozent bzw. 7,1 Prozent die höchsten Exklusionsquoten melden. Hier fallen vor allem die

33

drei Stadtstaaten auf. Bremen erzielt mit der bereits genannten Exklusions-quote von 2,3 Prozent den deutschen Spitzenwert, Berlin und Hamburg liegen mit 3,7 bzw. 3,8 Prozent ebenfalls deutlich über dem bundesdeutschen Durchschnitt. In den ostdeutschen Flächenländern liegt die Exklusionsquote hingegen vor allem in Mecklenburg-Vorpommern und Sachsen-Anhalt, aber auch in Sachsen deutlich über dem bundesdeutschen Durchschnitt. Thüringen und Brandenburg liegen indes mit Quoten von 5,0 bzw. 4,9 Prozent nahezu im gesamtdeutschen Schnitt. Und auch innerhalb der westdeutschen Flächenländer zeichnet sich eine große Streuung ab – allen voran kann Schleswig-Holstein mit einer Exklusionsquote von 2,5 Prozent praktisch zu Bremen aufschließen. Baden-Württemberg (5,0) und Nordrhein-Westfalen (5,2) liegen dagegen als einzige westdeutsche Länder über dem Bundes-schnitt.

Insgesamt scheint es, als drückten sich in den gestiegenen Förderquoten und dem daraus resultierenden größeren Anteil an Förderschülern im gemeinsamen Unterricht aus, dass in Deutschland in den vergangenen Jahren die Unterschiedlichkeit und die unterschiedlichen Bedürfnisse der einzelnen Schüler zunehmend wahrgenommen werden. Das wäre gut. Die Kategorisierung allerdings, die damit einhergeht, ist eher bedenklich. Und im Ringen um Inklusion gibt es eine besonders schlechte Nachricht: Es verbleiben genauso viele Kinder im Sonderschulsystem wie bisher. Im Zusammenhang mit der geforderten Entwicklung eines inklusiven Schulsystems bedeutet dies Rückschritt statt Fortschritt: Anstatt dass die Kategorisierung aufgehoben würde, wird ihre Anwendung ausgeweitet, ohne dass sich an den Teilhabechancen von bisher ausgeschlossenen Kindern und Jugendlichen am Regelschulsystem etwas ändert. Gleichzeitig bindet die Aussonderung von Kindern mit sonderpädagogischem Förderbedarf an Förderschulen wichtige Ressourcen, die gerade jetzt für einen guten gemeinsamen Unterricht an allgemeinen Schulen gebraucht werden. Die hier fehlenden Ressourcen wiederum führen dazu, dass der gemeinsame Unterricht entweder auf den Schultern engagierter Lehrer getragen wird oder als Schmalspurmodell läuft, das dann eine große Gefahr des Scheiterns in sich birgt. Dabei ist die Teilhabe am guten Unterricht der allgemeinen Schulen ein wesentlicher Faktor für eine spätere gesellschaftliche Teilhabe. Wissenschaftliche Untersuchungen haben gezeigt, dass Kinder mit sonderpädagogischem Förderbedarf im gemeinsamen Unterricht deutlich bessere Leistungen zeigen als im separierenden Schulsystem (vgl. dazu zum Beispiel Wocken 2005; Klemm/Preuss-Lausitz 2008; Lehmann/Hoffmann 2009; zuletzt Kocaj et al. 2014) und das, ohne dass die Mitschüler ohne sonderpädagogischen Förderbedarf Nachteile haben (vgl. zum Beispiel Dumke/Schäfer 1993; Myklebust 2006). Hinzu kommt, dass der Besuch einer Sonderschule in Deutschland für zu viele Jugendliche zur Sackgasse wird. Die Chancen von Förderschülern auf einen anschlussfähigen Schulabschluss sind nach wie vor schlecht. So beendeten im Schuljahr 2013/14 fast drei Viertel der betroffenen Schüler ihre Schulzeit an einer Sonderschule ohne den für einen Ausbildungsplatz so wichtigen Hauptschulabschluss. Leider lassen die verfügbaren Daten der Bildungsstatistik keinen Vergleich mit den Absolventenraten inklusiv beschulter Förderschüler zu. Aber auch hier unterscheiden sich die Bundesländer stark: Während in Berlin mit 43,8 Prozent fast die Hälfte aller Förderschüler ihre Schule mindestens mit einem Hauptschulabschluss verlassen, schafft dies in Brandenburg nur jeder zehnte. Wie wir wissen, ist bereits für Schüler ohne besonderen Förderbedarf mit einem Hauptschulabschluss der Zugang zu einer voll qualifizierenden Berufsausbildung schwer. Spezielle Abschlüsse oder Abgangszeugnisse von Förderschulen, die unterhalb des Hauptschulabschlusses angesiedelt sind (wie zum Beispiel der in Berlin an Förderschulen erreichbare „Berufsorientierende Abschluss"), bergen für die Förderschüler nahezu keine Zugangschancen zum Ausbildungsmarkt.

In der Umsetzung der UN-BRK steht also selbst, wenn man nur die Entwicklung des gemeinsamen Unterrichts behinderter und nicht behinderter Kinder als Gradmesser heranzieht, Deutschland noch am Anfang, wobei die Bundesländer sehr unterschiedlich weit sind. Besonders bedenklich ist dabei das Spannungsfeld zwischen der drohenden Verfestigung der Einteilung von Schülern in die beiden Gruppen mit und ohne Behinderung einerseits, und der unverrückten Separierung von Kindern mit Förderbedarf vom Regelschulsystem andererseits. Beides erschwert den Umbau des derzeitigen Schulsystems zu einer inklusiven Bildungslandschaft im oben skizzierten Verständnis ungemein (vgl. zum Beispiel Wocken 2014).

Deutschland hat sich im Jahr 2009 verpflichtet, die UN-BRK umzusetzen. Eine konsequente Umsetzung auf Basis des anfangs beschriebenen, weiten Inklusionsverständnisses birgt eine große Chance für alle Kinder und Jugendlichen in unserer Gesellschaft. Es ist daher zu hoffen, dass der gegenwärtige Zustand nur eine Passage ist, in der sich eine Gesellschaft, die Separation gewohnt war, langsam an Gemeinsamkeit gewöhnt. Dafür allerdings müssen sich Bund und Länder jetzt zügig zusammenfinden und sich auf ein gemeinsames Inklusionsverständnis verständigen. Dazu gehören unter anderem

- ein gemeinsames Zielbild eines inklusiven Schulsystems,
- Indikatoren für gelungene Inklusion
- und ein Zeitplan, bis wann das deutsche Schulsystem inklusiv sein soll.

Die Änderungen in vielen der Landesgesetzgebungen (vgl. dazu auch Döttinger/Hollenbach-Biele, i. D.) sind ein Anfang auf diesem Weg, der jetzt konsequent weiter beschritten werden muss, damit Schule ihrem Auftrag gerecht werden kann.

Literatur

Bertelsmann Stiftung (Hrsg.) (2014): Update Inklusion. Gütersloh.

Döttinger, I./Hollenbach-Biele, N. (i. D.): Inklusion in Deutschland: ein Resümee der offenen Fragen. In Bertelsmann Stiftung (Hrsg.): Gemeinsamer Unterricht für alle? Entwicklungen zur Inklusion in den Bundesländern. Gütersloh.

Dumke, D./Schäfer, G. (1993): Entwicklung behinderter und nichtbehinderter Schüler in Integrationsklassen. Einstellungen, soziale Beziehungen, Persönlichkeitsmerkmale und Schulleistungen. Weinheim: Deutscher Studien-Verlag.

Ehlers, A./Döttinger, I. (2011): Inklusion in Hamburg. In: Bertelsmann Stiftung/Beauftragter der Bundesregierung für die Belange behinderter Menschen, Deutsche Unesco-Kommission (Hrsg.): Gemeinsam lernen – Auf dem Weg zu einer inklusiven Schule. Gütersloh.

Gresch, C./Piezunka, A. (i. D.): Schüler_innen mit sonderpädagogischem Förderbedarf Lernen an Regelschulen in Deutschland: Eine Bestandsaufnahme und Anforderungen an die bundesweite Forschung. In: Kuhl, P. et al. (Hrsg.): Inklusion von Schülerinnen und Schülern mit sonderpädagogischem Förderbedarf in Schulleistungserhebungen. Berlin/Heidelberg/Wiesbaden: Springer VS.

Hillenbrand, C. (2013): Inklusive Bildung in der Schule: Probleme und Perspektiven für die Bildungsberichterstattung. In: Zeitschrift für Heilpädagogik, H. 9, S. 359–367.

Klemm, K. (2012): Zusätzliche Ausgaben für ein inklusives Schulsystem in Deutschland. Gütersloh.

Klemm, K. (2013): Inklusion in Deutschland – eine bildungsstatistische Analyse. Gütersloh.

Klemm, K./Preuss-Lausitz, U. (2008): Auszüge aus dem Gutachten zum Stand und zu den Folgen der sonderpädagogischen Förderung in den Schulen der Stadtgemeinde Bremen. In: Verband Sonderpädagogik NRW (Hrsg.): Mitteilungen 4. Brühl. S. 6–17.

Kocaj, A. et al. (2014): Wo lernen Kinder mit sonderpädagogischem Förderbedarf besser? Ein Vergleich schulischer Kompetenzen zwischen Regel- und Förderschulen in der Primarstufe. In: Kölner Zeitschrift für Soziologie und Sozialpsychologie 66, H. 2, S. 165–191.

Lehmann, R./Hoffmann, E. (Hrsg.) (2009): BELLA. Ergebnisse der Berliner Erhebung von Lernausgangslagen arbeitsrelevanter Basiskompetenzen von Schülerinnen und Schülern mit Förderbedarf der Klassen 7–10 und der Jugendlichen in BQL und BQL/FL. Münster.

Mycklebust, J. O. (2006): Class Placement and competence attainment among students with special educationale needs. In: British Journal of Special Education 33, H. 2, S. 76–81.

Schuck, K. D./Rauer, W. (2014): Abschlussbericht über die Analysen zum Anstieg der Zahl der Schülerinnen und Schüler mit einem sonderpädagogischen Förderbedarf in den Bereichen Lernen, Sprache und emotional-soziale Entwicklung (LSE) in den Schuljahren 2011/12 bis 2013/14 in Hamburg. Zusammenfassung. www.hamburg.de/contentblob/4338118/data/else.pdf (Abruf 29.4.2015).

Spiewak, M. (2013). Schutzraum für Langsamlerner. Finnland hat die meisten seiner Sonderschulen abgeschafft. Was kann Deutschland davon lernen? Ein Besuch in Jyväskylä. In: Die ZEIT, Nr. 41 vom 12.10.2013. www.zeit.de/2013/41/finnland-abschaffung-sonderschulen (Abruf 29.4.2015).

Wocken, H. (2005): Andere Länder, andere Schüler? Vergleichende Untersuchung von Förderschülern in den Bundesländern Brandenburg, Hamburg und Niedersachsen. Forschungs-
bericht Mai 2005.

Wocken, H. (2014): Bayern integriert Inklusion. Zur schwierigen Koexistenz widersprüchlicher
Systeme. Hamburg: Feldhaus.

Inklusive (Trans-)Kulturalität entwickeln

Kulturkommunikative Musikpädagogik mit
Kindern und Jugendlichen mit und ohne
Migrationshintergrund

Wolfgang Krieger

Inklusion für Menschen mit Migrationshintergrund

Für Menschen mit Migrationshintergrund stellen sich Fragen der Zugehörigkeit mit besonderer Brisanz; dies nicht nur, weil sich hier – anders als für „Einheimische" – in gewissem Umfang offene Optionen stellen, sondern auch, weil sie durch mitgebrachte kulturelle Muster – eigene oder die ihrer Eltern und Großeltern – kulturelle Differenz zur Makrokultur Deutschlands erleben und sie hinsichtlich der Frage ihrer Identität so ein besonderes Maß an Verunsicherung erfahren (vgl. Arenhövel 2012, S. 263). Die Frage, wer wo dazugehört und was sein Teil in der Gestaltung des Ganzen ist, stellt sich aber auch gesamtgesellschaftlich und sie ist in einer postmodernen Migrationsgesellschaft, die von kultureller Vielfalt auch jenseits der Migrationseinflüsse geprägt ist, immer weiter zu verhandeln. Ein traditioneller mehrheitsgesellschaftlicher „Normalitätsrahmen"[1] kann heute, wie die neuere soziologische Forschung zur sozialen Ungleichheit vielfach erwiesen hat, nicht die notwendige Flexibilität aufbringen, um allen gesellschaftlichen Gruppen ein sozialintegrativ befriedigendes Maß an Teilhabe zu ermöglichen. Damit steht ein gesellschaftlicher Wandel an, der den Umgang mit kultureller Pluralität neu zu bewältigen hat.

   In welcher Weise lässt sich nun der Inklusionsbegriff für die Analyse der Situation von Menschen mit Migrationshintergrund und für die Entwicklung pädagogischer Positionen für eine interkulturelle Pädagogik nutzbar machen? Zunächst scheint es naheliegend, den Wandel vom Integrationsbegriff zum Inklusionsbegriff, wie er sich für die Benachteiligtenpäda-

---

1   In seiner diskriminierenden und exkludierenden Wirkung stellt, wie Birgit Rommelspacher aufzeigt, ein solcher „Normalitätsrahmen" unter den gegebenen multikulturellen Verhältnissen eine moderne Form des Rassismus dar (vgl. Rommelspacher 2009).

gogik vollzogen hat, auch für eine Pädagogik für Menschen mit Migrationshintergrund aufzugreifen. Die Attribution eines besonderen Förderbedarfs und die damit verbundene Diskriminierung als defizitär hat historisch beide Gruppen betroffen, ebenso die gesellschaftlich verbreitete Überzeugung, dass es besonderer pädagogischer Anstrengungen bedürfte, für diese Gruppen gesellschaftliche Integration zu erreichen – soweit dies überhaupt erwünscht war. Bildungskritische Positionen haben in den letzten Jahrzehnten für beide Gruppen mehr und mehr anerkannt, dass sie durch die etablierte Bildungspraxis (und andere gesellschaftliche Praktiken) erst „behindert" und aus den „normalen" Bildungsinstitutionen ausgeschlossen oder in diesen benachteiligt würden. Aus dieser Position wird die aktuelle pädagogische Aufgabe abgeleitet, angemessene Teilhabechancen für diese Gruppen durch die Öffnung der Regeleinrichtungen als der „normalen" Bildungsinstitutionen zu schaffen. An dieser Stelle kann der Begriff der Inklusion platziert werden.

Dennoch lässt sich der Inklusionsbegriff für die interkulturelle Pädagogik nicht einfach in Parallelität zu jenem *engeren* Verständnis von Inklusion entwickeln, welches auf die vollständige Integration von Menschen mit Behinderungen in den pädagogischen Regelinstitutionen abzielte.[2] Vielmehr gilt es, an einen anderen, schon länger genutzten Begriff von Inklusion anzuschließen, der sich als Gegenbegriff zu „Exklusion" entwickelt hat und an Phänomenen sozialer Ausschließung durch Armut, durch den veränderten Arbeitsmarkt und durch zahlreiche andere Benachteiligungsprozesse ansetzt.[3] Die sozialkritische Tradition dieses Begriffsverständnisses reicht in

---

2 Im Blick auf den engeren Begriff von Inklusion wird vereinzelt – im Sinne der Intersektionalität – eine Synthese zwischen Behinderung und Migrationshintergrund in dem Sinne gezogen, dass Migrationskinder mit einer Behinderung in doppelter Weise von Diversitätsmerkmalen gekennzeichnet sind, die mit dem Risiko sozialer Benachteiligung verbunden sind. Die besonderen pädagogischen Anforderungen, die sich für die Förderung dieser Kinder (und Jugendlichen) stellen, sollten eine entsprechende Würdigung in der Entwicklung von Konzepten erfahren. Allerdings wird in der Literatur zum engeren Inklusionsbegriff diese Dimension nur selten gestreift; eine explizite Bearbeitung des Themas ist der aktuellen Literatur vorbehalten (Kohan 2012; Halfmann 2014; Wansing/Westphal 2014). Der Grund hierfür könnte auch ein wissenschaftssystematischer sein: „Behinderung" ist bisher keine Kategorie von Intersektionalität und für Inklusionsliteratur im Rahmen des engeren Inklusionsbegriffs ist Migration allenfalls eine Nebenkategorie (vgl. Karakaşoğlu/ Amirpur 2012, S. 63 ff.). Diese zögerliche Behandlung des Themas ist insofern verwunderlich, als Kinder mit Migrationshintergrund an deutschen Förderschulen überrepräsentiert sind. Das erweiterte Verständnis von Diversität der UNESCO Policy-Guidelines for Inclusion steht einer solchen „Schnittstellenanalyse", die die besondere Situation von beeinträchtigten Kindern mit Migrationshintergrund untersucht, gewiss nicht entgegen.
3 Eine ausführliche Darstellung des historischen Werdeganges des Exklusionsbegriffs gibt Kronauer 2010.

Frankreich in die Achtzigerjahre zurück und war grundlegend für die Programme der Europäischen Gemeinschaft zur Bekämpfung von Arbeitslosigkeit und Armut. Sie hat sich in den Neunzigerjahren im europäischen Diskurs zunehmend auf das Bildungssystem hin spezifiziert und dort alle Dimensionen der Heterogenität erfasst. Die aus der „Salamanca-Erklärung für inklusive Bildung" (UNESCO 1994) abzuleitenden Konsequenzen betrafen daher die Aufhebung exkludierender Strukturen gegenüber Gruppen aller Heterogenitätsdimensionen. Dies ist der *weitere* Begriff von Inklusion, der Abstraktionen bis hin zu einem Gesamtentwurf der „inklusiven Gesellschaft"[4] ermöglicht.

Wir wollen im Folgenden unsere Darlegungen auf diesen weiteren Inklusionsbegriff beziehen, schließen dabei aber an den Begriff der „inklusiven Kulturen" an, der paradoxerweise von Andreas Hinz, einem der wichtigsten Vertreter des engeren Inklusionsbegriffs entwickelt worden ist und gerade nicht spezifisch auf die Kommunikation zwischen behinderten und nichtbehinderten Kindern bezogen ist.[5]

„Inklusive pädagogische Praxis"

Die vielbeschworene Formel „Vielfalt willkommen heißen", die sozusagen das Anfangsmotto einer inklusiven Pädagogik bildet, steht für die eine Haltung, die Kindern und Jugendlichen ungeachtet ihrer Entwicklungsvoraussetzungen, körperlichen und geistigen Disposition, Geschlecht, kultureller und sozialer Herkunft die Chance bieten möchte, eine gemeinsame Lerngemeinschaft zu bilden und sich als zugehörig und akzeptiert zu erleben. Inklusive Pädagogik möchte die Separation von bestimmten Gruppen, die bisher in pädagogischen Sondereinrichtungen untergebracht waren, beenden und

---

4 Die Vision einer „inklusiven Gesellschaft" kann als ein utopisches Ideal verstanden werden, dessen Nutzen nicht darin liegt, jemals und irgendwo einen gesellschaftlichen Zustand unkomplizierter Vielheit herzustellen, sondern dessen Nutzen in seiner heuristischen Potenz besteht, den Blick für Exklusion und Diskriminierung zu schärfen. Pädagogische Einrichtungen, die sich bestehender Exklusionsrisiken bewusst sind, beobachten kritisch interessiert die Teilhabebarrieren und Erfolgschancen, die in ihrem Umfeld bestimmte Gruppen erleben, und begeben sich auf die Suche nach diskriminierenden strukturellen und interaktionellen Faktoren in der Einrichtung, um diese zu überwinden.

5 Die Paradoxität löst sich dadurch auf, dass sich die Vision von Inklusion, die Hinz auf die Situation von behinderten Kindern bezieht, im Ursprung auf die vollständige Integration aller Heterogenitätsgruppen bezieht. Hinz vertritt die Auffassung, dass der Begriff „Inklusion" überhaupt erst Sinn ergibt, wenn er auch andere Heterogenitätsmerkmale einschließt: „Behinderung ist nur einer von vielen Aspekten der Inklusion. Geht es ‚nur' um Behinderung, ist der Integrationsbegriff sinnvoller" (Hinz 2009, S. 8).

erreichen, dass der Umgang mit Heterogenität wieder zu einer Angelegenheit der Allgemeinen Pädagogik wird. Sie verfolgt daher das Ziel, die separierten Gruppen wieder in die pädagogischen Regelinstitutionen Schule und Kindergarten (und vielleicht eben auch die Kinder- und Jugendarbeit) zu integrieren und ihnen uneingeschränkte Teilhabe an den institutionellen Leistungen zu ermöglichen. Nach Andreas Hinz bildet für die Kinder mit Behinderungen „die Normalität der Situation, das Zusammenleben mit nicht behinderten Kindern, das miteinander und voneinander Lernen, und die daraus entstehenden vielfältigen Anregungen für die eigene Entwicklung" (Hinz nach Lee 2012, S. 81) den wichtigsten Vorteil inklusiver Praxis in der Grundschule.

Ines Boban und Andreas Hinz haben in ihrem von Booth und Ainscow übernommenen, ins Deutsche übertragenen „Index für Inklusion" für die Umsetzung des Leitziels „Inklusion" drei Teilaufgaben benannt: inklusive Strukturen etablieren – inklusive Praktiken entwickeln – inklusive Kulturen schaffen (vgl. Boban/Hinz 2003, S. 14). Um inklusive Strukturen zu schaffen, so führen sie weiter aus, gilt es zum einen eine Schule für alle zu entwickeln und zum anderen Unterstützung für Vielfalt zu organisieren. Inklusive Praktiken zu entwickeln bedeutet Lernarrangements zu organisieren und Ressourcen zu mobilisieren. Inklusive Kulturen werden nach Hinz dadurch geschaffen, dass Vielfalt anerkannt wird, Gemeinschaften gestärkt und inklusive Werte verankert werden.

Inklusion im Zeichen der Transkulturalität

Das Inklusionskonzept von Hinz ist für das Schulsystem entwickelt worden.[6] Schließt man das Verständnis von Inklusion an die Vision einer „inklusiven Gesellschaft" an, so muss der institutionelle Rahmen von Inklusion überschritten werden. Es geht dann nicht mehr um die Frage, wie gesellschaftliche Institutionen oder Teilsysteme exklusive Strukturen und Mechanismen auf-

---

6   Hinz selbst möchte den Begriff „Inklusion" bevorzugt, wenn auch nicht exklusiv, für das Modell der inklusiven Schule beansprucht sehen. Jenseits des Schulsystems findet er den Begriff „Integration" passender (vgl. Hinz 2008, S. 83). Wenn sich Hinz allerdings für eine Verortung der inklusiven Pädagogik in der Allgemeinen Pädagogik ausspricht, ist es nur naheliegend, dass im Prinzip auch außerhalb der Schule pädagogische Institutionen das Inklusionskonzept reflektieren. Tatsächlich ist der Begriff der Inklusion inzwischen in der Fachliteratur und im öffentlichen Diskurs soweit abstrahiert worden, im Extrem bis hin zu einem Begriff der „inklusiven Gesellschaft", dass zumindest der Transfer der Leitideen des Inklusionskonzepts auf fast alle Bereiche des Bildungssektors inzwischen versuchsweise vollzogen worden ist. Insbesondere im Bereich der Frühkindpädagogik lässt sich das schulische Inklusionskonzept weitgehend übertragen (vgl. Heimlich/Behr 2009).

heben können, sondern übergeordnet um die Haltungen, die einem Ideal inkludierender Praxis entsprechen. Es geht hier um ein Verständnis von inkludierender Praxis als Teilhabe an einer Kultur des wertschätzenden, differenztoleranten und -thematisierenden Austauschs. „Kultur" bezeichnet dabei eine „Kommunikationskultur", das heißt einen Modus miteinander umzugehen. Gegenüber anderen Kulturen im ethnischen oder nationalen Sinne stellt diese „Kultur" eine „Hyperkultur" (vgl. Han 2005) dar; denn sie vermittelt zwischen den ethnischen Kulturen und produziert gewissermaßen „Transkulturalität" (Welsch 1997, 1994). Wolfgang Welsch hatte den Begriff der „Transkulturalität" für Prozesse und Produkte entwickelt, in welche verschiedene, bisher nicht verbundene kulturelle Einflüsse eingehen und zwar so, dass sie sich wechselseitig durchdringen und damit etwas Neues hervorbringen. Dieser Modus einer Kommunikationskultur ist u. E. Voraussetzung für Transkulturalität; er ist im Übrigen neutral gegenüber der kulturellen Identifikation der Kommunikanten und er setzt diese nicht voraus; er ist damit sowohl offen gegenüber jeder Art von Hybridkultur (vgl. überblicksweise Spielmann 2010) als auch indifferent gegenüber dem Fehlen kulturellen Bewusstseins seitens der Kommunikanten.

Dieser Entwurf einer kulturvermittelnden Kommunikationskultur erlaubt, den Begriff der „Inklusion" neu zu verstehen: „Inklusion" bezeichnet die Teilhabe an Prozessen, in welchen dieser Modus einer Kommunikationskultur realisiert wird. Der Begriff löst sich damit sowohl von den institutionellen Bindungen inklusiver Praxis als auch von der Fixierung auf praktische Lösungen. „Inklusion" wird zum Charakteristikum eines Kommunikations*prozesses*, in dem Kulturelles (ebenso wie Nicht-Kulturelles)[7] kommuniziert werden kann und damit die Entstehung von Transkulturalität gefördert wird. Voraussetzung dafür ist die Entstehung eines „Dritten Raumes", wie ihn Homi K. Bhaba nennt, eines Raumes, der jenseits der traditionellen Orientierungsräume der Kommunikanten steht und der als Rahmen der prozessualen Entfaltung von Hybridität verstanden werden kann. Es ist der Raum für Lösungen von Widersprüchen, in welchem nicht die Wahrnehmung oder die Orientierung des Einen gegen die Wahrnehmung oder die Orientierung des Anderen durchgesetzt wird, sondern in dem diese Wahrnehmungen und diese Orientierungen verflüssigt werden und in dem um die Gewinnung eines Dritten gerungen und verhandelt wird. Bhabha hat die Zeitlichkeit dieses Raumes betont und sie gegen einen Begriff des Raumes als der Summe fester

---

7   Um zu entscheiden, ob etwas als „kulturell" betrachtet werden kann, bedarf es immer eines Beobachters. Dies kann ein außenstehender Beobachter sein oder einer oder beide der Kommunikanten selbst. Es ist für eine „kulturelle Kommunikation" unerheblich, ob die Kommunikanten bezüglich der Kommunikate eine kulturelle Identifikation vornehmen oder nicht, sofern ein außenstehender Beobachter diese vornimmt.

Orte gestellt; sehr treffend hat er den „Dritten Raum" als einen „Raum des andauernden Überquerens" (Bhabha 2012, S. 69; vgl. auch Babka/Malle/ Schmidt o. J.) bezeichnet, eines Überquerens, das erfolgen muss, auch ohne dass man das Ziel der Reise kennt (vgl. auch Struve 2013, S. 121 ff.). Entsprechend hat er Hybridität nicht als die Konstruktion einer multiplen oder neuen, synthetisierten Identität verstanden, sondern als einen Prozess der Verhandlung, der sich aus der Konfrontation mit Aporien ergibt, der inneren Verhandlung in der Identitätsgewinnung des Subjekts und der interaktionalen Verhandlung zwischen den Kommunikanten (Bhabha 2012, S. 66). Wenn wir die Frage „Inklusion wohinein?" hier aufgreifen wollen, so wäre dies der Raum, wohinein im Sinne einer solchen Haltung der Kommunikationskultur inkludiert werden sollte.

Kulturkommunikative Musikpädagogik

Im Folgenden soll der vom hiesigen Autor zusammen mit dem Mannheimer Musiker und Pädagogen Uli Krug entwickelte Ansatz einer „Kulturkommunikativen Musikpädagogik" vorgestellt werden, der als Ausbildungsansatz für Studierende der Sozialen Arbeit im Bereich der interkulturellen musikpädagogischen Jugendarbeit in den vergangenen sechs Jahren ausgearbeitet worden ist.[8] Der Begriff „Kulturkommunikative Musikpädagogik" kommt bewusst vergleichsweise bescheiden daher, insofern er auf den Anspruch des Interkulturellen offenbar verzichtet, stattdessen aber auf eine prozessuale Komponente, nämlich Kommunikation abhebt. Es wird damit angezeigt, dass weder ein Produkt oder Effekt (wie zum Beispiel Integration) gelingen muss, noch die kulturbezogenen Äußerungen in einem bestimmten Verhältnis („Inter…") zu einander stehen müssen. Offen bleibt im Begriff des Kulturkommunikativen, ob hier Kulturen miteinander kommunizieren, ob im Rahmen von Kultur oder ob über Kultur kommuniziert wird. Diese Ambiguität ist erwünscht. Mit dem Begriff soll zum Ausdruck gebracht werden,

1. dass die Zuschreibung eines als „kulturell" bezeichneten Attributes in einen Kommunikationsprozess eingebracht wird und damit grundsätzlich für die Kommunikation ein Reflexionsrahmen vor dem Hintergrund des Kulturellen aufgespannt ist,

---

8 Der Ansatz ließe sich im Prinzip auch im Bereich der schulischen Interkulturellen Musikpädagogik fruchtbar machen. Allerdings wurde diese Perspektive bisher noch nicht verfolgt.

2. dass die Askription des Kulturellen hinter den Kommunikaten sich nicht ausschließlich oder vornehmlich auf ethno-kulturelle Inhalte bezieht, sondern gleichwertig jugendkulturelle, subkulturelle, elitekulturelle u. a. Inhalte berücksichtigen kann, also „grundsätzlich kulturell" ist,

3. dass im Fokus des methodischen Zugangs wie der Reflexion dieser musikpädagogischen Orientierung das Aufspüren kultureller Inhalte steht und damit den TeilnehmerInnen abverlangt wird, Hypothesen über kulturelle Zusammenhänge der Kommunikate zu bilden,

4. dass die Kommunikation mit Mitteln der Musik und des Wissens über Musik angeregt und gefördert werden soll,

5. dass die zur Beachtung stehenden Kommunikate sich vornehmlich auf musikalische Inhalte beziehen, im Medium der Musik darstellbare Inhalte sind oder zum Musizieren und seinem Kontext einen Bezug aufweisen und

6. dass sich das Kommunikationsgeschehen im Rahmen einer pädagogischen Situation vollzieht, die sich wesentlich, wenn auch nicht ausschließlich der Mittel der Musik bedient.

Kulturkommunikative Musikpädagogik betrachtet „das Kulturelle" nicht als quasi-ontologische Eigenschaft von Angehörigen einer Ethnie, einer Nation oder einer Rasse. Der Begriff „Kultur" entfernt sich damit von einem abendländischen (Herderschen) Kulturbegriff, der im Kulturellen eine mehr oder minder ortsgebundene und auf ethnischen Wurzeln gründende Verfasstheit des Menschen erkennt (vgl. Welsch 1994); er nähert sich einem Verhältnisbegriff an, der das Kulturelle in sozialer Verhandlung und von vornherein in der Relativität von Beobachterperspektiven erkennt.[9] Kulturkommunikative Musikpädagogik sieht Kultur vielmehr als einen von vornherein interaktiv offenen Prozess der Aushandlung von Bedeutungen (vgl. Wimmer 2005), in den zwar traditionell wie biografisch erworbene Orientierungen eingehen,

---

9   Dass man mit Menschen aus dem Fernen Osten schon in der Kommunikation über den Kulturbegriff selbst wunderbar aneinander vorbeireden kann, zeigt eine Erläuterung des Kulturbegriffs durch den vietnamesischen Philosophen Byung-Chu Han, der in Deutschland Germanistik, Philosophie und Theologie studiert hat: „Sowohl die europäische Kultur als auch der europäische Begriff der Kultur weisen viel Innerlichkeit auf. Die fernöstliche Kultur ist dagegen innerlichkeitsarm. Das macht sie durchlässig und offen. Aus demselben Grund entwickelt sie eine stärkere Neigung zur Aneignung und Veränderung, ja zum Neuen. Die Kultur des Fernen Ostens ist keine Kultur der Er-Innerung oder des Gedächtnisses. Aufgrund intensiverer Offenheit stellt sich die Frage nach jenem Inter- (im Sinne von Interkulturalität etwa, W.K.) nicht eigens, das zwischen den festen Wesenheiten zu vermitteln hätte" (Han 2005, S. 57).

der aber immer in der Reflexion durch den Anderen modifiziert wird. Sie schließt damit an den dynamischen Kulturbegriff von Michele Borelli an, der Kultur als ein je vorläufiges, in seinem historischen Gewordensein stets zur Disposition stehendes Denken begreift, welches sich kommunikativ der Veränderung zu stellen hat (vgl. Borelli 1986).

Kulturkommunikative Musikpädagogik verfolgt als sozialpädagogischer Ansatz in erster Linie sozialintegrative und bildungsstützende Funktionen; dass auch musikalische Kompetenzen gefördert werden und Musikkultur selbst gepflegt wird, ist eher ein Nebeneffekt, auch wenn durch diesen erhebliche motivationale Kräfte freigesetzt werden können.[10] Inklusion soll im Rahmen einer Kulturkommunikativen Musikpädagogik politisch als ein Mittel zur Überwindung *sozialer Distanz*[11] konzipiert werden und damit vor allem darauf abstellen, Kommunikation über kulturelle und ethnische (und andere) Grenzen hinweg in Gang zu bringen und zu halten. In der Forschung zur Migrationssoziologie und zur Soziologie des Fremden wie auch in der Interkulturellen Pädagogik sind zahlreiche strukturelle und mentale Mechanismen der Distanzbildung untersucht worden, die die Konstruktion des Anderen als Fremden maßgeblich prägen und dadurch interkulturelle Kommunikation erschweren. Pädagogisch ist der Blick vor allem auf jene mentalen Mechanismen zu richten, die soziale Distanz durch reduktionistische Attributionen zur Verhaltenserklärung bei fremden Menschen hervorbringen. Die wichtigsten solchen Mechanismen sind die folgenden:

Kulturalisierung ist die uneingeschränkte und übergeneralisierende Zuschreibung bestimmter kultureller Erklärungen für das Verhalten einer Person; ein Großteil der beobachteten Verhaltensweisen wird auf (meist gegenüber der eigenen Kultur kontrastierende) kulturelle Muster zurückgeführt.

Ethnisierung ist die Identifizierung kultureller Merkmale mit einer Ethnie (ethnisch-holistischer Kulturbegriff); zugleich geht mit dieser Identifizierung häufig die Annahme einher, dass kulturelle Homogenität eine Folge ethnischer Homogenität und insofern weitgehend invariabel sei.

Essenzialisierung meint die Annahme, dass jemand in seinem Verhalten ausschließlich durch kulturelle Einflüsse und ethnische Determinanten gesteuert wird, seine Persönlichkeit also vollständig im Kulturellen aufgeht.

---

10 Karin Sauer fasst die Motivation der von ihr untersuchten Jugendmusikgruppen so zusammen: „Primär geht es ihnen um eine gelingende musikalische Interaktion, in die sie sich entsprechend ihrer subjektiven Vorlieben und Fähigkeiten einbringen können. Es geht um ein gemeinsames Aushandeln und Erproben von Ausdrucksmöglichkeiten und nicht zuletzt um die Freude an der gemeinsamen Aktion" (2014, S. 63).

11 Zum Konstrukt der Sozialen Distanz siehe Steinbach 2004.

Ethnodeterminismus bezeichnet die Auffassung, dass angeborene ethnische Determinanten oder erworbene kulturelle Prägungen das Verhalten einer Person determinieren, auch dann, wenn diese sich schon länger in einem anderen kulturellen Umfeld bewegt.

Die Kulturkommunikative Musikpädagogik betrachtet die Kinder und Jugendlichen (mit und ohne Migrationshintergrund) als multikulturell sozialisierte Persönlichkeiten, die die erfahrenen kulturellen Einflüsse infolge ihrer individuellen Biografie auf eine je einmalige Weise synthetisiert und balanciert haben. Pädagogisch gilt es, dieser Einmaligkeit gerecht zu werden, indem die Handlungsansätze an dem orientiert werden, was die Kinder und Jugendlichen anbieten, und indem ein offener Raum geschaffen wird, in welchem biografisch und kulturell arrangierte Identitätsformationen aufeinander treffen können, und in dem sich, wie Thomas Ott sagt, der „Eigensinn" des einen mit dem „Eigensinn" des Anderen verschränkt (vgl. Ott 2012, S. 133). Ein solcher offener Raum soll aber nicht nur ein Raum für Artikulationen sein, sondern auch ein Raum für kulturelle Interaktion, für Bewegung und Veränderung. Denn Kulturkommunikative Musikpädagogik geht nicht nur von der Annahme kultureller Hybridität von Identitäten aus, sondern auch von der Figur der prozessualen Hybridität kultureller Interaktionen – beispielsweise bei musikalischen Interaktionen, in welchen diverse kulturelle Einflüsse aufeinander treffen. Wir können hier Homi K. Bhabhas Begriff des „Dritten Raumes" wieder aufgreifen, der für einen Entwicklungsraum steht, welcher das Heterogene zu „inkludieren" erlaubt. In diesem Sinne sollen die Räume der Kulturkommunikativen Musikpädagogik Möglichkeiten zur Förderung einer kommunikativ belebten Transkulturalität hervorbringen bzw. unterstützen.[12]

Wenn unter den Bedingungen der Jugendarbeit solche Räume eingerichtet werden sollen, bedeutet das, dass Kinder und Jugendliche in eine Kommunikationskultur eingeführt werden, die wesentliche Grundlagen interkultureller Kompetenz einschließt. Diese Einführung soll sich möglichst bereits in der Bearbeitung musikalischer Projekte vollziehen und gelegenheitsmäßig platziert werden, das heißt durch Bewertung dessen, was sich kommunikativ ereignet. Es ist die Aufgabe des Pädagogen, der Pädagogin, die Förderung der interkulturellen Kompetenzen in den musikgestalterischen Prozess einzuweben und für die kulturkommunikative Dynamik die Regie zu übernehmen.

---

12 In ähnlicher Weise erwarten sich Knigge/Niessen für ein Konzept musikspezifischer interkultureller Kompetenz einen wesentlichen Ertrag durch das Konstrukt der „Transdifferenz" von Allolio-Näcke/Kalscheuer/Manzeschke (2005) (vgl. Knigge/Niessen 2012, S. 68 f.).

Für die Praxis der Kulturkommunikativen Musikpädagogik sollen einige Prinzipien „kultursensibler" Orientierung handlungsleitend sein, die für den spezifischen Verstehensmodus fundamental sind:[13]

1. Interaktionen sollen so gestaltet werden, dass die Verständigung mit dem Anderen verbessert wird. Aber: Verständigung muss nicht notwendigerweise auf Verstehen aufbauen; sie braucht auch den Ausgang von der Annahme des Nicht-Verstehens und den Willen und die Fähigkeit zur „Suspendierung des Vor-Verstehens" (Liebsch 2010, S. 49).[14]

2. Verständigung soll befördert werden, in dem sich alle Seiten dabei unterstützen, für das zu Verstehende einen sprachlichen Ausdruck zu finden.

3. Was als different erkannt wird, soll benannt und hinterfragt, aber nicht bewertet werden. Nur eine konfrontative Kommunikation kann Verstehen weitertreiben.

4. Der Umgang mit dem Anderen sollte möglichst nicht von Stereotypen, die an askriptive Merkmale wie Kultur, Ethnie, Rasse oder Religion anschließen, geprägt sein; jedoch sollte das Wissen über besondere Verletzlichkeiten, Tabus oder provozierende Wirkungen im Zusammenhang mit der kulturellen oder religiösen Herkunft zu taktvoller Vorsicht anhalten (vgl. Kurt 2010, S. 203).

5. Widerstände gegenüber den als kulturspezifisch attribuierten Erwartungen des Gegenübers sollten benannt und analysiert werden, einerseits um ethnisierende und kulturalisierende Erklärungsmuster auflösen zu können, andererseits um kulturelle Differenzen aufspüren zu können.

6. Die Kommunikationsprozesse sollten immer wieder mit Selbstreflexionsanteilen verbunden werden, durch die die kulturelle Relativität eigener Wertvorstellungen, Erklärungsmuster, Denkweisen und Wahrnehmungsformen erkannt wird. Die so gewonnene Selbstdistanz kann zu Souveränität gegenüber positionalen Fixierungen und zu einer „selbstironischen Fehlerfreundlichkeit"

---

13 Die Befähigung, diesen Prinzipien im Handeln zu entsprechen, lässt sich auch als interkulturelle Kompetenz beschreiben. Ein gutes Passungsverhältnis zu diesen Prinzipien bietet etwa das Faktorenmodell interkultureller Kommunikation von Byram 1997.

14 Für Liebsch setzt jedes Verstehen eine je konkrete Sensibilität für das zu Verstehende voraus; er erläutert diese Sensibilität durch vier Aspekte, nämlich das Herausfordernde sehen zu wollen, sich das zu Verstehende „zeigen zu lassen" (es wahrzunehmen), „etwas oder jemandem zur sprachlichen Artikulation zu verhelfen" und zur „Suspendierung des Vor-Verstehens" bereit zu sein (Liebsch 2010, S. 49; ausführlicher in Liebsch 2008).

(Mecheril 2004, S. 127) in der Kommunikation mit dem Anderen beitragen.

Kulturkommunikative Musikpädagogik schließt vornehmlich an einer *ästhetisch-sozialpädagogischen Position* (vgl. Marquardt/Krieger 2007, S. 197 f.) an, die ihre Ziele vornehmlich in der Förderung sozialer Kompetenzen und in gruppenpädagogischen Zielsetzungen erkennt, wie auch an einer ästhetisch-kulturpädagogischen Position (vgl. ebd., S. 206 f.), in welcher kulturelle Teilhabe und kulturelle Entwicklung im Vordergrund stehen. Kulturkommunikative Musikpädagogik folgt hier der Tradition eines „kulturellen Mandats der Sozialen Arbeit", wie es Treptow Ende der Achtzigerjahre für die Kulturarbeit skizziert hat und welches ausgerichtet ist auf die „Unterstützung der kulturellen Selbstbehauptung von Gruppen, deren ethnische, geschlechtliche oder generationsbezogene Lebens- und Erfahrungsformen gefährdet oder missachtet werden" (Treptow 2001, S. 193). Treptow hat aus dem „kulturellen Mandat" heraus der Sozialen Arbeit allerdings nicht nur die Rolle zugedacht, „eigensinnige Ausdrucksformen der genannten Teilkulturen anwaltschaftlich (zu) vertreten", sondern er hat sie auch in einer kulturkritischen Rolle gesehen, in welcher sie in ihrer praktischen Arbeit auf beiden Seiten, der Dominanzkultur und der repräsentierten Teilkultur, „kulturelle Muster" zu beobachten hat, „die ihrerseits eine Gefährdung der Lebens- und Erfahrungsformen anderer provozieren" (ebd.). Diese kulturkritische Rolle wird in der Kulturkommunikativen Musikpädagogik in den interaktionalen Rahmen aufgenommen, und zwar dergestalt, dass sie an den konkreten Äußerungsformen ansetzt, ohne von vornherein eine in den Handlungen und Äußerungen zugrunde liegende Kulturspezifität der Werte und Handlungsorientierungen vorauszusetzen. Im Sinne einer skeptischen Haltung gegenüber kulturalistischen Attributionen gilt es, unvoreingenommen nach Gründen und Motiven zu fragen, wie sie sich in der Selbstwahrnehmung der Kinder und Jugendlichen darstellen; dabei können Kulturdifferenzen vielleicht bemerkt werden, aber es muss nicht überall dort welche geben, wo sie anderen gute Erklärungen liefern würden.

In der Praxis der Kulturkommunikativen Musikpädagogik lässt sich beispielsweise beobachten, dass Kinder und vor allem Jugendliche sehr empfindlich sind, wenn andere auf ihre kulturelle oder ethnische Herkunft besondere Rücksicht nehmen und ihnen damit eine besondere Identität anhängen, die sie selbst gar nicht beanspruchen. Sie entwickeln Widerstand gegen eine alltäglich erfahrene und selten als respektvoll erfahrene Kulturalisierung und Ethnisierung ihrer Person und ihres Verhaltens, die die Individualität ihrer Lebensverhältnisse außer Acht lässt und sie als Persönlichkeit zum generalisierten Repräsentanten einer Kultur oder auf ein quasi folkloristisches

Stereotyp reduziert. Kommunikation über kulturelle Muster wird durch solche Erfahrungen erstickt. Kulturkommunikative Pädagogik muss daher darauf achten, dass kulturalisierende oder ethnisierende Attributionen zur Erklärung kindlichen oder jugendlichen Verhaltens vermieden werden, und wenn sie nun einmal „auf dem Tisch" sind, im kritischen Gespräch bearbeitet werden.

Kulturkommunikative Musikpädagogik möchte den Raum der Kommunikation möglichst offen halten für die Selbstartikulation der Beteiligten und das heißt, sie muss Tendenzen der Vereinnahmung des Fremdkulturellen durch bestehende Stereotypen frühzeitig und methodisch vorbereitet entgegentreten. Solche Gefahren ergeben sich zum Ersten hinsichtlich des *musikkulturellen Wissens* durch zu oberflächliche Vermittlung oder zu einseitiger Erfahrung von Musikkulturen (ein Beispiel wäre die Identifikation von spanischer Volksmusik mit Flamenco, vgl. Rodríguez-Quiles y García 2009, S. 57), durch zu schlichte Vorstellungen von der Spielweise und dem Ausdrucksrepertoire des Instrumentariums („für die Djembe gibt es nur drei Grundschläge") oder durch die weitgehende Unkenntnis des außermusikalischen Kontextes des fremdkulturellen Musizierens (etwa die Umplatzierung religiöser Ritualmusik in den Konzertsaal). Zum Zweiten ergeben sich Vereinnahmungsgefahren hinsichtlich der *vermeintlichen Identifikation* von Menschen mit Migrationshintergrund oder allgemeiner von Menschen aus einem bestimmten Kulturkreis mit der Musiktradition ihres Herkunftslandes oder einzelner Regionen. Zum einen muss das Interesse eines Menschen mit Migrationshintergrund nicht unbedingt der Musik seines Herkunftslandes gelten, vielleicht schon gar nicht jener Musik, die in Deutschland für repräsentativ für dieses Land gehalten wird. Wenn heute „MigrantInnen" der dritten Generation erleben, dass ihr musikalischer Geschmack auf einen (musik)kulturellen Hintergrund eines „Heimatlandes" reduziert wird, das sie selber gar nicht kennen, ist dies nicht nur skurril, sondern als „Ausschließungserfahrung" eine Zumutung und gewiss kein Mittel, um ihre Teilhabe zu befördern. Zum anderen erfahren Menschen überall auf der Welt, dass man in verschiedenen Situationen mit verschiedenen Musiken konfrontiert wird, und sie erleben, wie sich musikalische Stile und Genres miteinander verflechten. Die innere Vielfalt fremder Musikkulturen muss daher der der hiesigen in nichts nachstehen. Jugendliche mit Migrationshintergrund haben zudem wohl besonders häufig zu unterschiedlichen Musikkulturen Kontakt (vgl. Hill/Josties 2007, S. 33). Interessant sind hier beispielsweise die unterschiedlichen Stile der türkischen bzw. deutschtürkischen Musik, die unter türkischstämmigen Jugendlichen regelrecht „lagerbildend" sind: Die Spanne reicht von der (höchst lebendigen) traditionellen (meist anatolischen) Volksmusik über den einst politisch verpönten Arabesk zur türkischen Popmusik und zum in Deutschland entwickelten Hiphop (vgl. Wurm 2006, S. 34 f.; zur Popmusik vgl. insbesondere Kautny 2010).

Der pädagogische Umgang mit traditionellen kulturellen Identifikationen hat sich in einer Vielzahl von potenziellen Missverständnissen einzurichten. Angesprochen zu werden auf kulturelle Identifikationen erfüllt die einen mit Stolz, den anderen erscheint es peinlich oder gar bloßstellend, wieder andere sehen sich als rückständig eingeschätzt oder zum Exoten gestempelt.[15] Nicht zuletzt spielt in die Frage möglicher Identifikation mit traditioneller Musik auch das besondere Distanzmotiv der Jugendphase hinein, weshalb die Musik der Großväter nicht mehr unbedingt ein Symbol befriedigender Identifikation ist und daher als antiquiert eher abgelehnt wird. Aber es gibt auch die entgegengesetzte Tendenz: Wenn es gilt, ethnisch „exklusive" Symbole wieder zu entdecken, dann kann traditionelle Musik, wenn sie seit einer Generation schon fast in Vergessenheit geraten ist, gerade ein geeigneter Schatz für abgrenzende Zugehörigkeitsrituale sein. Solche Renaissancen lassen sich im Ringen um Identifizierungssymbole sowohl in subkulturellen wie auch auto-ethnisierenden (Jugend-)Bewegungen immer wieder finden. Und schließlich pflegen viele junge Erwachsene mit Migrationshintergrund zur traditionellen Musik ihrer Väter ein „liebevoll" distanziertes Verhältnis, das sich zwischen Vertrautheit und Distanz ambivalent offen hält; biografische Brüche, die Assoziation mit Kindheitserinnerungen, „Heimat"-Besuchen, aber auch Erfahrungen mit traditionell bis folkloristisch orientierten Musikgruppen hinterlassen das Gefühl, dass diese Musik mit der eigenen Identität etwas zu tun hat, aber doch von den tatsächlichen aktuellen Lebensverhältnissen recht entfernt ist.

Für den sozialpädagogischen Zugang zur kulturkommunikativen Musikpädagogik ist kennzeichnend, dass

1. sie sich nicht als eine Musikpädagogik für Menschen mit Migrationshintergrund versteht, sondern als eine Musikpädagogik der

---

15 Katrin Reiners zieht hier Parallelen zu vier Typen der Sinus Sociovision (2007), durch die unterschiedliche Verhältnisse von SchülerInnen mit Migrationshintergrund zu ihrer Herkunftskultur charakterisiert wurden. Unterschieden wird zwischen SchülerInnen, die die Verbindung zu ihrer Herkunftskultur abgebrochen haben und sich einer deutschen Makrokultur verbunden sehen, SchülerInnen, die kulturelle Elemente aus der deutschen Makrokultur und solche aus der Herkunftskultur eklektizistisch nutzen und sich als bi-kulturell verstehen, SchülerInnen, die ihrer Herkunftskultur gegenüber besondere Verbindlichkeiten entwickeln und diese als (bessere) Alternative zur deutschen Makrokultur erachten, und SchülerInnen, die sich ebenfalls über ihre Herkunftskultur definieren, sich aber von der deutschen Makrokultur weitgehend abschotten und über ihre Herkunftskultur Anschluss an andere Mikrokulturen finden (Reiners 2012, S. 58 ff.).

Identifikation und Vermittlung kultureller Strukturen überhaupt zwischen Menschen, die mit einander leben;

2. das musikpädagogische Arbeiten nicht um der Musik willen eingesetzt wird, sondern als Medium des kulturellen Austauschs und als Medium zur Verbesserung der kulturellen Selbstdarstellungskompetenz;

3. dass sie nicht als spezielle Methode für Menschen mit Migrationshintergrund (und damit defizitorientiert) konzipiert ist, sondern als eine gruppenübergreifende, generalistische Methode zur Förderung kultureller Begegnung;

4. dass sie kulturalistischen und ethnozentristischen Attributionen kritisch gegenüber steht und die Analyse von Gründen und Motiven für das eigene Verhalten der offenen Artikulation der Menschen mit Migrationshintergrund selbst überlasst und

5. dass sie der Attribution von Kulturspezifität von Ausdrucksformen skeptisch und in diesem Sinne auch selbstkritisch ihrer eigenen Praxis gegenüber steht.

Das Verstehen fremdkultureller Musik setzt entweder ein fachliches Vorwissen voraus oder ist mit den Mitteln der eigenen musikalischen Erwartungen und Wissensstrukturen zu leisten. Dies ist auch in der musikpädagogischen Arbeit die Ausgangslage. Im Rahmen der ersten Alternative besteht die Notwendigkeit, Dokumentationen und andere Materialien beizuschaffen, die für die jeweilige Musikkultur grundlegende Informationen bereitstellen. Im Bereich der zweiten Alternative ist es ein Weg, im Fremden nach dem Vertrauten zu suchen, das heißt beim Hören fremdkultureller Musik darauf zu vertrauen, dass es ähnliche Ausdrucksformen gibt wie in der eigenen Musikkultur und so Hypothesen einer „Gleichheit in der Verschiedenheit" zu entwickeln. Man kann sich auch musikalische Produktionen vornehmen, in welche bereits unterschiedliche kulturelle Einflüsse Eingang gefunden haben, und den Spuren dieser Einflüsse nachgehen. Auch dieses Vorgehen setzt freilich wiederum ein Vorwissen voraus.

Bei der Frage, wie Kinder und Jugendliche an fremde Musikkulturen herangeführt werden können, besteht heute unter MusikpädagogInnen allerdings weitgehende Übereinstimmung darin, dass der verstehende Zugang möglichst mit Eigenaktivität verbunden sein sollte (vgl. Jank 2009, S. 11). Volker Schütz hat Anfang der Neunzigerjahre hierfür den Ansatz entwickelt, zunächst sich Elemente der fremdkulturellen Musik über eigenes Instrumentalspiel anzueignen und von diesen so erworbenen Erfahrungen ausgehend schrittweise tiefer und tiefer in die Musik und ihre Strukturen einzutauchen (Schütz 1992). Im weiteren Fortschreiten dieser Aneignungsform kann dann fachliches Wissen aufgegriffen werden und mit der eigenen Erfahrung in

Verbindung gebracht werden. Wieweit man hier zu kommen vermag, ohne in Kommunikation mit einem authentischen Vertreter der fremden Kultur zu treten, ist ungewiss. Im Sinne einer Kulturkommunikativen Musikpädagogik wäre es angemessen, nach erster Vertrautheit mit dem Instrumentarium bald einen „Experten", eine „Expertin" aus dem fremden Kulturraum hinzuziehen und vom Setting der einsamen Selbsterfahrung in ein Begegnungssetting überzuwechseln. Von diesem/dieser können die Kinder und Jugendlichen nicht nur erfahren, wie das Instrument gespielt werden kann und welche Funktion es im Ensemble mit anderen Instrumenten erfüllt, sondern sie können auch etwas über die kontextuelle und rituelle Eingebundenheit des Musizierens erfahren, über die kulturspezifischen Anlässe zum Musizieren, über die Verständigung zwischen den MusikerInnen, über die Vermittlung instrumenteller Fähigkeiten in diesem Kulturraum und vieles mehr – Informationen, die in vielen anderen Ansätzen zu kurz kommen und häufig ein sehr falsches Bild von der fremdkulturellen Musik hinterlassen, welches in naiver Weise von der eigenen musikalischen Enkultivierung seinen Ausgang nimmt.

Ein aktiver Zugang zur fremdkulturellen Musik findet sich auch in der Transformation fremder Elemente in die eigene Musikgestaltung. Auch hier bleibt der Handlungs- und Selbsterfahrungsbezug vorrangig vor dem Erwerb dokumentarischen Wissens. Wenn hierbei Musizierende verschiedener kultureller Herkunft gleichzeitig ein Musikstück gestalten und dabei das jeweils Fremde in die eigene Musik „hineinweben", vollzieht sich Transkulturalität gleich in doppeltem Sinne, nämlich einmal als aktive Synthese und einmal als rezeptives Angebot für die je andere kommunizierende Seite. Die dadurch zustande kommende Konglomeration und Verschränkung stilistischer und motivischer herkunftsverschiedener Elemente kann zur Quelle eines neuen eigenen Stils werden, wie wir dies in multikulturell zusammengesetzten Gruppen immer wieder erleben. Solche Synthesen sind aber nur dann als ein Spiel mit Transformationen nachvollziehbar, wenn es einem Zuhörer, einer Zuhörerin und wohl auch den Aktiven selbst immer noch möglich ist, hinter dem Dargebotenen die kulturellen Wurzeln zu erkennen. Daher braucht es auch eine „Kultivierung des Traditionellen" im transkulturellen Prozess, wenn im transkulturellen Produkt noch etwas verstanden werden soll. Zu Recht kritisiert so Hans Zender, dass in der Entstehung eines spielerisch unbedachten kulturellen Mix die kulturellen Einflüsse bis zur Unkenntlichkeit „entdifferenziert" werden könnten und so die Bezüge zur Herkunftskultur nicht mehr wahrnehmbar würden (vgl. Zender 2010, S. 20).[16] Um dieser Gefahr zu begegnen, bedarf es sicherlich reflexiver Anstrengungen. Das Bewusstsein für die kulturellen Wurzeln und den kulturspezifischen Symbolbestand zu erhalten oder wieder zu erarbeiten, ist eine Bildungsaufgabe interkultureller Musikpädagogik und setzt voraus, dass eine Auseinandersetzung mit der Herkunftskultur stattfindet.

Praxisbeispiele zur Kulturkommunikativen Musikpädagogik

In Ansätzen zur „interkulturellen Musikpädagogik" sind eine Reihe von Ideen entwickelt worden, wie methodisch mit Kindern und Jugendlichen gearbeitet werden kann. Viele dieser Ideen lassen sich grundsätzlich auch in der Kulturkommunikativen Musikpädagogik nutzen, sofern dabei beachtet wird, dass es tatsächlich zu kommunikativen Auseinandersetzungen kommt und man sich nicht damit begnügt, bekannte Klischees über fremdkulturelle Musikstile, Spielarten und musikalische Kontexte zu reproduzieren. Im Folgenden soll an einigen Beispielen veranschaulicht werden, wie (studentische) Projekte im Sinne der Kulturkommunikativen Musikpädagogik gestaltet werden können.

1. Das erste Beispiel kann verdeutlichen, wie die Stärkung des Wissens um traditionelle Musik aus den Herkunftsländern verbunden werden kann mit der Intention, Anschluss an einen jugendkulturell etablierten Musikstil zu finden und wie dies – darüber hinaus – bei Jugendlichen einer anderen kulturellen Herkunft schließlich sogar das Interesse an dieser traditionellen Musikkultur wecken kann. Eine arabische Schule, die ihre Hauptaufgabe vor allem darin erkennt, Kindern und Jugendlichen aus arabischen Herkunftsländern ihre Muttersprache nahezubringen und sie arabisch schreiben zu lehren, entwickelt die Idee, die Kinder und

---

16 Wir teilen allerdings gerade nicht seine daraus folgende kulturkonservative Ablehnung transkultureller Prozesse in der Musik und seine linear-evolutionäre These, dass Musikstile sich nur in ihrer eigenen „vorhandenen geschichtlichen Evolution" (Zender 2010, S. 20) weiter entwickeln sollten (oder könnten), sondern verweisen auf die historisch vielfach belegbare Tatsache, dass wesentliche kulturelle Weiterentwicklungen unter anderem auf der Konfrontation und wechselseitigen Durchdringung von Kulturen beruhten. Hinter diesen Neuentwicklungen wieder die kulturellen Wurzeln aufzuspüren, war immer schon eine Frage bewussten Umgangs mit kulturellen Symbolen und damit eine Frage von Bildung und Erfahrung.

Jugendlichen auch in traditionelle arabische Musik einzuführen. Zwei Studierende schließen sich mit einem arabischen Allround-Musiker zusammen und entwickeln einen Kurs, der zunächst interessierten Kindern und Jugendlichen die Grundlagen der arabischen Musik aufzeigt, sie sodann über das Darbuka-Spiel aktiv an bestimmte arabische Rhythmen heranführt und ihnen länderspezifische Unterschiede in Instrumentierung und Stilistik darstellt. Am Ende des Kurses steht der Versuch, arabische Musik mit aktueller Hiphop-Musik zusammenzubringen, wodurch eine Diskussion darüber ausgelöst wird, ob traditionelle Musik sich von solchen Mixturen besser fernhalten sollte oder ob sie sich hierdurch weiterentwickeln kann. Es kommt der Gedanke auf, dass arabische Musik durch diesen Mix auch deutsche Kids vielleicht besser ansprechen würde, dass sie sich so eher darauf einlassen würden und dass sie sich am Ende vielleicht dann sogar für die rein traditionelle arabische Musik interessieren würden – Kulturtransformation als verführerische Versuchung.

2. Eine kurdische Tanzgruppe von Jugendlichen pflegt seit Jahren die Erhaltung der kurdischen Volkstanz- und Musikkultur in der deutschen Diaspora; sie treffen sich einmal wöchentlich, um neu erworbenes Wissen über die Tänze und die sozialen und rituellen Zusammenhänge von Musik und Tanz auszutauschen, Gruppentänze einzuüben und aufführungsreif auszugestalten. Nachdem die Leiterin der Tanzgruppe im Seminar am Fachbereich einige Hintergründe kurdischer Kultur und anschaulich einige Erträge der Arbeit der Tanzgruppe dargestellt hat, diskutieren die Studierenden, was zu tun sei, um die beeindruckenden Tänze auch außerhalb der kurdischen Community einer breiteren Öffentlichkeit zugänglich zu machen, und entwickeln die Idee, die TänzerInnen vor laufender Kamera zu interviewen, einen Film über die Arbeit dieser Gruppe zu drehen und kurze, aber professionelle Clips für youtube aufzuzeichnen, durch die die Gruppe bekannter werden könnte. In Zuge dieser Arbeit wächst das regionale Interesse an der Tanzgruppe rasant, neue Cross-over-Projekte werden geplant, die kurdischen TänzerInnen interessieren sich dafür, wie andere Kulturen auf ihre Musik tanzen würden, und so geraten die Studierenden immer mehr in die Rolle von Brückenbauern hinüber zu einer deutschen Öffentlichkeitskultur. Die Ereignisse

verdeutlichen, wie ein kleiner Impuls anerkennender Praxis[17] nicht nur die Arbeit einer traditionsorientierten Gruppe nach außen öffnet, sondern auch den öffentlichen Umgang mit dieser Arbeit in einen transkulturellen Raum hinüber bewegt.

3. In einem vorwiegend von Jugendlichen mit türkischem und arabischem Hintergrund besuchten offenen Treff bieten Studierende die Möglichkeit an, eigene Raps zu entwickeln, diese mit zwei, drei Sängern aus dem Kreis der Jugendlichen einzustudieren und den Background mit ein paar instrumental erfahrenen Kids auf die Beine zu stellen. Der Vorschlag kommt gut an, ein Dutzend männliche Jugendliche wollen mitmachen. In der zweiten Woche liegen die ersten Texte vor und die Studierenden sind geschockt über Inhalte und Ausdrucksweise. Reihenweise wird Gewalt verherrlicht, von ritualisierten Vergewaltigungen ist die Rede, die Texte sind durchsetzt von sexistischen Sprüchen und Anspielungen auf Drogenkonsum und -beschaffung. Die Studierenden geraten an die Grenzen ihres Toleranzvermögens und fragen nach den sprachlichen Verhaltensregeln in der Einrichtung. Geregelt ist dort aber nichts und so liegt es in ihrer Entscheidung, ob sie diese Sprache hinnehmen wollen oder nicht. Sie beschließen, dass sie das Projekt nur weiterbegleiten, wenn die Begriffe korrigiert und gewaltverherrlichende Inhalte herausgenommen werden. Daraufhin steigen fast alle Jugendlichen aus dem Projekt aus, nur drei verbleiben, die das Projekt mit ihren Freundinnen weiterführen wollen. Das klingt zunächst vielversprechend, aber schon zum dritten Termin sind nur noch die Freundinnen da, weil die Jungs ihre „dämlichen" Vorschläge nicht ertragen können. Die Raps werden daraufhin allein mit den Mädels entwickelt, die dann auch das Singen und Sprechen trainieren. Leider finden sich keine freiwilligen MusikerInnen mehr für den Background, sodass die Texte über Karaoke gesungen und aufgenommen werden. Die Studierenden sind in ihrem Projekt unfreiwillig mit Grunddimensionen der gendersensiblen interkulturellen Pädagogik (Castro Varela/Jagusch 2006) konfrontiert und treffen zusammen mit den Mädchen die Entscheidung, das fertige Produkt zum Ende der Projektzeit den Jungs vorzuspielen. Der Event schlägt ein – und die Jugendlichen beschließen, in ein paar Monaten mit den Mädchen eine Rap Battle

---

17 Eine solche Praxis von Anerkennung lässt sich als Intervention eines sanften Empowerment verstehen, die weniger auf die Stärkung der Zielgruppe als auf die Veränderung der Anerkennungspraxis im Ganzen abzielt (vgl. Jagusch 2007, S. 214).

zu machen, wofür sie nun doch noch Texte schreiben wollen – allerdings ohne die Studierenden.

4. Kulturkommunikative Musikpädagogik befasst sich auch mit Wahrnehmungen und Fremdattributionen gegenüber kulturellen Ausdrucksformen und versucht die individuell bestehenden Hypothesen in einen konfrontativen Kommunikationsprozess einzubringen. Gewonnen werden kann hier nur etwas, wenn es gelingt, eigene wie fremde Hypothesen der Erfahrung auszusetzen, das heißt sich eigentätig mit der fremden Musik zu beschäftigen und diese Erfahrungen in einen Prozess neuer Hypothesenbildung zu transformieren. Diese – im Kern ethnomethodologische – Vorgehensweise öffnet den individuellen Zugang zu fremdkulturellen Ausdrucksformen, sie befördert kommunikativ den Verstehensprozess und bringt zugleich Distanz gegenüber ethnisierenden Erklärungsmustern hervor. Zur Veranschaulichung: Zwei Studierende, die bereits seit längerem mit einer Jugendlichengruppe in einem offenen Treff vertraut sind, die sich aus türkischen, arabischen und bosnischen wie deutschen Jungen im Alter zwischen 16 und 19 Jahren zusammensetzt, erleben dort immer wieder, dass sich die deutschen Jungen über die „Türkenmusik" der anderen Jungen lustig machen. Sie entwickeln ein Projekt, in welchem zunächst die deutschen Jungen gefragt werden, welche Musik die anderen Jungen hören und was für diese Musik kennzeichnend sei, und dann diese Frage auch umgekehrt gestellt wird. In einem zweiten Schritt setzen sich die Jugendlichen mit den geäußerten „Klischees" auseinander und suchen Beispiele für diese Klischees in ihrer Musik. Sie versuchen sich dabei in die Sichtweise der jeweils anderen Seite hineinzuversetzen. Diese Beispiele werden vorgeführt und jeweils von der „kompetenten" Seite erläutert. Dabei kommt einiges an Wissen ans Tageslicht, auch über die Kontexte der Musik, aber es werden auch Differenzen innerhalb der Gruppe deutlich. Das Erklärte wird, soweit möglich, an Instrumenten veranschaulicht, was die andere Seite zum Nachmachen anregt. Es wird viel korrigiert, gezeigt, neu erläutert und in Zusammenhänge gebracht. Nach vier Runden sind Elemente mehrerer verschiedener Musikstile aus dem Bereich des türkischen Pop, deutschen und türkischen Hiphop, Balkan Pop und Arabesk vorgestellt und die Jugendlichen machen sich unter Anleitung der Studierenden daran, einen deutsch-türkischen Hiphop zu erarbeiten, der alle Elemente integriert. Interkulturelles Lernen hat in diesem Projekt nicht nur im Rahmen der musikbezogenen Arbeit stattgefunden,

sondern vor allem begleitend anhand der zahlreichen ethnisierenden Klischees, die zusammen mit den musikalischen Klischees geäußert worden sind und zu besprechen waren. Die Jugendgruppe,
die schon zuvor einen gewissen Zusammenhalt hatte, ist nach dem
Projekt in der Lage, ihre ethnisierenden Erklärungen meist mit
Humor wahrzunehmen, bei sich selbst wie bei anderen. Alle haben
viel gelernt über Musikstile, von welchen sie vorher fast nichts
wussten, über deren traditionelle Wurzeln und über die sozialen
Kontexte, in denen sie entstanden sind.

Das transkulturelle Potenzial von Musik

Kultur ist in ihrer sozialen Funktion darauf angelegt, Kommunikation zu ermöglichen. Als Kultur des Umgangs mit einander beschreibt sie Regeln und
Erwartungskomplexe, die das Zusammenleben erleichtern, wenn nicht überhaupt erst möglich machen. Der kunstaffine Kulturbereich ist demgegenüber
von weniger Verbindlichkeiten geprägt, er bietet symbolisches Wissen an,
dessen Kenntnis zwar ebenfalls Kommunikation erleichtert, dessen Unkenntnis aber keine schwerwiegenden Folgen für das Leben und die soziale
Teilhabe zeitigt. Für Musik geht diese Entlastung noch weiter: Die weitgehend a-semantische Struktur von Musik entlastet die Kommunikation von
semantischen Identifizierungsnotwendigkeiten und Musik schafft so einen
offenen Kommunikationsraum, indem persönlicher Ausdruck interpretativ
grundsätzlich zur Disposition steht. Musik „erzählt keine Geschichte, hat
keine Historizität", schreibt Johann Götschl, sie ist von „ontologischer Neut-
ralität" (Götschl 2004, S. 9). Musik muss keine Wahrheiten vertreten; sehr
wohl ist sie aber ein Kommunikationsmedium. Durch dieses Potenzial einer
verständnisoffenen Kommunikation bietet Musik interaktiv, rezeptiv und als
Gegenstand von Interpretation besondere Chancen, kulturtranszendierende
Wahrnehmungen zu ermöglichen und die Feststellung von Differenz von
gruppenspezifischen Klischees frei zu halten.

> „The privileged place of music within human history has made it a special
> instance of the coming together of people. Music, like language, allows people
> to come into contact through a shared medium while maintaining difference"
> (Warren 2014, S. 183).

Für musikalische Kommunikation ist die Erfahrung von Differenz selbstverständlich und sie ist gerade das Reizvolle gegenüber dem Erwartbaren.
Unbestimmtheit und Unvorhersagbarkeit im Wechsel mit dem Erwartbaren

bestimmen ihre Dynamik. Zugleich verschließt diese Erfahrung das Unerwartete mit dem Vertrauten, sie schließt es ein in die vorhandene Struktur. Insofern ist ihr ein Duktus eigen, den sie mit dem transkulturellen Verstehen gemein hat.

Literatur

Allolio-Näcke, L./Kalscheuer, B./Manzeschke, A. (Hrsg.) (2005): Differenzen anders denken. Bausteine zu einer Kulturtheorie der Transdifferenz. Frankfurt a. M.: Campus.

Arenhövel, S. (2012): Zur Komplexität von Differenz – Notwendige Haltungen und Reflexionen für eine diversitätsbewusste Musikvermittlung in der Migrationsgesellschaft. In: Binas-Preisendörfer, S./Unseld, M. (Hrsg.): Transkulturalität und Musikvermittlung. Möglichkeiten und Herausforderungen in Forschung, Kulturpolitik und musikpädagogischer Praxis. Frankfurt a. M.: Lang, S. 263–284.

Babka, A./Malle, J./Schmidt, M. (Hrsg.) (o.J.): Dritte Räume. Homi K. Bhabhas Kulturtheorie. Kritik. Anwendung. Reflexion. Wien/Berlin: Turia + Kant.

Bhabha, H. K. (2012): Über kulturelle Hybridität. Tradition und Übersetzung. Hrsg. u. eingel. von A. Babka und G. Posselt. Wien/Berlin: Turia + Kant.

Borelli, M. (Hrsg.) (1986): Interkulturelle Erziehung, Baltmannsweiler: Schneider.

Byram, M. (1997): Teaching and assessing intercultural communicative competence. Clevedon: Multilingual Matters.

Castro Varela, M. d. M./Jagusch, B. (2006): Geschlechtergerechtigkeit in der interkulturellen Jugendarbeit. In: IDA e. V. (Hrsg.): Rassismus – eine Jugendsünde? Aktuelle anti-rassistische und interkulturelle Perspektiven der Jugendarbeit. Dokumentation der Fachtagung. Düsseldorf.

Götschl, J. (2004): Philosophie der Musik: Zur existenziellen und kulturellen Bedeutung der Musik – ein Essay. Orff Schulwerk Informationen 73, Winter 2004 (Themenschwerpunkt: Musik und Tanz im Dialog mit sozialer Arbeit und integrativer Pädagogik), S. 7–13.

Halfmann, J. (2014): Migration und Behinderung. Stuttgart: Kohlhammer.

Han, B.-Ch. (2005): Hyperkulturalität. Kultur und Globalisierung. Berlin: Merve.

Heimlich, U./Behr, I. (Hrsg.) (2009): Inklusion in der frühen Kindheit – Internationale Perspektiven. Berlin: LIT.

Hill, B./Josties, E. (2007): Musik in der Arbeit mit Jugendlichen. In: Hill, B./Josties, E. (Hrsg.): Jugend, Musik und Soziale Arbeit. Anregungen für die sozialpädagogische Praxis. Weinheim/München: Juventa.

Hinz, A. (2008): Gemeinsamer Unterricht – Inklusion der Integrationspolitik in die Bildungspolitik. Gemeinsam lernen 16, H. 2, S. 82–87.

Hinz, A. (2009): Aktuelle Erträge der Debatte um Inklusion – worin besteht der ‚Mehrwert‘ gegenüber Integration? Vortrag auf dem Kongress „Enabling Community" der Evangelischen Stiftung Alsterdorf und der Katholischen Fachhochschule für Soziale Arbeit Berlin am 18.–20. Mai 2009.

Jagusch, B. (2007): Veränderungsprozesse in der Jugendarbeit: Anerkennung und Umverteilung als Maximen der interkulturellen Öffnung. In: IJAB (Hrsg.): Forum Jugendarbeit international. 2006/2007. Qualität zeigt Wirkung – Entwicklungen und Perspektiven. Bonn. S. 208–223.

Jank, B. (2009): Grundsätzliche Strategien und methodische Wege des Umgangs mit (sich bildenden) eigenen und fremden kulturellen Identitäten der Schülerinnen und Schüler im Musikunterricht. In: Rodríguez-Quiles y García, J. A./Jank, B. (Hrsg.): Perspektiven einer Interkulturellen Musikpädagogik. Potsdam: Universitätsverlag, S. 7–19.

Karakaşoğlu, Y./Amirpur, D. (2012): Inklusive Interkulturalität. In: Seitz, S. et al. (Hrsg.): Inklusiv gleich gerecht? Inklusion und Bildungsgerechtigkeit. Bad Heilbrunn: Klinkhardt, S. 63–70.

Kautny, O. (2010): Populäre Musik als Herausforderung der interkulturellen Musikerziehung. In: Zeitschrift für Kritische Musikpädagogik. S. 26–46. www.zfkm.org./inhalt2010.html (Abruf 2.2.2013).

Knigge, J./Niessen, A. (2012): Modelle interkultureller Kompetenz für das Fach Musik? In: Niessen, A./Lehmann-Wermser, A. (Hrsg.): Aspekte Interkultureller Musikpädagogik. Ein Studienbuch. Augsburg: Wißner, S. 57–72.

Kohan, D. (2012): Migration und Behinderung: eine doppelte Belastung? Freiburg: Centaurus.

Kronauer, M. (2010): Exklusion. Die Gefährdung des Sozialen im hoch entwickelten Kapitalismus. 2. erw. Aufl. Frankfurt a. M.: Campus.

Kurt, R. (2010): Gemeinsam gleich und anders sein. Interkulturelles Verstehen in Schulen des Ruhrgebiets. In: Hirsch, A./Kurt, R. (Hrsg.): Interkultur – Jugendkultur. Bildung neu verstehen. Wiesbaden: VS, S. 183–215.

Lee, J.-H. (2012): Inklusion. Eine kritische Auseinandersetzung mit dem Konzept von Andreas Hinz. 2. Aufl. Oberhausen: Athena.

Liebsch, B. (2008): Menschliche Sensibilität. Inspiration und Überforderung. Weilerswist.

Liebsch, B. (2010): Sensibilität und interkulturelles Verstehen als Politikum. Zwischen opportuner Rhetorik und befremdlicher Überforderung. In: Hirsch, A./Kurt, R. (Hrsg.): Interkultur – Jugendkultur. Bildung neu verstehen. Wiesbaden: VS, S. 37–56.

Marquard, P./Krieger, W. (2007): Potenziale Ästhetischer Praxis in der Sozialen Arbeit. Eine Untersuchung zum Bereich Kultur-Ästhetik-Medien in Lehre und Praxis. Baltmannsweiler: Schneider.

Mecheril, P. (2004):Einführung in die Migrationspädagogik. Weinheim/Basel: Beltz.

Ott, Th. (2012): Konzeptionelle Überlegungen zum interkulturellen Musikunterricht. In: Niessen, A./Lehmann-Niessen, A. (Hrsg.): Aspekte Interkultureller Musikpädagogik. Ein Studienbuch. Augsburg: Wißner, S. 111–138.

Reiners, K. (2012): Interkulturelle Musikpädagogik. Zur musikpädagogischen Ambivalenz eines trans- bzw. Interkulturell angelegten Musikunterrichts in der Grundschule. Augsburg: Wißner.

Rodríguez-Quiles y García, J. A. (2009): ¿Están los alemanos interesados for el flamenco? Una aproximación a la cultura flamenca en la Republica Federal. In: Rodríguez-Quiles y García, J. A./Jank, B. (Hrsg.): Perspektiven einer Interkulturellen Musikpädagogik. Potsdam: Universitätsverlag, S. 55–75.

Rommelspacher, B. (2009): Was ist eigentlich Rassismus? In: Melter, C./Mecheril, P. (Hrsg.): Rassismuskritik. Bd. 1. Rassismustheorie und -forschung. Schwalbach/Ts.: Wochenschau, S. 25–38.

Sauer, K. E. (2014): Inklusion aus jugendkultureller Perspektive. Wege der Kommunikation in Musikprojekten von Jugendlichen verschiedener Herkunft mit unterschiedlichen Lernvoraussetzungen. Freiburg: Centaurus.

Schütz, V. (1992): Musik in Schwarzafrika. Oldershausen: Lugert.

Sinus Sociovision (2007): Migrantenmilieus in Deutschland. In: Navigator. Der Newsletter von Sinus Sociovision. Ausg. 2. www.sinus-institut.de/uploads/tx_mpdownloadcenter/03-2007_Insight_Migrantenmilieus-in-Deutschland.pdf (Abruf 20.3.2011).

Spielmann, Y. (2010): Hybridkultur. Frankfurt a. M.: Suhrkamp.

Steinbach, A. (2004): Soziale Distanz. Ethnische Grenzziehung und die Eingliederung von Zuwanderern in Deutschland. Wiesbaden: VS.

Struve, K. (2013): Zur Aktualität von Homi K. Bhabha. Einleitung in sein Werk. Wiesbaden: Springer VS.

Treptow, R. (2001): Kulturelles Mandat. Soziale Kulturarbeit und kulturelle Sozialarbeit (1988). In: Treptow, R.: Kultur und Soziale Arbeit. Gesammelte Beiträge. Münster: Votum, S. 184–208.

UNESCO (1994): The Salamanca Statement and Framework for Action on Special Needs Education. www.unesco.org/education/pdf/SALAMA_E.PDF (Abruf 29.7.2014).

Wansing, G./Westfal, M. (2014): Behinderung und Migration. Inklusion, Diversität, Intersektionalität. Wiesbaden: Springer VS.

Warren, J. R. (2014): Music and Ethical Responsibility. Cambridge: Cambridge University Press.

Welsch, W. (1994): Transkulturalität – Lebensformen nach der Auflösung der Kulturen. In: Luger, K./Renger, R. (Hrsg.): Dialog der Kulturen. Die multikulturelle Gesellschaft und die Medien. Wien: Österreichischer Kunst- und Kulturverlag, S. 147–169.

Welsch, W. (1997): Transkulturalität. In: Universitas 52, H. 1, S. 16–24.

Wimmer, A. (2005): Kultur als Prozess. Zur Dynamik des Aushandelns von Bedeutungen. Wiesbaden: VS.

Wurm, M. (2006): Musik in der Migration. Beobachtungen zur kulturellen Artikulation türkischer Jugendlicher in Deutschland. Bielefeld: transcript.

Zender, H. (2010): Transkulturalität und die Frage nach ihrem Kulturbegriff. Gegen „Unterhaltungsmix", für bewusste Differenzierung – ein Plädoyer von Hans Zender. In: Über Grenzen hinaus. Multikulti ade – Wege in transkulturelle Welten. Musikforum 1, S. 19 f.

Inklusion demenziell veränderter Menschen –aufgezeigt am Beispiel kultureller Teilhabe

Theo Hartogh

1 Einleitung

Seit der Beschlussfassung der UN-Behindertenkonvention, die 2009 in Deutschland in Kraft trat, laufen europaweite Anstrengungen, die postulierten Inklusionsforderungen umzusetzen. In Deutschland hat sich vor allem eine rege und kontroverse Diskussion um die schulische Realisierung entfacht. Aber Inklusion ist nicht auf ein bestimmtes Lebensalter oder eine bestimmte Institution begrenzt, sondern gilt als grundlegendes humanorientiertes Prinzip für alle Lebensalter und Lebensbereiche.

In der Geistigbehindertenpädagogik haben schon Leitideen wie das Normalisierungsprinzip und die Selbstbestimmung in sozialer Integration den Inklusionsgedanken angebahnt (vgl. Thimm 1994; Mühl 2000, S. 80), für die wachsende Gruppe demenziell veränderter Menschen ist Inklusion als Leitprinzip jedoch noch neu. Müssen für geistig behinderte Menschen die inklusiven Bedingungen in Schule und Lebensumfeld neu geschaffen werden, so gestaltet sich der Inklusionsprozess für demenziell erkrankte Menschen in einer anderen Richtung. Im Laufe ihres Lebens sind demenziell Erkrankte in vielen Lebensbezügen eingebunden gewesen und haben sich als nicht behinderte und kompetente Akteure[1] in verschiedensten Lebensbereichen erlebt. Für sie geht es vor allem um den weitgehenden Erhalt der im Lebenslauf gewachsenen Lebensbezüge. In der Fachliteratur zum Thema Demenz, die vor allem medizin- und pflegeorientiert ist, findet man zu diesem Inklusionsziel bisher kaum Publikationen.

Kulturelles Interesse wird nicht durch Demenz ausgelöscht und daher stellt sich vor dem Hintergrund der Inklusionsdiskussion die zentrale Frage,

---

1   Aus Gründen der besseren Lesbarkeit wird auf die gleichzeitige Verwendung männlicher und weiblicher Sprachformen verzichtet. Das generische Maskulinum gilt für beiderlei Geschlecht.

wie kulturelle Bedürfnisse betroffener Personen erkannt und befriedigt werden können. Welcher Rahmenbedingungen bedarf es im sozialen Umfeld und in Institutionen und welche Haltung und Kompetenzen benötigen Akteure im Feld, um gelingende Zugänge zur Kultur für demenziell Erkrankte zu schaffen? Diesen zentralen Fragen geht dieser Beitrag nach. Abschließend wird zu bewerten sein, inwieweit kulturelle Inklusion zu einer personenzentrierten Sichtweise demenziell erkrankter Menschen beiträgt und damit die im gesellschaftlichen Diskurs und politischen Handeln dominierende medizinische Sichtweise auf das Phänomen Demenz relativiert.

2 Demenz

2.1 Die medizinische Perspektive

Der weltweit immer größere Anteil hochaltriger Menschen korreliert mit der zunehmenden Anzahl von demenziell veränderten Menschen; allein in Deutschland gibt es ca. 1 500 000 Betroffene und diese Zahl wird sich Schätzungen zufolge bis 2050 verdoppeln. Die International Classification of Diseases (ICD) definiert Demenz als Folge einer meist chronischen oder fortschreitenden Krankheit des Gehirns mit Störung vieler höherer kognitiver Funktionen, die Auswirkungen auf verschiedene Lebensbereiche hat. Die kognitiven Beeinträchtigungen werden gewöhnlich von Veränderungen der emotionalen Kontrolle, des Sozialverhaltens oder der Motivation begleitet.

Unterschieden werden:

- die Alzheimer-Demenz als „primär degenerative zerebrale Krankheit mit unbekannter Ätiologie und charakteristischen neuropathologischen und neurochemischen Merkmalen",
- verschiedene Formen der vaskulären Demenz als Folge von Infarkten im Gehirn und
- sekundäre Demenzen, deren Ursachen nicht im Gehirn liegen (vgl. WHO 2014).

Als Symptome klassifiziert die Deutsche Gesellschaft für Neurologie (DGN) und die Deutsche Gesellschaft für Psychiatrie, Psychotherapie und Nervenheilkunde (DGPPN) in den S 3 Richtlinien Demenz (2009, S. 3):

- Affektive Symptome (Depression, Angst),
- Hyperaktivität (agitiertes Verhalten, Aggressivität, Enthemmung, Euphorie, gesteigerte Psychomotorik),

- Psychotische Symptome (Halluzination, Wahn),
- Apathie,
- Schlafstörungen,
- Appetit- und Essstörungen.

Zur Häufigkeit der unterschiedlichen Demenzformen liegen unterschiedliche Zahlen vor, da eine exakte Diagnose und Klassifizierung häufig schwer zu treffen sind. Das Berlin-Institut für Bevölkerung und Entwicklung (2011, S. 9) schätzt den Anteil der beiden primären Demenzerkrankungen auf insgesamt 80 Prozent, wobei die Alzheimererkrankung am häufigsten vorkommt (65 Prozent) und ca. 15 Prozent der Demenzerkrankungen vaskulär verursacht sind.

Menschen, die demenziell erkrankt sind, ist aufgrund zunehmender kognitiver Einbußen eine selbstständige Lebensführung nur noch mit Einschränkungen und in einem fortgeschrittenen Krankheitsstadium gar nicht mehr möglich. Die Problematik ist vielschichtig, denn Demenz ist nicht nur ein Problem für Betroffene und ihre Familien, sondern auch eine medizinische sowie sozial- und gesundheitspolitische Herausforderung. Aufgrund der demografischen Entwicklung und der zunehmenden Zahl älterer und hochaltriger Menschen bezeichnet der Weltalzheimerbericht „[…] Alzheimer und andere Demenzformen [als] eines der bedeutendsten gesellschaftlichen, gesundheitlichen und ökonomischen Risiken des 21. Jahrhunderts" (Alzheimer's Disease International 2011, S. 4).

Medizinische und pharmakologische Forschung richten sich auf die Erforschung der Ursachen der unterschiedlichen Demenzformen und die Bekämpfung der mit der Krankheit einhergehenden Symptome. Die steigende Zahl demenziell erkrankter Menschen – von 2000 bis um das Jahr 2050 wird ein europaweiter Anstieg von 7,1 auf 16,2 Millionen erwartet – veranlasste den britischen Premierminister David Cameron, im Dezember 2013 einen G 8 Gipfel der europäischen Gesundheitsminister in London einzuberufen, um einen globalen Forschungsplan aufzustellen, der die Intensivierung und Bündelung medizinischer Forschung zum Ziel hat. Formuliert wurden ehrgeizige Ziele wie die Entwicklung eines wirksamen Medikaments gegen Alzheimer-Demenz bis zum Jahr 2025 (vgl. Siddique 2013). Nichtpharmakologische Therapien werden in den Forschungsanstrengungen jedoch nicht berücksichtigt; dabei gibt es mittlerweile vereinzelte Übersichtsstudien, die die Effektivität nicht-medikamentöser Interventionen in Bezug auf Kognition, Verhalten, Stimmung, körperliches Wohlbefinden, Alltagsaktivitäten und Lebensqualität Demenzerkrankter belegen (vgl. zum Beispiel Fritz et al. 2008; Olzarán et al. 2010). Einen besonderen Stellenwert nehmen Musiktherapie und Musikgeragogik ein, da auch bei fortschreitender Demenz Musik erlebt und sogar musikalisch Neues erlernt werden kann. Im

Weiteren sollen daher exemplarisch am Bereich Musik Voraussetzungen und Möglichkeiten der Inklusion aufgezeigt werden, um dann in Abschnitt 5 auch andere Kulturbereiche in den Blick zu nehmen.

2.2 Das Musikgedächtnis und musikalische Kompetenzen demenziell veränderter Menschen

Am Beispiel der Musik lässt sich zeigen, dass von Demenz Betroffene in allen Krankheitsstadien durchaus noch Kompetenzen haben, um ästhetische Erfahrungen zu machen und auch musikalisch Neues zu lernen. Neuropsychologische Untersuchungen zum Musikgedächtnis demenziell Erkrankter liefern wichtige praxisrelevante Erkenntnisse zum Musizieren mit dieser Zielgruppe. Musikalische Kompetenzen stehen bei Probanden häufig in „dramatischer" Diskrepanz zu den Ergebnissen von Demenztests wie dem Mini-Mental-Test, dem meistverwendeten Screening-Verfahren bei der Diagnose von Demenz (vgl. Cuddy/Duffin 2005, S. 229). Baird und Samson (2009, S. 85) resümieren in einer Übersichtsstudie, in der sie die Ergebnisse mehrerer einschlägiger Fall- und Gruppenstudien zusammenführen, dass musikalische Fähigkeiten trotz der Demenz bestehen bleiben. Das musikalische Erleben gehört zu den Fähigkeiten, auf die die Demenz vergleichsweise wenig Einfluss hat. Lieder und ihre Texte, die in der Kindheit und Jugend erlernt wurden, können im Alter meist auch bei fortgeschrittener Demenz reproduziert werden, selbst wenn im Alltag sprachliche Defizite schon deutlich in Erscheinung treten. Mehrere Studien und Projekte belegen, dass Alzheimerpatienten in der Lage sind, aktiv an Singgruppen teilzunehmen, ein neues Lied zu lernen und sogar drei- und vierstimmig zu singen (vgl. zum Beispiel Bannan/Montgomery-Smith 2008).

Grundsätzlich ist das musikalische Gedächtnis nicht so stark von der Demenz betroffen wie zum Beispiel das visuelle und das verbale Gedächtnis. Das implizite bzw. prozedurale (unbewusste) Gedächtnis (sensomotorische Fähigkeiten wie Fahrrad fahren, Schwimmen, ein Instrument spielen) bleibt bei Alzheimerbetroffenen weitgehend erhalten, während die Funktionen des expliziten (bewussten) Gedächtnisses (Speicherung von Wissen, Tatsachen und Ereignissen) schwinden. Daher bleiben musikalische Fähigkeiten länger erhalten als andere Kompetenzen wie zum Beispiel Sprache (vgl. Numminen et al. 2012; Söthe-Röck 2010). Während es Amateurmusikern, die an Alzheimer im leichten und mittleren Stadium leiden, gelingt, trotz der Demenz Musikstücke auf einem Instrument zu spielen und neue einzustudieren, werden die Komponisten bzw. Titel der Stücke im verbalen Gedächtnis jedoch nicht erinnert (vgl. Baird/Samson 2009, S. 94; Kerer et al. 2009, S. 12).

2.3 Transfereffekte des Musizierens

Demenziell veränderte Menschen können also trotz kognitiver Einschränkungen durchaus ein Instrument und neue Stücke erlernen – mit nachweisbar positivem Einfluss auf Lebensqualität, motorische Kompetenzen und kognitive Leistungen, wie einschlägige Fallstudien belegen (vgl. Sacks 2008, S. 367 ff.; Posaune: Beatty et al. 1994; Violine: Cowles et al. 2003; Veeh-Harfe: Hoedt-Schmidt 2010; Klavier: Crystal/Grober/Masur 1989, Fornazzari et al. 2006 und Kehrer 2013). Die Autoren der Studien stimmen in ihrer Beurteilung überein, dass Musik ein entscheidendes Medium ist, um das emotionale Wohlbefinden demenziell erkrankter Menschen zu fördern, da Wahrnehmung und Emotionen eng mit dem impliziten Gedächtnis vernetzt sind (vgl. Baird/Samson 2009, S. 95). Ausdrücklich weist der Alzheimer-Forscher Peter Whitehouse (2009, S. 285) darauf hin, dass die Teilnahme an neuartigen Aktivitäten wie ein Instrument spielen lernen zu den effektiven Maßnahmen gegen einen kognitiven Abbau gehört. Von den in Abschnitt 2.1 aufgeführten Symptomen der Demenz sind es vor allem agitiertes Verhalten und affektive Symptome, die durch regelmäßige Teilnahme an musikalischen Programmen positiv beeinflusst werden, wie aktuelle Übersichtsarbeiten belegen (vgl. Vasionyte/Madison 2013; Ueda et al. 2013).

Musik präsentiert sich also als zentrales Medium, das zum einen für den einzelnen ein emotionales Ausdrucksmedium darstellt, das auch noch zur Verfügung steht, wenn die Sprache versagt, und zum anderen die Möglichkeit bietet, mit anderen in Kontakt zu treten und (nonverbal) zu kommunizieren. Dieser soziale Aspekt des gemeinsamen Musizierens eröffnet zahlreiche Möglichkeiten für Pflegende und Angehörige demenziell veränderter Menschen (zum Beispiel die pflegeentlastende Wirkung des Musizierens zu nutzen oder zu Hause in der Familie gemeinsam zu musizieren). Wenn „die Hauptaufgabe der Demenzpflege … im Erhalt des Personseins angesichts versagender Geisteskräfte" (Kitwood 2000, S. 125) liegt, ist gerade Musik als nonverbales Medium ein wichtiger Bestandteil in der Begleitung und Betreuung von Menschen mit Demenz, um Identität zu erhalten und biografisches Arbeiten zu unterstützen. Pflegende und Angehörige bezeichnen auf der Basis ihrer persönlichen Erfahrungen Musik häufig als „Königsweg" in der Begleitung und Betreuung demenziell erkrankter Menschen, der die Lebensqualität Betroffener auf vielfältige Weise positiv beeinflussen und auf Symptome der Demenz positiv wirken kann (vgl. Hartogh/Wickel 2008, S. 50–58; Muthesius et al. 2010; Sacks 2008, S. 367).

2.4 Kulturorientierte Perspektive

2.4.1 Das Primat der Bildung

Während therapeutische Interventionen mit Musik in der Demenzpflege schon länger eingesetzt werden und hierzu mittlerweile zahlreiche internationale Studien und Projektevaluationen vorliegen, gibt es zur Teilhabe demenziell erkrankter Menschen am Kultur- und Musikleben eine überschaubare Anzahl an Publikationen und Projektberichten. Die nachweislichen positiven Effekte des Musizierens (vgl. Abschnitt 2.3), die im Kontext von Pflege und Betreuung bedeutsam sind, rücken in der kulturellen Inklusionsperspektive in den Hintergrund; im Vordergrund nicht-therapeutischer Kulturangebote steht die Einbindung in das musikalische Kulturleben als aktive Kulturschaffende und -rezipienten, das Erleben von Kunst und das Ermöglichen neuer Erfahrungen mit Kultur. Für die Planung und Durchführung von Kulturangeboten und die künstlerisch-kulturelle Praxis ist daher die Kenntnis der Ursachen der Demenzerkrankungen nicht maßgebend, sondern nur die individuellen Symptome und das entsprechende Krankheitsstadium (vgl. Nebauer/de Groote 2012a, S. 63).

Wie orientierten Menschen auch sollen demenziell erkrankten Menschen ästhetische Erfahrungsräume eröffnet werden, in denen sie möglichst selbstbestimmt agieren. Solche kulturellen Bildungsangebote sind nicht auf das Erreichen eines bestimmten Zieles gerichtet, sondern auf den Zweck der ästhetischen Erfahrung an sich. Man kann also durchaus in der Kulturarbeit mit demenziell Erkrankten eine therapeutische und eine Bildungsperspektive unterscheiden. Beide Perspektiven überschneiden sich in der Praxis, eine klare Trennung ist schon aufgrund der unterschiedlichen Definitionen des Bildungs- und Therapiebegriffs schwierig. Aber grundsätzlich stehen Bildung (geragogische Perspektive) und Therapie für zwei unterschiedliche Blickweisen auf den Demenzbetroffenen bzw. das Phänomen Demenz und das künstlerische Medium. Während in der therapeutischen Perspektive eher die Funktion des künstlerischen Mediums und seine Wirkung auf die Person im Vordergrund stehen (vgl. Abschnitt 2.3), zielen Kulturangebote unter der Bildungsperspektive nicht auf die Demenz der Person, sondern sprechen primär die Person mit Demenz und ihre kulturellen Bedürfnisse an. Unter dieser Perspektive geraten auch die Dimensionen der Inklusion in den Praxis- und Forschungsblick. Explizit hat Kehrer (2013) unter dieser Perspektive eine Studie zum Klavierunterricht mit demenziell erkrankten Schülern vorgelegt. Die Forschungsfragen zielen hier nicht auf therapeutische Effekte des Klavierspiels, sondern auf die relevanten Kontextfaktoren wie Lehrerverhalten, Unterrichtstechniken und Lernmaterialien für einen gelingenden Unterricht und musikbezogenes Lernen. Hoedt-Schmidt (2010) verbindet die therapeutische und die geragogische Perspektive in ihrer Studie zum Veeh-Harfen-Unterricht mit demenziell veränderten Schülern und zeigt auf, wie beide Perspektiven sich in der Praxis ergänzen können.

2.4.2 Demenzerkrankte als Adressaten von Kulturangeboten

In medizinischen, pflegerischen und neuropsychologischen, aber auch in politischen, sozialen und Alltagsbezügen werden demenziell veränderte Menschen vor allem als Adressaten bzw. Patienten des Gesundheitswesens gesehen. Betroffene sind jedoch nicht nur kognitiv beeinträchtigte Patienten, sondern Personen mit biografisch gewachsenen kulturellen Interessen, Bedürfnissen und Kompetenzen. Und immer mehr ältere Menschen haben höhere Bildungsabschlüsse, sodass in Zukunft mit deutlich mehr Bildungsteilnehmern aus der älteren Generation zu rechnen ist (vgl. Schröder/Gilberg 2005, S. 62 ff.; Keuchel/Wiesand 2008, S. 91; Köster 2008, S. 44). Dieser Trend wird nicht nur die jungen Alten betreffen, sondern auch die steigende Zahl hochaltriger Menschen, die in Alten- und Pflegeheimen leben, denn psychische und physische Einbußen im hohen Alter müssen nicht zwangsläufig ein Ende von biografisch gewachsenen Kultur- und Bildungsinteressen bedeuten.

Maßgebliche Organisationen fordern daher ein Umdenken und lenken den Blick auf soziale und kulturelle Bedürfnisse Demenzbetroffener. So arbeitet die Landesinitiative Demenz-Service Nordrhein-Westfalen seit ca. 10 Jahren auf einen Wertewandel der Gesellschaft hin mit dem erklärten Ziel der Inklusion von Menschen mit Demenz und deren Angehörigen (vgl. Kuratorium Deutsche Altershilfe 2013). Der Aktionsplan zur UN-Behindertenkonvention (BMAS 2011, S. 67) bezieht im „Handlungsfeld Kultur und Freizeit" auch demenziell erkrankte Menschen ein. In dem Maßnahmenkatalog zu diesem Handlungsfeld (ebd., S. 179–108) beschränkt sich kulturelle Teilhabe jedoch schwerpunktmäßig auf barrierefreie Zugänge zu Kulturveranstaltungen. Es wird zwar kritisiert, dass Betroffene fast ausschließlich nur in sozialen und karitativen Kontexten in Erscheinung treten (vgl. ebd., S. 101), aber die inklusive Perspektive erschöpft sich in der vagen Forderung, dass behinderten Künstlern gleichwertige Voraussetzungen für die Kunstausübung wie nicht behinderten Künstlern einzuräumen sind und für behinderte Menschen diskriminierungsfreie Zugangsmöglichkeiten zu Kunst und Kultur zu schaffen sind (vgl. ebd., S. 103). Zur aktiven Partizipation im Kulturleben gibt es keine Ausführungen bzw. Empfehlungen.

Ein wichtiger politischer Schritt zu einer inklusiven Sichtweise auf das Phänomen Demenz erfolgte im September 2014, als Bundesfamilienministerin Manuela Schwesig und Bundesgesundheitsminister Hermann Gröhe das

Startsignal für die „Allianz für Menschen mit Demenz" gaben, in der sich maßgebliche Verbände und Institutionen auf die Planung und Durchführung von Maßnahmen und Initiativen einigten, die die Lebensqualität demenziell veränderter Menschen und ihrer Angehörigen verbessern. Die Agenda ist geprägt vom Leitbild der Inklusion, da die Belange von Menschen mit Demenz „in einem kooperativen und beteiligungsorientierten Prozess" einbezogen werden sollen (Heike von Lützau-Hohlbein, in: BMFSFJ 2014).

3 Der Kunst- bzw. Musikbegriff

Für eine gelingende Inklusion kann grundsätzlich kein Kunst- bzw. Musikbegriff fruchtbar sein, der exklusiv ist und per definitionem bestimmte Kunst- und Kultursparten ausgrenzt. So greift ein ausschließlich an der Hochkultur orientierter Kulturbegriff zu kurz. Angesichts der Tatsache, dass die Generation der heute über 60-Jährigen mit Popkultur aufgewachsen ist, würde ein wesentlicher prägender und präferierter Bereich der Kultur ausgegrenzt.

Das Erleben von Kunst und Musik ist nicht an bestimmte kognitive Funktionen gebunden, sondern schließt jede denkbare rezeptive und aktive Beschäftigung mit Musik ein (vgl. Bisschop Boele 2013; Hartogh/Wickel 2004). Diese Grundfähigkeit zum Musikerleben erlischt nicht durch altersbedingte körperliche oder kognitive Einschränkungen wie Demenz, weil sie in erster Linie an Emotionalität gekoppelt ist. Menschen mit starken psychischen und physischen Beeinträchtigungen (zum Beispiel geistige Behinderung, Demenz) erleben Kunst und Musik bedeutungsvoll und können kreativ sein.

Ein erweiterter Kunst- und Musikbegriff, wie ihn Joseph Beuys prägte, inkludiert nicht nur alle subjektiv bedeutsam empfundene Kunst, sondern hat explizit auch eine gesellschaftliche Dimension. Die Idee der sozialen Plastik, wie sie Beuys propagiert, erhebt den Anspruch, über Kunst gesellschaftsverändernd zu wirken (vgl. Riegel 2013, S. 277–283). Demenziell erkrankte Künstler zeigen durch ihre Produktionen neue Weltsichten und kreative Zugänge auf die Welt. Ihre Kunstwerke provozieren eine neue Sicht auf das Phänomen Demenz jenseits kognitiver Einbußen und medizinischer Kontexte. Vor diesem Hintergrund hat sich zum Beispiel die Werkstatt Demenz e. V. zum Ziel gesetzt, „dem Bürgerrechtsmodell der Demenz auch in Deutschland eine Tür zu öffnen" (Ganß et al. 2006). Sie fungiert als Anlaufstelle und Forum für Menschen mit kreativen Ideen; ein Ergebnis war unter anderem die Ausstellung „demenz art", die an mehreren Orten in Deutschland Werke von demenziell erkrankten Laienkünstlern zeigte.

Einen ästhetischen Blick auf das Thema Demenz erlaubt die Wander-ausstellung „Wie aus Wolken Spiegeleier wurden" des bekannten Werbegra-fikers Carolus Horn (1921–1992), der mit 64 Jahren an Alzheimerdemenz erkrankte, bis kurz vor seinem Tode jedoch weiter zeichnete und malte. Aus-stellungsbesucher bestätigten immer wieder, dass ihnen das Krankheitsbild der Alzheimer-Demenz durch die Werke von Carolus Horn auf einer völlig anderen Ebene nähergebracht wurde. Während der Erkrankung änderte sich sein Zeichenstil, der zunehmende Verlust der räumlichen Perspektive wurde kompensiert durch eine höhere Farbintensität und fantasievolle Ornamentik (vgl. Maurer/Maurer 2009). Trotz der Demenz blieb Horn ein kreativer Künstler: „Die Bilder werden nicht schlechter oder weniger wertvoll, sondern einfach anders", fasst es Dr. Erhard Sting anlässlich einer Ausstellungseröff-nung mit Werken Horns treffend zusammen (zit. in Leipold 2012). Vermut-lich erlebte sich Horn im künstlerischen Prozess wie andere demenziell ver-änderte Menschen auch nicht über seine Störungen und Beeinträchtigungen, sondern über seine Möglichkeiten (vgl. Wichelhaus 2002, S. 126; Ganß 2013, S. 122). Auch demenzielle Amateurkünstler entwickeln oft einen eigenen Stil und sind noch sehr lange in der Lage, selbstständig zu arbeiten (vgl. Ganß 2013, S. 296–330).

4   Der Inklusionsbegriff und Dimensionen der Inklusion

Vor dem Hintergrund der theoretischen Überlegungen und Praxisbeispiele konturiert sich ein Inklusionsbegriff mit vier Dimensionen, die in ihrer In-terdependenz für die erfolgreiche Inklusion demenziell erkrankter Menschen in das Kulturleben grundlegend sind:

- Gesellschaftspolitische Dimension,
- Ethische Dimension: Personenzentrierte Perspektive, validierende Grundhaltung,
- Individuelle Dimension,
- Institutionelle Dimension: Öffnung von Kulturinstitutionen und institutionelle Kooperationen (Alteneinrichtungen – Kulturinsti-tutionen), Haltung und Professionalität der Anleiter.

4.1 Gesellschaftspolitische Dimension

Trotz der demenziell verursachten Defizite bleiben demenziell veränderte Menschen Teil der Gesellschaft, auch wenn sie in ihrem Verhalten nicht im-mer der Norm entsprechen. Daher greift ein ausschließlich medizinischer

Blick auf das Phänomen Demenz zu kurz. Neben medizinischer und pharmakologischer Forschung sollte auch nicht-medikamentösen Therapien und Bildungsangeboten dieselbe Aufmerksamkeit geschenkt werden. Hier ist bezüglich der Forschung und der Praxis noch ein großer Nachholbedarf zu konstatieren. Namhafte Forscher aus unterschiedlichen Wissenschaftsdisziplinen postulieren sogar, Demenz nicht als Krankheit, sondern als normalen Alterungsprozess anzusehen (vgl. zum Beispiel Dammann/Gronemeyer 2009; Gronemeyer 2013; Whitehouse 2009). Sie argumentieren, dass – so wie die Leistungsfähigkeit der Sinne und anderer Organe im Alter abnimmt – auch die Funktionsweise des Gehirns altersbedingt nachlässt. Sie sehen Demenz als Teil des Lebens und fordern daher mehr soziale statt medizinische Antworten auf das Phänomen Demenz. Auch wenn man diese Position in ihrer extremen Haltung nicht teilt, so ist doch festzustellen, dass beim Thema Demenz gesellschaftlich eindeutig die medizinische Sichtweise vorherrschend ist und diese Pathologisierung den Blick auf notwendige soziale und kulturelle Antworten jenseits von Therapie und Pflege verstellt.

4.2 Ethische Dimension

Eine inklusive Grundhaltung gegenüber demenziell erkrankten Menschen ist nicht selbstverständlich, denn es gibt auch „exklusive" ethische Positionen, die behinderten und demenziell erkrankten Menschen ästhetische Erfahrungen und in letzter Konsequenz das Personsein absprechen (vgl. McMahan 2002; Singer 2006). Zentrale Prämisse der sogenannten utilitaristischen Ethik ist die These, dass der Personenstatus einschließlich der damit verbundenen Menschenrechte an das Vorhandensein geistiger Kompetenzen wie Bewusstsein, Denken und Wahrnehmungsfähigkeit geknüpft ist. In letzter Konsequenz bedeutet diese Entpersonalisierung eine Relativierung des Würdeanspruchs und die Verminderung gesellschaftlicher Verpflichtungen gegenüber geistig behinderten Menschen und Demenzbetroffenen. So ist den Kritikern des utilitaristischen Ansatzes wie Robert Spaemann zuzustimmen, die Personen die Menschenwürde nicht aufgrund der Voraussetzung bestimmter Eigenschaften (zum Beispiel des Selbstbewusstseins), sondern allein wegen ihrer biologischen Zugehörigkeit zur Spezies Mensch zuschreiben (vgl. Spaemann 1996, S. 252–264). Der Heidelberger Psychiater und Philosoph Thomas Fuchs (2013) kritisiert die Beschränkung des utilitaristischen Ansatzes auf das Kognitive, indem er auf die Bedeutung des Leibgedächtnisses hinweist, das auch für demenziell erkrankte Menschen eine Basis der Kontinuität ihres Selbstseins ist: „Tages- und jahreszeitlich gebundene Beschäftigungen, Feste, Tischsitten, Spiele, Lieder, Familiensprüche oder Gebete betonen das Gewohnte und rhythmisch Wiederkehrende des Lebens" und können oftmals trotz der kognitiven Beeinträchtigungen „leiblich" erinnert und gelebt werden.

Auch bei fortschreitender Demenz, bei der die Orientierung im Alltag nicht mehr möglich ist, bleiben leibliche Erfahrungen und das implizite Gedächtnis (vgl. Abschnitt 2.2) im ästhetischen Bereich weitgehend erhalten: Wahrnehmen von Atmosphären und Stimmungen, Freude an Kunst, musikalisches Erleben, Tanzen, ein bekanntes Lied singen ... sind Fähigkeiten, die nicht nur erhalten bleiben, sondern häufig sogar gesteigert werden können. Diese Kompetenzen sind nicht rein kognitiv, sondern im Laufe des Lebens durch stete Übung und wiederholte Handlungen erworben und „leiblich eingeschliffen" worden. Und bis zu einem gewissen Demenzgrad sind sie im praktischen Lebensvollzug auch durch konkretes Tun (wieder) zugänglich.

Die Phänomenologie des Leibgedächtnisses findet ihre Analogie im impliziten Gedächtnis der neurophysiologischen Nomenklatur. Gegenüber der für die medizinische Behandlung erforderlichen funktionellen Betrachtung bezieht die phänomenologische Sichtweise (und Nomenklatur) die Person in ihrer Ganzheit ein, inklusive ihrer sozialen und kulturellen Dimension.

Vor dem Hintergrund der kontroversen Debatte zwischen inklusiven und exklusiven Positionen liefert das Musizieren mit geistig behinderten und demenziell veränderten Menschen den unmittelbaren Beweis für die Bedeutung des Leibgedächtnisses: Auch wenn kognitive Funktionen versagen, kann sich ein Mensch in seinem biografischen Gewordensein durch die anregenden und fördernden Einflüsse aus seiner Umwelt durchaus ästhetisch ausdrücken und ästhetische Erfahrungen mit anderen teilen. Wir benötigen daher keine fremdbestimmte Definitionen über die Ausgrenzung behinderter und demenziell veränderter Menschen, sondern qualitativ hochwertige pädagogische bzw. geragogische Angebote zur Inklusion, in denen jeder Mensch sich seinen Fähigkeiten entsprechend in der Interaktion mit anderen Menschen entwickeln kann und damit die „Biografie seines Leibgedächtnisses" fortschreiben kann – ein Ziel, das in gleicher Weise auch für nicht behinderte und orientierte Menschen gilt.

Und wir dürfen niemals aus dem Blick verlieren, dass es mehr Gemeinsames als Trennendes gibt zwischen behinderten und nicht behinderten sowie orientierten und demenziell erkrankten Menschen. Alle Menschen (Personen!) eint die Suche nach Sinn sowie das Streben nach emotionalem Erleben und sozialen Kontakten. All dies können kulturelle Aktivitäten mit Gleichgesinnten erfüllen.

4.3 Individuelle Dimension

Inklusion ist ein dynamischer Prozess und keinesfalls statisch zu verstehen in Bezug auf einen anzustrebenden Endzustand. Inklusion bedeutet für das Individuum, ein so normales Leben wie möglich leben zu können. Diese Wünsche äußern Betroffene selbst und sie betonen vor allem die Normalität des künstlerischen Tuns. Kulturelle Aktivitäten werden nicht als therapeutische Interventionen oder defizitorientierte Maßnahmen erlebt, sondern als sinnerfüllte Aktivitäten, die – wie in den orientierten Lebensjahren – die Lebensqualität steigern: „Singen, irgendetwas singen, Kinderlieder oder Kirchenlieder, von Halleluja aus Händels Messias (an den ersten Ton der Tenorstimme erinnere ich mich noch heute), bis zu irgendeinem, ja eigentlich jeden Song der Beatles, verschafft mir das Gefühl, dass ich mich normal, ja sogar gut fühle" (Taylor 2011, S. 108 f.). „Wir malen oder spielen Theater, es gibt so vielfältige Möglichkeiten – ganz normal mit ganz Normalen aktiv zu sein … Wir werden durch Kunst integriert" (Stechl/Förstl 2011, S. 122). Künstlerische Aktivitäten präsentieren sich vor diesem Plädoyer als soziale Herausforderung. Ganß (2013, S. 292–327) zeigt in zwei Fallbeispielen auf, wie Amateurkünstler trotz fortschreitender Demenz mehr Eigenständigkeit im künstlerischen Arbeiten entwickeln und sich trotz Sprachproblemen zu ihren Kunstwerken und Beweggründen äußern und Betrachtern mitteilen können. Menschen mit mittelschwerer Demenz haben weniger Hemmungen, Gefühlen direkten Ausdruck zu verleihen; die Erfahrungen mit dieser Zielgruppe zeigen, dass sie sich unkonventioneller und kreativer zeigen als die sie begleitenden Menschen (vgl. Ganß 2013, S. 66 f.; Nebauer/de Groote 2012b, S. 16). Und Kreativität ist gerade eine der stärksten Ausdrucksformen der Potenziale im Alter (vgl. Fricke 2011, S. 42); zudem zeigen demenziell Erkrankte einen authentischen künstlerischen Ausdruck, da sie unbefangen in den künstlerischen Prozess eintauchen und nicht von gedanklichen Konstrukten und Erwartungshaltungen belastet sind wie orientierte Menschen (vgl. Ganß 2013, S. 66). Individuelle Inklusion zielt also auf Normalität und einen gesellschaftlich anerkannten Freiraum für Kreativität und Ausdruck.

4.4 Institutionelle Dimension

Wird der medizinische Blick auf die Demenz erweitert um den Inklusionsgedanken, ist nicht mehr das beeinträchtige Gehirn, sondern der ganze Mensch mit seinen biografisch gewachsenen Erfahrungen und Bedürfnissen im Blick. Dadurch kommen andere Akteure und Institutionen in den Blick als Ärzte und Pflegende bzw. Krankenhäuser und Altenpflegeheime. Museen,

Theater, Konzerthäuser sowie Musik- und Tanzschulen sind die Inklusionsorte, an denen demenziell Erkrankte Kultur erleben können und auf orientierte Menschen mit gleichen Interessen treffen.

Inklusion demenziell Erkrankter erfolgt im Kulturleben über die Inszenierung ästhetischer Erfahrungs- und Handlungsräume in den kulturellen Lebenswelten orientierter Menschen. Sind Besuche aufgrund physischer oder psychischer Einschränkungen nicht möglich, können Kulturangebote auch zuhause oder in Alteneinrichtungen erfolgen.

In den Pflegealltag von Alteneinrichtungen können Kooperationen mit Kulturinstitutionen „kulturelle Normalität" bringen, wenn nicht die Krankheit und die Beeinträchtigungen, sondern individuelle Interessen und die Freude an kultureller Aktivität im Vordergrund stehen. Und die Freude an kulturellen Aktivitäten ist bekanntlich weder behindert noch dement. Für die Institutionen bedeutet dies, dass sie nicht primär nach den nachhaltigen Wirkungen ästhetischer Medien fragen, sondern nach den Qualitätskriterien von Kulturangeboten wie Angemessenheit, Struktur, Inhaltlichkeit, Barrierefreiheit und Zugänglichkeit. Diese geragogische Sichtweise, die sich vom dominanten medizinischen Paradigma absetzt, ist im Kulturbereich keinesfalls selbstverständlich. Häufig werden vorwiegend medizinische und pflegerische Zielsetzungen angeführt, um die Kulturarbeit mit demenziell veränderten Menschen zu begründen. So wird zum Beispiel der Besuch von Museen und Kunstausstellungen (real und online!) empfohlen, um durch gezielte Aufgabenstellungen das verbale episodische Gedächtnis demenziell Erkrankter zu trainieren und über den Austausch zu Bildern und Ausstellungsstücken die Kommunikation untereinander zu fördern (vgl. Pike 2014, S. 100 ff. u. 143 ff.). Hier offenbart sich eine funktionale Grundhaltung gegenüber Betroffenen, die als Empfänger heilender künstlerischer Impulse wahrgenommen werden, und gegenüber Kunst, die primär Einfluss auf diagnostizierte Defizite nehmen soll. Kultur(er)leben als zweckfreie ästhetische Erfahrung findet hier keinen Platz. Diese Sichtweise spiegelt sich auch in der (exklusiven) Sprache, wenn von Patienten gesprochen wird statt von Klienten, Kulturinteressierten bzw. Teilnehmern von Kulturveranstaltungen.

Demenzielle Beeinträchtigungen erfordern für einen erfolgreichen Inklusionsprozess Unterstützungsleistungen, die auf die Bedürfnisse und Interessen der betroffenen Personen ausgerichtet sind. Betroffene inkludieren sich nicht, sie werden inkludiert und sind dabei auf hilfreiche Strukturen angewiesen. Hier sind zum einen die genannten Institutionen in den Blick zu nehmen, aber auch die Personen, die mit demenzveränderten Teilnehmern in und außerhalb dieser Institutionen kulturell zusammenarbeiten.

Von den betreuenden Personen wird neben den kulturspezifischen Kompetenzen vor allem eine wertschätzende Haltung einzufordern sein, damit sie über den künstlerischen Raum in eine dialogische Beziehung mit dem demenziell veränderten Menschen treten können (vgl. Ganß 2013, S. 217). In der Pflege wurden zur Umsetzung dieser personenorientierten Sichtweise Validationskonzepte entwickelt, die die subjektive Sichtweise der Demenzbetroffenen ernst nehmen und nicht korrigierend intervenieren, wie es im Realitäts- und Orientierungstraining praktiziert wird. Bei einer validierenden Grundhaltung in Kulturprojekten wird auch die Biografie der Teilnehmer gewürdigt, aus der sich die im Laufe des Lebens gewachsenen kulturellen Bedürfnisse und Interessen speisen.

5 Menschen mit Demenz als Adressaten von Kulturangeboten

Zahlreiche Theater-, Kunst-, Literatur-, Musik- und Tanzprojekte sowie Kulturinitiativen wie die Stuttgarter Initiative „RosenResli" und speziell ausgearbeitete Führungen für demenziell Erkrankte und ihre Angehörigen in Museen belegen die noch weitgehend ungenutzten Potenziale einer professionellen Kulturarbeit mit demenziell veränderten Menschen.

Im Folgenden werden exemplarisch innovative Projekte vorgestellt, die in den Sparten Musik und Tanz, Kunst, Theater, Museum und Literatur zur kulturellen Inklusion demenziell veränderter Menschen beitragen (vgl. hierzu auch Nebauer/de Groote 2012a, S. 178–183).

5.1 Musik und Tanz

Regionale Kooperationen und Vernetzungen sind hilfreich, um überhaupt Ausgangsbedingungen für gelingende Inklusion zu schaffen. Projekte wie die Kooperation der Musik- und Kunstschule Duisburg, der Alzheimer Gesellschaft Duisburg und der Senioreneinrichtung „Altes Rathaus" in Duisburg Rumeln erschließen neue Möglichkeiten des Instrumentalunterrichts für Demenzbetroffene. Musiklehrer wurden von der Alzheimer-Gesellschaft für den Umgang mit demenziell Erkrankten geschult und geben in der Senioreneinrichtung Unterricht auf verschiedenen Instrumenten (vgl. Alzheimer-Gesellschaft Duisburg 2013, S. 13). Dieses Projekt zeigt, wie verschiedene Institutionen bzw. Verbände durch das Einbringen und Bündeln ihrer jeweiligen Expertise ein gemeinsames kulturelles Ziel erfolgreich umsetzen können.

Auf Kooperationen setzen auch zunehmend Alteneinrichtungen, indem sie sich musikalisch profilieren durch die entsprechende Weiterbildung der Mitarbeiter, durch die Einstellung von Musiktherapeuten oder Musikgeragogen und die Vernetzung mit dem Musikleben des regionalen Umfeldes (vgl. zum Beispiel www.maria-martha-stift.de).

Der Instrumentalunterricht mit demenziell veränderten Schülern, wie er aktuell von Musikschulen und privaten Musiklehrern angestrebt und umgesetzt wird, sowie die europaweit zunehmende Zahl von inklusiven Chören, in denen orientierte und demenziell veränderte Sängerinnen und Sänger gemeinsam proben und auftreten, tragen zur kulturellen Teilhabe dieser Zielgruppe bei. Vielversprechende innovative Konzert- und Tanzprojekte zeigen auf, wie demenziell veränderte Menschen als Konzertbesucher und Tanzschüler Kultur aktiv erleben können, zum Beispiel: „Auf den Flügeln der Musik" (Nebauer 2013; Strunk-Richter 2013), „Écouter pour Mieux s'Entendre" in Luxemburg, „Music for Life" in London und die bundesweite Initiative „Wir tanzen wieder". Dieses Projekt wurde vom Demenz-Servicezentrum Region Köln und das südliche Rheinland im Rahmen der Landesinitiative Demenz-Service NRW unter Federführung von Stefan Kleinstück entwickelt und will demenziell veränderten Menschen und ihren Angehörigen in 90-minütigen Veranstaltungen in Tanzschulen Freude am Tanzen und Geselligkeit vermitteln. Getanzt werden Standardtänze, aber auch neue Stilrichtungen wie Hiphop (www.wir-tanzen-wieder.de).

5.2 Kunst

So wie demenziell veränderten Menschen ihre Stimme und Instrumente für den künstlerischen Ausdruck zur Verfügung stehen, können Sie sich auch über ein Bild oder eine Plastik kreativ ausdrücken. Der Kunsttherapeut Michael Ganß (2013, S. 199–228) gründete ein offenes Atelier in einem Alten- und Pflegeheim, in dessen Mittelpunkt die freie künstlerische Arbeit steht. Die künstlerische Arbeit ermöglicht es, Individuelles und Biografisches über die künstlerische Produktion zu erzählen. Durch Ausstellungen wurden Arbeiten einem öffentlichen Publikum zugänglich gemacht (ebd., S. 217) und „vermutlich eine Integration der Menschen in die örtliche Sozialstruktur" gefördert (ebd., S. 203).

Eine breite Öffentlichkeit erreichen auch Wanderausstellungen demenziell veränderter Künstler wie „Kunst trotz(t) Demenz" (vgl. www.kunsttrotzt-demenz.de; Stiftung Diakonie in Hessen und Nassau 2009) oder die in Abschnitt 3 erwähnte Ausstellung „demenz art", die an mehreren Orten in Deutschland Werke von demenziell veränderten Laienkünstlern zeigte.

5.3 Theater

Theaterangebote in Altenzentren sind ein Weg, „sich nicht als hilfsbedürftige Wesen zu erleben, die unterstützt werden müssen", sondern als Menschen,

„die selbst einen Spielimpuls geben können, und so die Mitspielenden und die Spielleitung Dinge erfahren lassen, die sie in ihrem Alltag nicht erleben" (Höhn 2014, S. 23). In den Projekten wie „Weltenbummler" entwickelt das „Theaterkollektiv Demenzionen" (Fred Gimpel, Indre Bogdan und Jessica Höhn) Theaterstücke für Menschen mit und ohne Demenz in Alteneinrichtungen (www.demenzionen.de). In ihrer aktuellen Performance nehmen sie Bewohner mit auf eine Urlaubsreise nach Italien und binden ihr Publikum aktiv ein. Bewohner werden angeregt, eigene Reiseerlebnisse zu erzählen, singen gemeinsam, erleben die Mode der 50er Jahre. Die jeweiligen Spielsituationen werden improvisatorisch auf Basis der Biografie der Bewohner entwickelt. Es wird auf eine authentische Theateratmosphäre Wert gelegt und es treten immer demenziell veränderte und orientierte Menschen zusammen auf. Vor Probenbeginn werden biografische Informationen über Berufe, Hobbys und Erlebnisse der 4 bis 6 Teilnehmenden gesammelt. Die biografische Arbeit wird unterstützt durch sogenannte Trigger wie vertraute Bewegungsmuster, bekannte Lieder, Gedichte sowie Gegenstände von damals (vgl. Höhn 2014, S. 24). Im Theaterstück „Anderland" der Schauspielerin Barbara Wachendorff treten demenziell veränderte Menschen zusammen mit professionellen Schauspielern auf, die auf der Bühne Impulse geben, sodass sich die demenzbetroffenen Schauspieler mit Szenen, die in Beziehung stehen zu ihrer Biografie, in das Theaterstück einbringen und damit die Handlung individuell prägen (vgl. Marcus 2012). Innerhalb des Projektes „Vergissmeinnicht – Menschen mit Demenz im Scheinwerferlicht" inszenierte das Theater der Erfahrungen in Berlin im Jahr 2014 unter anderem das Theaterstück „Ein Schiff wird kommen – eine Theaterreise", auch hier standen demente und nicht demente Menschen gemeinsam auf der Bühne (www.theater-der-erfahrungen.nbhs.de). Allen Theaterprojekten ist gemeinsam, dass sie die Themen der Lebenswelt der Teilnehmer entnommen sind und biografische Anknüpfungspunkte bieten, die Freiraum für Improvisationen und persönlichen Ausdruck lassen.

5.4 Museum

Der Deutsche Museumsbund e. V., der Bundesverband Museumspädagogik und das Bundeskompetenzzentrum Barrierefreiheit haben 2013 einen Leitfaden zu den Themen Barrierefreiheit und Inklusion herausgegeben, der auch ausdrücklich demenziell veränderte Menschen berücksichtigt (2013, S. 10). Mehrere Kunstmuseen haben schon vor Jahren Spezialführungen für demenziell veränderte Menschen in ihr reguläres Programm aufgenommen, zum Beispiel das Lehmbruck-Museum in Duisburg sowie die Kunsthalle Bielefeld, die ihr Angebot für demenziell veränderte Menschen explizit als geragogisches Bildungsangebot versteht (www.lehmbruckmuseum.de, www.kunsthalle-bielefeld.de). Die Bundeskunsthalle Bonn startete ihre Vermittlungsangebote für Besucher mit Demenz im Jahre 2012 mit der Ausstellung „Art and Design for All. The Victoria & Albert Museum", in dem viele Werke der Lebenswelt der Besucher entstammten und Anknüpfungspunkte für die Vermittlung gaben. Im Vordergrund standen hier Schlüsselwerke zum Thema „Viktorianische Mode", die betrachtet wurden, sowie Kleider, Hüte, Stoffproben etc., die von den Besuchern auch haptisch erkundet werden konnten (vgl. Tellmann 2012).

Die Kunsthalle Bremen bietet seit Jahren mit ihrem Programm „Making Memories" ein moderiertes Forum zum Austausch von Eindrücken und Erinnerungen: „Anknüpfungspunkte für alle Teilnehmenden sind Kunstwerke, deren Motiv, Farb- oder Formensprache das Potenzial haben, unmittelbar anzusprechen. Nicht nur die visuelle Wahrnehmung wird angeregt; auch Gegenstände wie Stoffe, Pflanzen und andere Materialien, die in den Kunstwerken eine Rolle spielen, kommen ebenso wie Klänge und Düfte zum Einsatz" (www.kunsthalle-bremen.de). Das Erleben von Kunst und die Kommunikation über individuelle ästhetische Erfahrungen sind auf die Bedürfnisse demenziell veränderter Besucher und ihrer Angehörigen zugeschnitten und werden von geschultem Personal moderiert; eine angegliederte Kunstwerkstatt ermöglicht es, selbst künstlerisch aktiv zu werden.

5.5 Literatur

Jenseits etablierter Kulturinstitutionen werden innovative Wege gegangen, um demenziell veränderten Menschen einen aktiven Zugang zur Literatur zu ermöglichen. In Deutschland reüssiert Lars Ruppel in Alteneinrichtungen mit seinen Poetryslams „Weckworte", die er auch zusammen mit Jugendlichen in Einrichtungen durchführt (www.larsruppel.de). Seine „Alzpoetry" begeistert, da Menschen auch in späten Stadien von Demenz sich oft noch gut an Worte und Verse erinnern, die sie in ihrer Kindheit gelernt haben. Bekanntes wieder zu hören – auch in neuem sprachlichen Gewand – weckt Erinnerungen und motiviert zum gemeinsamen Rezitieren. Inspiriert wurden die „Weckworte" durch das Alzpoetry-Projekt des Amerikaners Gary Glazner, der seit 2004 erfolgreiche Veranstaltungen in den USA durchführt. Eine wichtige Methode ist das Call-and-response-Prinzip, das heißt die Workshop-Leitung spricht einen Vers vor, der unmittelbar von der Gruppe unisono wiederholt wird. Im Weiteren werden Requisiten wie Blumen und Blätter eingesetzt, um die Teilnehmer über verschiedene Sinne anzusprechen und zu eigenen Worten und Versen zu inspirieren, aus denen neue Gedichte entstehen können (vgl. Nebauer 2012).

6 Die Grenzen der Inklusion

Die Grenzen der Inklusion werden durch den Grad des Unterstützungsbedarfs demenziell veränderter Menschen bestimmt. Spezialführungen in Museen sind separate Angebote für demenziell veränderte Menschen und ihre Angehörigen, die auf die Bedürfnisse Betroffener zugeschnitten sind, da der Besuch einer regulären Führung für Betroffene eine Überforderung darstellt. Es bedarf daher grundsätzlich einer Modifizierung kultureller Angebote, um den Bedürfnissen und Möglichkeiten Betroffener gerecht zu werden. So hat Nebauer (2013, S. 28 f.) auf der Basis der Praxiserfahrungen aus dem Projekt „Auf den Flügeln der Musik" die notwendigen Voraussetzungen für Konzertbesuche aufgelistet, zum Beispiel Anforderungen an die Begleiter, Fragen zur Programmgestaltung und zum Konzertort etc. Nur wenn diese Bedingungen, die in den regulären Konzerten nicht diese Relevanz haben, beachtet und erfüllt werden, können Konzertbesuche für Menschen mit einer leichten bis mittleren Demenz überhaupt zu einem Musikerlebnis werden. Der Zugang zu Museen, Theatern und Konzerten erfordert also besondere Vorbereitungen für die Zielgruppe – meist außerhalb der regulären Öffnungs- bzw. Spielzeiten –, damit überhaupt Inklusion gelingen kann.

Inklusion fußt nicht auf einer symmetrischen Beziehung, da betroffene Menschen in allen Lebenssituationen mehr oder weniger von den Unterstützungsleistungen ihres Umfeldes abhängig sind. Anleiter und Betreuende fällen bei der Planung von Kulturangeboten und ihrer Durchführung stellvertretende Entscheidungen für Betroffene, auch wenn sie eine weitmögliche Partizipation in Entscheidungsprozessen anstreben. Dieses Gefälle in Bezug auf die Rahmenbedingungen für gelingende (partielle) Inklusion im Kulturleben mindert jedoch nicht die Ziele von Inklusion. Inklusion ist kein standardisierter Fahrplan zur gesellschaftlichen und kulturellen Teilhabe, sondern ein individueller Türöffner zu sozialen und kulturellen Räumen. Kulturelle Inklusion differenziert sich daher in drei Ausprägungen:

- der Möglichkeit, (weiterhin) Theater, Konzerthäuser und Museen besuchen zu können,
- der Möglichkeit, sich in Bildungsinstitutionen wie Tanz-, Mal- oder Musikschulen künstlerisch zu betätigen,
- der Möglichkeit, sich zusammen mit orientierten Menschen aktiv künstlerisch betätigen zu können (zum Beispiel in Theater- oder Chorprojekten).

Diese drei Facetten der Inklusion sind stark von der Qualität der Unterstützungsleistungen abhängig; daher ist die Haltung aller Akteure der zentrale Erfolgsgarant für Inklusion. Ob Angehörige, Betreuer, Kulturschaffende usw., der Blick auf das Verbindende orientierter und demenziell erkrankter Menschen sollte im Vordergrund stehen: Ästhetisches und emotionales Erleben sowie soziale Kontakte. Demenziell veränderte Menschen mögen den Konzert- oder Theaterbesuch vergessen, sie mögen nicht alles verstehen, was inhaltlich kommuniziert wird, aber sie nehmen die Atmosphären und Stimmungen sehr gut wahr. Daher spielt Nachhaltigkeit als Funktion kultureller Angebote keine große Rolle, entscheidend ist das Erleben erfüllter Zeit mit Kultur. Auch dies ist ein entscheidender inklusiver Aspekt, da auch orientierte Menschen nicht gesünder, intelligenter oder sozialer werden möchten durch kulturelle Aktivitäten. Ihre primäre intrinsische Motivation ist der individuelle Zugang und das individuelle Erleben von Kultur als Bereicherung des Lebens.

7 Ausblick

Die vorgestellten Forschungsergebnisse zu musikalischen Kompetenzen und Ressourcen demenziell veränderter Menschen sowie die zunehmende Zahl von erfolgreichen Kulturprojekten für diese Zielgruppe bergen gesundheits- und sozialpolitischen Sprengstoff, da sie zum dominierenden bio-medizinischen Paradigma der Demenzbehandlung einen bildungsorientierten Kontrapunkt darstellen. Statt des Demenzkranken, der medizinischer Hilfe bedarf, gerät wesentlich mehr die Person mit demenziellen Veränderungen in den Blick, deren Personsein nicht ausschließlich durch die Demenz und die damit verbundenen Beeinträchtigungen definiert ist. In Zukunft sollten beide Sichtweisen zum Wohle demenziell veränderter Menschen gleichberechtigt Akzeptanz und Förderung erfahren. Schaffen bio-medizinische und therapeutische Interventionen gesundheitliche Voraussetzungen für Inklusion, so liegt der Beitrag (kultur-)geragogischer Zugänge in der konkreten Ermöglichung kultureller Teilhabe. Der Erhalt und die Förderung der Lebensqualität sind als Leitziel beider Perspektiven auszumachen. Die kognitiven Beeinträchtigungen der Demenz haben keinen maßgeblichen Einfluss auf kulturelle Interessen und Bedürfnisse, die biografisch gewachsen und im Leibgedächtnis verankert sind. Die Ermöglichung, diese unter fachkundiger Hilfe auch zu verwirklichen, ist die zentrale gesellschaftliche Aufgabe zur Inklusion demenziell veränderter Menschen in die Gesellschaft.

Neben innovativen Kulturprojekten widmen sich erfreulicherweise zunehmend Fachtagungen der kulturellen Teilhabe von Menschen mit Demenz und machen auf diese Weise dieses wichtige Thema gesellschaftlich präsent (vgl. www.ibk-kubia.de). Vor allem Akteure aus der Praxis finden hier ein Forum, um ihre Erfahrungen weiterzugeben und sich mit anderen Akteuren auszutauschen. Der Erfolg kultureller Aktivitäten ist entscheidend abhängig von der (kultur-)geragogischen Kompetenz der Anleiter sowie der inhaltlichen Qualität des Angebots. Daher sind Qualifizierungen für Professionelle und Ehrenamtliche notwendig, die mit demenziellen Personen in den unterschiedlichen kulturellen Bereichen arbeiten wollen. Ein erster viel versprechender Schritt sind bundesweit die hochschulzertifizierten Weiterbildungen „Musikgeragogik" der Fachhochschule Münster (www.musikgeragogik.de) und „Kulturgeragogik" des Instituts für Bildung und Kultur Remscheid in Kooperation mit der Fachhochschule Münster (www.kulturgeragogik.de).

Es bleibt zu hoffen, dass angesichts der stetig steigenden Zahl demenziell erkrankter Menschen „die soziale Antwort" von Kultur und Musik gehört und in Praxis und Forschung umgesetzt wird zur Steigerung der Lebensqualität Betroffener, als Weg kultureller Teilhabe und damit letztlich als Beitrag zu einer humanen und inklusiven Gesellschaft.

Literatur

Alzheimer-Gesellschaft Duisburg e. V. (2013): Geschäftsbericht 2012–2013. www.alzheimergesellschaft-duisburg.de/resources/AlzheimerGesellschaft-DU-Gesch$C3$A4ftsbericht+.pdf (Abruf 29.4.2015).

Alzheimer's Disease International (2011): Weltalzheimerbericht 2011. Die Vorteile von frühzeitiger Diagnose und Intervention. Zusammenfassung. www.alz.co.uk/research/Weltalzheimerbericht2011.pdf (Abruf 29.4.2015).

Baird, A./Samson, S. (2009): Memory for Music in Alzheimer's Disease: Unforgettable? Neuropsychology Review 19, H. 1, S. 85–101.

Bannan, N./Montgomery-Smith, Ch. (2008): „Singing for the brain": reflections on the human capacity for music arising from a pilot study of group singing with Alzheimer's patients. In: Journal of social health 128, H. 2, S. 73–78.

Beatty, W. W. et al. (1994): Preserved cognitive skills in dementia of the Alzheimer type. In: Archives of Neurology 51, H. 10, S. 1040–1046.

Berlin-Institut für Bevölkerungsentwicklung (2011): Demenz-Report. www.berlin-institut.org/fileadmin/user_upload/Demenz/Demenz_online.pdf (Abruf 29.5.2015).

Bisschop Boele, E. H. (2013): Musicking in Groningen. Towards a Grounded Theory of the Uses and Functions of Music in a Modern Western Society. Göttingen. http://ediss.uni-goettingen.de/handle/11858/00-1735-0000-0001-BBA5-2 (Abruf 29.5.2015).

BMAS – Bundesministerium für Arbeit und Soziales (2011): Unser Weg in eine inklusive Gesellschaft. Der Nationale Aktionsplan der Bundesregierung zur Umsetzung der UN-Behindertenrechtskonvention. www.bmas.de/SharedDocs/Downloads/DE/PDF-Publikationen/a740-nationaler-aktionsplan-barrierefrei.pdf?__blob=publicationFile (Abruf 29.4.2015).

BMFSFJ – Bundesministerium für Familie, Senioren, Frauen und Jugend (2014): Unterzeichnung der Agenda „Gemeinsam für Menschen mit Demenz". Pressemitteilung vom 15.9.2014. www.bmfsfj.de/BMFSFJ/Presse/pressemitteilungen,did=209628.html (Abruf 29.4.2015).

Cowles, A. et al. (2003): Musical skill in dementia: a violonist presumed to have Alzheimer's disease learns to play a new song. In: Neurocase 9, H. 6, S. 493–503.

Crystal, H. A./Grober, E./Masur, D. (1989): Preservation of musical memory in Alzheimer's disease. In: Journal of Neurology, Neurosurgery, and Psychiatry 52, S. 1415–1416.

Cuddy, L. L./Duffin, J. (2005): Music, memory, and Alzheimer's disease: is music recognition spared in dementia, and how can it be assessed? In: Medical Hypotheses 64, H. 2, S. 229–235.

Dammann, R./Gronemeyer, R. (2009): Ist Altern eine Krankheit? Wie wir die gesellschaftlichen Herausforderungen der Demenz bewältigen. Frankfurt a. M.: Campus.

Deutsche Gesellschaft für Neurologie (DGN)/Deutsche Gesellschaft für Psychiatrie, Psychotherapie und Nervenheilkunde (DGPPN) (2009): S3 Leitlinie „Demenzen": Kurzversion. www.dgppn.de/fileadmin/user_upload/_medien/download/pdf/kurzversion-leitlinien/s3-leitlinie-demenz-kf.pdf (Abruf 29.4.2015).

Deutsche Museumsbund e. V./Bundesverband Museumspädagogik e. V./Bundeskompetenzzentrum Barrierefreiheit (Hrsg.) (2013): Das inklusive Museum. Ein Leitfaden zur Barrierefreiheit und Inklusion. Berlin.

Fornazzari, L. et al. (2006): Preservation of episodic musical memory in a pianist with Alzheimer disease. In: Neurology 66, S. 610–611.

Fricke, A. (2011): Über den blauen Ozean – kreatives Altern in den USA. In: Kubia-Magazin 1, H. 1, S. 41–43.

Fritz, E. et al. (2008): Nicht-pharmakologische Interventionen und Schlafstörungen bei Demenzkranken. In: Pflegewissenschaft 10, H. 6, S. 332–336.

Fuchs, Th. (2013): Das Leibgedächtnis in der Demenz. www.jungekirche.de/2010/310/leibgedaechtnis.html (Abruf 29.4.2015).

Ganß, M. (2013): Demenz-Kunst und Kunsttherapie. Künstlerisches Gestalten zwischen Genius und Defizit. 2. Aufl. Frankfurt a. M.: Mabuse.

Ganß, M. et al. (2006): Unerwartete Kunst. Die Ausstellung DEMENZ ART. In: Dr. Mabuse, Nr. 163, S. 54–57. www.demenz-support.de/Repository/fundus_artikel_2006_2.pdf.pdf (Abruf 29.4.2015).

Gronemeyer, R. (2013): Das 4. Lebensalter. Demenz ist keine Krankheit. München: Pattloch.

Hartogh, Th./Wickel, H. H. (2004): Musik und Musikalität. Zu der Begrifflichkeit und den (sozial-)pädagogischen und therapeutischen Implikationen. In: Hartogh, Th./Wickel, H. H. (Hrsg.): Handbuch Musik in der Sozialen Arbeit. Weinheim/München: Juventa, S. 49–59.

Hartogh, Th./Wickel, H. H. (2008): Musizieren im Alter. Arbeitsfelder und Methoden. Mainz: Schott.

Hoedt-Schmidt, S. (2010): Aktives Musizieren mit der Veeh-Harfe. Ein musikgeragogisches Konzept für Menschen mit dementiellen Syndromen. Münster: Waxmann.

Höhn, J. (2014): Komm mit, wir gehen auf Reise! Theaterspiel mit Hochaltrigen und Menschen mit Demenz. In: Kulturräume. Das Kubia-Magazin 4, H. 6, S. 23–27.

Kehrer, E.-M. (2013): Klavierunterricht mit dementiell erkrankten Menschen – ein instrumentalgeragogisches Konzept für Anfänger. Münster: Waxmann.

Kerer, M. et al. (2009): Demenz und Musik. In: Neuropsychiatrie 23, H. 1, S. 4–14.

Keuchel, S./Wiesand, A. J. (2008): KulturBarometer 50+ „Zwischen Bach und Blues". Bonn: ARCult Media.

Kitwood, T. (2000): Demenz. Der person-zentrierte Ansatz im Umgang mit verwirrten Menschen. Bern: Huber.

Köster, D. (2008): Entwicklungschancen in alternden Gesellschaften durch Bildung: Trends und Perspektiven. In: Gembris, H. (Hrsg.): Musik im Alter. Soziokulturelle Rahmenbedingungen und individuelle Möglichkeiten. Frankfurt a. M.: Lang, S. 31–51.

Kuratorium Deutsche Altershilfe (Hrsg.) (2013): Demenz im Quartier: Warum wir einen Wertewandel brauchen. Pro Alter, H. 3.

Leipold, A. (2012): Wie Demenz die Wahrnehmung verändert. In: Reutlinger Nachrichten vom 14.6.2012. www.swp.de/reutlingen/lokales/reutlingen/Wie-Demenz-die-Wahrnehmung-veraendert;art5674,1500633 (Abruf 29.4.2015).

Marcus, D. (2012): Ein uralter Impuls. Interview mit Barbara Wachendorff, die gerade in Köln ein Theaterprojekt mit Demenz-Erkrankten probt. In: Die Kölner Theaterzeitung. www.theaterzeitung-koeln.de/archiv/akt33-mai-2012/aus-der-koelner-theaterszene/interv iewt-barbara-wachendorff-ueber-theater-mit-dementkranken (Abruf 29.4.2015).

Maurer, K./Maurer, U. (2009): Carolus Horn – Wie aus Wolken Spiegeleier werden. vollst. überarb. u. erw. Neuausgabe. Frankfurt a. M.: Frankfurt University Press.

McMahan, J. (2002): The Ethics of Killing. Oxford: University Press.

Mühl, Heinz (2000): Einführung in die Geistigbehindertenpädagogik. 4. Aufl. Stuttgart: Kohlhammer.

Muthesius, D. et al. (2010): Musik – Demenz – Begegnung. Musiktherapie für Menschen mit Demenz. Frankfurt a. M.: Mabuse.

Nebauer, F. (2012): Dancing with Poetry. Ein Gespräch mit Gary Glazner, dem US-amerikanischen Dichter und Autor, über Alzpoetry, dem Poesie-Projekt mit Menschen mit Demenz. In: Kubia-Magazin 2, H. 2, S. 30–33.

Nebauer, F. (2013): Auf Flügeln der Musik. Konzertprogramme für Menschen mit Demenz. Projektdokumentation. Remscheid.

Nebauer, F./de Groote, K. (2012a): Auf Flügeln der Kunst. Ein Handbuch zur künstlerisch-kulturellen Praxis mit Menschen mit Demenz. München: kopaed.

Nebauer, F./de Groote, K. (2012b): Kunst beflügelt – auch Menschen mit Demenz. In: Kubia-Magazin 2, H. 2, S. 13–18.

Numminen, A. et al. (2012): Music, Emotion and Dementia. From Neuroscientific and Clinical Research. In: Music and Medicine 4, H. 3, S. 153–162.

Olzarán, J. et al. (2010): Nonpharmacological Therapies in Alzheimer's Disease: A Systematic Review of Efficacy. In: Dementia and Geriatric Cognitive Disorders 30, H. 2, S. 161–178.

Pike, A. A. (2014): Improving Memory through Creativity. A Professional's Guide to Culturally Sensitive Cognitive Training with Older Adults. London: Jessica Kingsley Publishers.

Riegel, H.-P. (2013): Beuys. Die Biographie. Berlin: Aufbau.

Sacks, O. (2008): Der einarmige Pianist. Über Musik und das Gehirn. Reinbek: Rowohlt.

Schröder, H./Gilberg, R. (2005): Weiterbildung Älterer im demographischen Wandel. Empirische Bestandsaufnahme und Prognose. Bielefeld: Bertelsmann.

Siddique, H. (2013): Dementia research funding to be doubled by 2025, says David Cameron. In: The Guardian vom 11.12.2013. www.theguardian.com/society/2013/dec/11/dementia-research-doubled-david-cameron-alzheimers-nhs.

Singer, P. (2006): Praktische Ethik. 2., rev. u. erw. Aufl. Stuttgart: Reclam.

Söthe-Röck, A. (2010). Zwischen Hoffnung und Erwartung. Aspekte zu Musik und Alzheimerdemenz. In: Musiktherapeutische Umschau 31, H. 2, S. 129–136.

Spaemann, R. (1996): Personen. Versuche über den Unterschied von „etwas" und „jemand". Stuttgart: Klett-Cotta.

Stechl, E./Förstl, H. (2011): Nachwort. In: Rohra, H. (2011): Aus dem Schatten treten. Warum ich mich für unsere Rechte als Demenzbetroffene einsetze. Frankfurt a. M.: Mabuse, S. 121–122.

Stiftung Diakonie in Hessen und Nassau (Hrsg.) (2009): Kunst trotz Demenz. Frankfurt a. M.: Edition chrismon.

Strunk-Richter, G. (2013): Auf Flügeln der Musik. Konzertprogramme für Menschen mit Demenz. Beobachtungsbericht. Internetstichworteingabe: kubia, Auf den Flügeln der Musik. http://ibk-kubia.de/angebote/projekte/auf-fl%C3%BCgeln-der-musik/ (Abruf 29.4.2015).

Taylor, R. (2011): Alzheimer und Ich „Leben mit Dr. Alzheimer im Kopf". 3. durchges. u. erg. Aufl. Bern: Huber.

Tellmann, B. (2012): „So etwas Schönes bekommen wir sonst nicht geboten!" Themenführungen für Menschen mit Demenz in der Bundeskunsthalle in Bonn. In: Kubia-Magazin 2, H. 2, S. 25.

Thimm, W. (1994): Das Normalisierungsprinzip: eine Einführung. 5. Aufl. Kleine Schriftenreihe, Bd. 5. Marburg.

Ueda, T. et al. (2013): Effects of music therapy on behavioral and psychological symptoms of dementia: A systematic review and meta-analysis. In: Ageing Research Reviews 12, H. 2, S. 628–641.

Vasionytė, I./Madison, G. (2013): Musical intervention for patients with dementia: a meta-analysis. In: Journal of Clinical Nursing 22, H. 9–10, S. 1203–1216.

Vereinte Nationen (2009): Übereinkommen über die Rechte von Menschen mit Behinderungen. www.institut-fuer-menschenrechte.de/fileadmin/user_upload/PDF-Dateien/Pakte_Konventionen/CRPD_behindertenrechtskonvention/crpd_de.pdf (Abruf 28.2.2012).

Whitehouse, P. J./George, D. (2009): Mythos Alzheimer. Was Sie schon immer über Alzheimer wissen wollten, Ihnen aber nicht gesagt wurde. Bern: Huber.

WHO – World Health Organization (2014): Internationale Klassifikation psychischer Störungen ICD-10 Kapitel V (F). Klinisch-diagnostische Leitlinie hrsg. v. Dilling, H./Mombour, W./Schmidt, M. H. 9. Aufl. Bern: Huber.

Wichelhaus, B. (2002): Das Oeuvre von Carolus Horn. In: Musik-, Tanz- und Kunsttherapie 13, H. 3, S. 123–128.

Inklusion und Kulturelle Bildung

Außerunterrichtliche Sprachförderung mit ästhetischen Medien – ein sozialpädagogisches Projekt zwischen Inklusion, Integration und Assimilation

Kulkānti Barboza

1 Einleitung

Kaum ein sozialpädagogisches Projekt kommt noch umhin, das Thema „Inklusion" aufzugreifen, wenngleich die pädagogische Zielsetzung sehr unterschiedlich diskutiert wird und auch die Abgrenzung zu bislang integrativen Lernsettings keineswegs eindeutig ist. Im folgenden Beitrag soll nun das Modellprojekt „Chancen der Vielfalt nutzen lernen", welches an der Fachhochschule Münster von 2009–2013 als zweisemestriges Theorie- und Praxisprojekt unter dem Seminartitel „Außerunterrichtliche Sprachförderung mit ästhetischen Medien" angeboten wurde, dargestellt werden, um rückblickend die Verwirklichung von integrativen und/oder inklusiven Bildungsprozessen herauszuarbeiten. Dazu wird es unerlässlich sein, die diesem Beitrag zugrundeliegenden Kernbegriffe der „Integration", der „Inklusion", der „Assimilation" sowie der „Exklusion/Separation" zu erörtern, damit die aus der kritischen Reflexion entstandenen Schlüsse nachvollziehbar sind. Zum Schluss sollen einige Anregungen formuliert werden, die sich aus der Projekterfahrung herauskristallisiert haben, und die letztendlich für die Umsetzung einer *vollständigen* soziokulturellen Inklusion auf allen Ebenen des Lernens unumgänglich sind.

2 Projektvorstellung „Chancen der Vielfalt nutzen lernen"

Das durch den Europäischen Integrationsfonds geförderte Modellprojekt „Chancen der Vielfalt nutzen lernen" fand von Mitte 2009 bis Mitte 2013 in Kooperation mit dem Ministerium für Arbeit, Integration und Soziales, dem

Ministerium für Schule und Weiterbildung, den Kommunalen Integrationszentren der landesweiten Koordinierungsstellen, neun Städten, einem Kreis
sowie elf (Fach-)Hochschulen statt, um die Ausbildung von unterrichtlichen,
außerunterrichtlichen und außerschulischen pädagogischen Fachkräften
gezielter auf den Praxiseinsatz in einer kulturheterogenen Gesellschaft vor-
zubereiten (Müller-Neumann 2013, S. 6). Dieses praxis- und somit handlungsorientierte Projektkonzept mit interkultureller bzw. transkultureller
Schwerpunktsetzung richtete sich letztendlich an zwei Adressatengruppen:

a) Zum einen sollten zukünftige *pädagogische Fachkräfte* während ihres Studiums auf die unterschiedlichen Bedingungen der Einwan-
derungsgesellschaft Deutschland durch eine kompetenzorientierte
Hochschullehre vorbereitet werden. Zu den Zielen gehörte es
unter anderem, interkulturelle Kompetenzen zu erwerben, mit
kultureller Vielfalt lösungsorientiert umgehen zu können sowie die
schulische Sprachförderpraxis in die universitären Curricula zu integrieren bzw. zu verbessern[1]. Angesprochen waren somit sowohl
Studierende der Sozialen Arbeit als auch Studierende des Lehr-
amts.

b) Zum anderen sollten personale sowie sozial-kommunikative Potenziale von *Kindern und Jugendlichen mit Migrationshintergrund*
erweitert werden, mit dem Ziel, kein Kind „zurückzulassen" –
unabhängig von der sozialen Herkunft oder dem Bildungsstand
der Familie. Getragen wurde diese Zielsetzung von dem subjekt-
bzw. ressourcenorientierten Leitgedanken, dass „vom Kind aus
gedacht[2]" werden müsse, um die Nachteile einer bislang defizit-
orientierten Vermittlungskultur zu verlassen und infolgedessen
eine chancengleiche Teilhabe im schulischen sowie außerschulischen Bildungssystem erfolgreich herzustellen (Heuvelmann/
Stiller 2013, S. 194–195).

Innerhalb dieser Projektvorgaben hatten Studierende des Fachbereichs
Sozialwesen der Fachhochschule Münster in den letzten vier Jahren die Möglichkeit, im Rahmen ihres zweisemestrigen Projektstudiums an dem Modell-

---

1 Das Lehrerausbildungsgesetz (LABG) NRW sieht seit 2009 vor, Leistungen in „Deutsch für
Schülerinnen und Schüler mit Zuwanderungsgeschichte" für alle Lehramtsstudiengänge zu
erbringen, um den Erwerb der deutschen Sprache (als Zweitsprache bzw. als Fremdsprache) an Schulen fächerübergreifend zu unterstützen (IntQ 1).
2 Diese Idee ist keineswegs neu und wurde bereits Anfang des 20. Jahrhunderts von Reform-
pädagoginnen wie Maria Montessori propagiert.

projekt „Chancen der Vielfalt nutzen lernen – außerunterrichtliche Sprachförderung mit kreativ-ästhetischen Medien" teilzunehmen. Während dieses
Modulangebots war es Aufgabe der Studierenden, einmal pro Woche, als Teil
des Offenen Ganztagsangebots der Grundschulen, für jeweils drei Stunden
ein kreativ-ästhetisches Sprachförderprojekt für Kinder mit Migrationshintergrund[3] durchzuführen.

Das Offene Ganztagsangebot fand über ein gesamtes Schuljahr an fünf
münsteraner Grundschulen statt. Zu diesen zählten die Grundschule Kin-
derhaus-West, die Eichendorffschule Münster-Angelmodde, die Clemens-
schule Hiltrup, die Paul-Gerhardt-Schule Hiltrup sowie die Ludgerusschule
Hiltrup.

Der Betreuungsschlüssel war so aufgeteilt, dass einer Studierenden der
Sozialen Arbeit maximal vier Grundschulkinder zugeteilt wurden. Dadurch
arbeiteten innerhalb einer Gruppe im Schnitt drei Studierende zusammen
mit maximal zwölf Kindern.

Insgesamt entstand ein sehr heterogenes Lernumfeld, das durch die
Vielfalt der kulturellen Herkunft, durch das Geschlecht, durch das Alter und
durch Formen der Lernbeeinträchtigung geprägt war: Alles in allem waren
Schülerinnen und Schüler aus über 15 unterschiedlichen Ländern im Alter
von sechs bis zehn Jahren vertreten. Einige waren erst seit einigen Wochen
in Deutschland, andere waren in Deutschland geboren worden. Mehrere von
ihnen zeigten emotional-soziale Auffälligkeiten oder brachten Lernbeein-
trächtigungen mit.

Vor diesem Hintergrund war ein individuell angepasstes – und dennoch kooperatives – Lernumfeld unumgänglich, um die Ressourcen, das
Selbstwertgefühl sowie die Persönlichkeit des Einzelnen bestmöglich zur
Entfaltung zu bringen. Hierzu eignen sich die unterschiedlichen Medien der
ästhetischen Praxis in besonderem Maße, welche nun im Folgenden vorgestellt werden sollen.

---

3 An diesem Angebot nahmen vor allem Kinder aus sogenannten „Drittländern" teil, das
   heißt aus Staaten, die nicht der Europäischen Union angehören. Vertreten waren Schü-
   ler/innen aus über 15 unterschiedlichen Ländern, wie der Türkei, Russland, den Philippi-
   nen, dem Irak, Marokko und Israel, wodurch ein sehr kulturheterogenes Lernumfeld entstand.

3 Außerunterrichtliche Sprachförderung mit ästhetischen Medien

3.1 Ziele des Projekts

Das wesentliche gestaltungspädagogische Ziel des Projektes war, über den ästhetischen Zugang *aktive* sowie *multimediale* Kommunikationsanlässe zu schaffen, die sowohl die Zielperspektive der „Individuation" (durch die Förderung personaler Kompetenzen) als auch die der „Sozialisation" (durch die Förderung sozial-kommunikativer Kompetenzen) verfolgten.

Die Mehrdimensionalität der Vermittlung lässt Sprache über vielfältige Kanäle der Wahrnehmung erfahrbar und somit be-greifbar werden. Der Vorteil dieser Herangehensweise liegt darin, dass die methodische Vielfalt einerseits das Kind in seiner Ganzheitlichkeit ernst nimmt, andererseits bewirkt der hohe Aufforderungscharakter eine enorme Motivation und emotionale Beteiligung: Spracherwerb macht *Spaß!*

Außerdem soll Sprachvermittlung in soziokulturellen Bezügen stattfinden, also *gemeinschaftsstiftend* sein, weil Sprache letztendlich den Menschen zu einem soziokulturellen Wesen macht. Wenn also Menschen integriert werden sollen, dann in ihrer Ganzheit, welche die individuellen Ressourcen *sowie* die jeweiligen Sozialräume einbezieht und erweitert.

Zudem werden in diesem Projekt *authentische* Lernsituationen geschaffen, die die verbale sowie non-verbale Sprache in unmittelbaren Zusammenhängen erfahrbar machen. Hier darf sich jedes Kind äußern und wird in seinen Mitteilungen ernst genommen.

Die eingesetzten methodischen Mittel richten sich nach den vorhandenen Ressourcen, Interessen sowie sozialen Bezügen der Kinder. In diesem Zusammenhang stehen auch nicht „Defizite" oder „Fehler" im Vordergrund, weil die initiierten ästhetischen Lernprozesse in erster Linie ressourcenorientiert sind. Gleichzeitig wird ein Raum für „Probehandlungen" geschaffen, in dem alle Beteiligten Schwächen haben können und zeigen dürfen, ohne sich der Gefahr von Sanktionen (zum Beispiel durch schlechte Noten) auszusetzen.

Kommunikationstheoretisch formuliert (vgl. Bertau 2002), lassen sich durch die *sprechintensiven* Lernsituationen folgende Fertigkeiten präzisieren:

a) Zunächst vermitteln die sehr unterschiedlichen ästhetischen Medien *basale Vorläuferfertigkeiten* wie Sprechmotorik, sensorische Wahrnehmung sowie rhythmische, feinmotorische und melodische Basiskompetenzen. Hier spielen insbesondere bewegungs-, musik- und theaterpädagogische Elemente eine große Rolle.

b) Im sozial-kommunikativen Lernkontext wird das *sprachlich-soziale Handlungswissen* vermittelt, das heißt Sprache wird in unterschiedlichen Kontexten mit wechselnden Zuhörern und Sprechern zum Beispiel in theaterpädagogischen Bezügen erfahren. Eingesetzt werden hierzu Rollenspiele, Puppenspiele, das Erzählen mit großen Handpuppen oder das aktive Vorlesen eines Buches, um einerseits eine Zuhörerorientierung zu vermitteln, andererseits Fertigkeiten wie Empathie und die Fähigkeit zum Perspektivenwechsel zu stärken.

c) Das in erster Linie *formale Sprachwissen* wie Satzbau und die richtige Verwendung des grammatikalischen Geschlechts wird vor allem durch das richtige Hören von Sprache internalisiert, das heißt *implizit* vermittelt. Schülerinnen und Schülern wird während der Projektarbeit durch die vielen Sprachbeispiele, die sich wie Modellsätze oft unbewusst einprägten, die grammatikalische Struktur quasi „ins Ohr" gelegt (vgl. Belke 2009; 2007, S. 6). An dieser Stelle übernehmen die Studierenden vor allem eine Vorbildfunktion, weil sie zum einen syntaktisch richtig sprechen. Zum anderen baut die verwendete Sprache in Bezug auf den Umfang des Wortschatzes und die Komplexität der Ausdrucksweise eine Brücke zwischen der individuellen Sprachkompetenz der Grundschulkinder und dem Anforderungsniveau des Schulunterrichts mit seinen curricularen Vorgaben.

d) Das *sprachliche Weltwissen* wird über die umfangreiche Themenvielfalt vermittelt: Dazu zählt das Wissen über Gestaltungsobjekte (wie Papier, Salzteig und Masken), über Handlungssituationen oder über beteiligte Personen, welches unmittelbar wahrgenommen, erfahren und in Reflexionsprozessen begrifflich erfasst werden kann. Genauso gut kann der Prozess mimetisch aufgebaut werden: Eine erzählte Geschichte wird spielerisch nachgestellt oder mit Bastelaktivitäten nachgestaltet und infolgedessen be-griffen. Im Schulalltag spielt diese Transferfertigkeit eine tragende Rolle, wenn gesprochene Inhalte zum Beispiel verschriftlicht werden sollen.

e) Durch die kompetenzorientierten Gestaltungsprozesse wird auch der Erwerb *kognitiven Handlungswissens*, problemlösenden Denkens sowie prozeduralen Wissens bei der Problemlösung unterstützt. In diesem Kontext ist vor allem das Lernen in Kleingruppen besonders förderlich, welches mehrere Lösungsansätze und dadurch ein Miteinander-Lernen zulässt. Dies ist im großen Klassenverband oft nicht möglich, das heißt die Lösungsvorschläge sprachschwächerer Kinder gehen unter oder werden erst gar nicht mitgeteilt.

3.2 Sozialraum- und Ressourcenorientierung

Im Folgenden sollen einige methodische Beispiele des Projekts vorgestellt werden[4], welche im Allgemeinen einer Sozialraum- und/oder Ressourcenorientierung folgen. Die Sozialraumorientierung[5] findet sich zum Beispiel in der Arbeit mit Salzteig oder Origamifiguren wieder. Hier handelt es sich um Medien, mit denen Sozialpädagogen/innen *keine* kunstpädagogische Orientierung verfolgen, sondern sich in erster Linie auf die geäußerten Interessen der Schüler/innen einstellen, um im Aushandlungsprozess „auf Augenhöhe" die subjektiven Wünsche der Kinder ernst zu nehmen, anzuerkennen und sie über diesen Ansatz zur aktiven Beteiligung zu motivieren. Des Weiteren offenbaren diese Informationen bereits gesammelte Erfahrungen sowie spezielle Fähigkeiten einzelner Teilnehmer/innen – von denen andere wiederum lernen können – und enthüllen bereits bestehende Ressourcen soziokultureller Netzwerke, wenn zum Beispiel geäußert wird, dass die Mütter X, Y und Z sich im Wohnheim A zum Origami-Basteln abends treffen.

Gleichzeitig ermöglichen die im Projekt gesammelten Erfahrungen, wieder an die außerschulische Lebenswelt der Kinder anzuschließen, da manche Medien in beiden Welten bekannt sind, doch die Formen kreativer Modifikation eine bereichernde Re-Integration zulassen. Mit dieser Vorgehensweise wird ein Stück weit die oft erlebte Widersprüchlichkeit zwischen Schulalltag und außerschulischer, sozialer Lebenswelt überwunden.

Zur Alltagsorientierung gehört es ebenfalls, das Material, das im Schulalltag bereits vorhanden ist, einzubeziehen, um auf Vertrautem aufzubauen (und somit Vertrauen zu gewinnen) oder um Kosten zu minimieren.

Die Ressourcenorientierung umschließt sowohl personale als auch soziale Ressourcen und kann folglich nicht vollkommen losgelöst vom Sozialraum betrachtet werden. Grundsätzlich geht es bei der Ressourcenorientierung um „Potenziale", die von einer Person „zur Bewältigung von altersspezifischen Entwicklungsaufgaben, zur gelingenden Bearbeitung von belastenden Alltagsanforderungen sowie zur Realisierung von langfristigen Identitätszielen genutzt werden können und damit zur Sicherung ihrer

---

4   Für viele praktische Tipps siehe Merkel (2010), seine Internetseite (IntQ 2), Bläsius (2010) und Ballis (2008).
5   Klaus Grundwald und Hans Thiersch (2011) verwenden den Begriff der „Lebensweltorientierung" bzw. der „Alltagsorientierung" – im Folgenden werden diese Begriffe synonym eingesetzt.

psychischen Integrität und zu einem umfassenden biopsychosozialen Wohl-befinden beitragen" (Herriger 2011, S. 721). Während die personalen Res-sourcen vor allem persönlichkeitsgebunden sind – wie zum Beispiel Selbst-akzeptanz, internale Kontrollüberzeugungen und Bewältigungsoptimismus –, umfassen soziale Ressourcen die „sozialen Unterstützungsleistungen, die die Person in Partnerbeziehung, Familienbindungen und erweiterten Freund-schaftsnetzwerken erfährt" (ebd., S. 721).

Die ressourcenfördernde Zielsetzung des Projekts erweist sich gerade im Umgang mit Kindern mit Migrationsvorgeschichte als hilfreich, um trotz der kritischen, mit vielen Unsicherheiten verbundenen Lebensphase den neuen Herausforderungen zu begegnen, ohne dass die Kinder sich ständig überfordert fühlen. Gleichzeitig ist die Orientierung an den eigenen Ressour-cen ein wesentlicher Garant für eine gelungene Identitätsfindung sowie Iden-titätssicherung, welche gerade in der Auseinandersetzung mit unterschiedli-chen ästhetischen Medien ermöglicht werden kann. Der hier verfolgte polyästhetische Ansatz des Sprachprojekts gestattet jedem Kind, sein indivi-duelles Ausdrucksmedium zu finden. Gleichzeitig macht dieser Ansatz die multimedialen Sinn- und Sinneserfahrungen von Kommunikationsprozes-sen greifbarer, bildet sie sinnlich aus und verschafft einen konkreten Wahr-nehmungsraum für ein höchst abstraktes soziales Konstrukt: die Sprache.

3.3 Kreativ-ästhetische Sprachbildung mithilfe bewegungspädagogischer Medien

Bei dieser Methode bietet sich vor allem die getanzte Interpretation von Kin-derliedern, aber auch von deutschsprachigen Schlagern an. Die Kombination aus Körperbewegung, Melodie, Rhythmus und Text prägt sich besonders gut ein. Sprachliche Formulierungen müssen nicht selbständig gesucht werden, sondern sind durch den Liedtext bereits vorgegeben. In dieser Verbindung können die getanzten Lieder auch mehrmals wiederholt werden, ohne lang-weilig zu wirken, und festigen so die Lernprozesse, insbesondere die Merkfä-higkeit. Zusätzlich liefern sie Vorlagen für individuelle Abwandlungen. Ein anderes bewegungspädagogisches Beispiel ist das Darstellen des eigenen Vornamens mit einem „verkörperten" Alphabet.

3.4 Kreativ-ästhetische Sprachbildung mithilfe musikpädagogischer Medien

Ähnlich wie bei den bewegungspädagogischen Elementen steht auch hier die Verbindung von Musik, Rhythmus und Text im Vordergrund. Durch diese

Zusammenstellung werden Satzkonstruktionen implizit nacherlebt; intuitives Wissen um Sprachregeln und Aussprache wird vermittelt. Begeistert aufgenommen sowie erweitert wird das Thema „Märchen" (hier: Hänsel und Gretel) durch das Singen des gleichnamigen deutschen Kinderliedes sowie das Basteln eines Knusperhäuschens.

3.5 Kreativ-ästhetische Sprachbildung mithilfe theaterpädagogischer Medien

3.5.1 Arbeiten mit Puppenspielen/großen Handpuppen

Für das Arbeiten mit Puppen bzw. Figuren ergibt sich eine große Bandbreite an Objekten, von alltäglichen Gegenständen bis zu kleinen Fingerpuppen und filigran herausgearbeiteten Marionetten. Ein beliebter und bekannter Vertreter ist nach wie vor der „Kasperl", ein regelrechter Sprachkünstler, der gerade Mehrdeutigkeiten und Unklarheiten der deutschen Sprache nutzt, um Kinder zum Mitdenken sowie zum Mitreden anzuregen. Auch bewusst eingebaute Fehler ermuntern die Kinder, diese zu korrigieren; damit bestätigen sie ihr eigenes Wissen. Oft sind die Grenzen zwischen Spielenden und Zuschauenden fließend.

Der Einsatz der großen Handpuppe bedarf einiger Übung, regt jedoch wie jedes andere Puppenspiel die Kreativität an. Gleichzeitig schafft die große Handpuppe Sprachanlässe zum Beispiel durch das Stellen von Fragen. Insbesondere für emotional unsichere Kinder hat die Puppe den Vorteil, dass die Aufmerksamkeit auf die Puppe gerichtet wird (nicht auf den sprechenden Erwachsenen). Zudem hat die Puppe klare, überschaubare Charaktereigenschaften, die es Kindern erleichtert, die Erwartungen des „Mitspielenden" abzuschätzen. Folglich verhalten sie sich der Puppe gegenüber freier, mitunter auch ungehemmter, was dann auch zu Grenzüberschreitungen führen kann.

3.5.2 Rollen- und Theaterspiel

Das Rollenspiel beherrscht fast jedes Kind, weil es quasi von klein auf erlernt und mit großer Ausdauer praktiziert wird. Oft hat eine Rolle ihren eigenen Sprachduktus, sei es durch den Klang, die Aussprache, Sprachfehler oder durch die Art des Sprechens. Ob mit oder ohne „Fehler", in allen Fällen erweitert jede eingenommene Rolle das eigene Sprachrepertoire. Gleichermaßen begünstigt es das Empathievermögen, die Einnahme eines Perspektivenwechsels und das Erlernen unterschiedlicher Rollen durch das Hineinversetzen in eine andere Rolle. Besonders gut eignen sich vorgelesene oder erzählte Inhalte, die durch die spielerische Weiterentwicklung die Kreativität sowie die Persönlichkeitsentwicklung fördern.

Ein zu nennendes Beispiel ist das Figurentheater. Hier dient das Kinderbuch „Felix bei den Kindern dieser Welt" von Annette Langen und Constanza Droop als Grundlage. Daran anknüpfend wird die Geschichte durch selbstgestaltete Figuren aus Pappe und Holzstäbchen sowie unterschiedlichen „Bühnenbildern" erweitert. Auch inhaltlich wird die Geschichte verändert. Die einzelnen Szenen werden zum Schluss fotografiert und dienen dann wiederum als Grundlage für ein eigenes Buch mit einer persönlichen Felixgeschichte.

Eine (fein-)motorisch anspruchsvollere Variante stellt das Arbeiten mit fantasievollen Origamifiguren dar, die eine fiktive Geschichte begleiten.

3.6 Kreativ-ästhetische Sprachbildung mithilfe literarischer Medien

3.6.1 Arbeiten mit Sprachversen und -gedichten

Kinderreime, Zungenbrecher, Redensarten und Gedichte bieten den Vorteil einer zumeist klaren Klanggestalt sowie eines einprägsamen Rhythmus. Sie unterstützen das Hörverständnis, indem der Sprachfluss in aussagekräftige Bestandteile gegliedert wird. Gleichzeitig unterstützen sie das Klangbild einer Sprache und die Aussprache sowie die Artikulationsfähigkeit der Kinder. Eine Kombination mit Body-Percussion (der eigene Körper wird zum Rhythmusinstrument) verstärkt die Wirkung.

3.6.2 Arbeiten mit Kinder-/Bilderbüchern, Bildmaterial/-karten

Über die Bildbetrachtung können Dinge, Tätigkeiten und Räume sowie die jeweiligen Zusammenhänge sichtbar gemacht und besprochen werden. Durch den intensiven sprachlichen In- und Output können Begriffe gebildet sowie gefestigt werden.

Beispielsweise kann das Bilderbuch „Die kleine Raupe Nimmersatt" von Eric Carle zunächst „aktiv vorgelesen" werden, um im nächsten Schritt durch das Sammeln und Benennen verschiedener Obstsorten ergänzt zu werden. Danach wird gemeinsam ein Obstsalat zubereitet und ein eigenes Rezept verfasst, um die Geschichte in eine aktive sowie genussvolle Verbindung zu bringen. Eine gelungene Variante beinhaltet – passend zum Thema „Dschungel" – das Zubereiten eines „Dschungel-Obstsalats" mit Früchten aus aller Welt.

3.7 Kreativ-ästhetische Sprachbildung mithilfe digitaler Medien

Digitale Medien eignen sich hervorragend, um realitätsnahe aber auch fiktive Inhalte in Form von Filmen oder Hörspielen wiederzugeben. Gleichzeitig sind sie besonders gut dafür geschaffen, um den Entstehungsprozess und das Resultat zum Beispiel in einem (digitalen) Fotoalbum zu dokumentieren. Trotz der hohen Akzeptanz digitaler Medien von Kindern und Jugendlichen, muss berücksichtigt werden, dass diese vorwiegend den visuellen und/oder auditiven Wahrnehmungskanal ansprechen und unter Umständen Prozesse der körperlichen, zeitlichen und/oder räumlichen Entgrenzung unterstützen. Ein aus diesem Sprachförderprojekt entstandenes Werk ist die zweisprachige (deutsch-türkische) Multimedia-CD[6] „Die Teufelstränen von Königsborn/ Königsborn şeytaninin gözyaşlari".

3.8 Kreativ-ästhetische Sprachbildung mithilfe kunstpädagogischer Verfahren

In diesem Kontext werden beispielsweise „Dschungeltiere" aus Salzteig modelliert und angemalt. Danach wird mit diesen Tiergestalten eine eigene Dschungelgeschichte verfasst und als „Figurentheater" aufgeführt. Zum Schluss werden die fotografierten Szenen sowie die Textpassagen in einem Bilderbuch schriftlich und bildlich festgehalten. Wie bereits aufgeführt, liegt der Fokus nicht darauf, „Kunst" zu machen bzw. künstlerisch Wertvolles entstehen zu lassen, sondern über das plastische Gestalten und digitale Bildererzeugen soziokulturelle Bezüge sowie Sprachanlässe anzubieten. Gerade in Bezug auf Sprachbildung ist die soziale Dimension enorm wichtig (und wird leider viel zu oft vernachlässigt), weil Sprachentwicklung nur dann Sinn macht, wenn diese in soziokulturellen Zusammenhängen stattfindet. Indem die Kinder mit unterschiedlichen haptischen Materialien, Farben, Bildern und Geschichten umgehen, werden mehrere Sinne aktiviert und gefordert. Spielerisch kann so auf mehreren Ebenen Sprache gebraucht und gefestigt werden. Denn Sprache macht den Menschen zu dem, was er ist: Ein soziokulturelles Wesen, das ohne den kommunikativen Austausch mit anderen Menschen nicht leben kann. Schon für Aristoteles sind ja wesentliche Best-

---

6   Die gleichnamige, zweisprachige Bilderbuchgeschichte mit Hör-CD ist bereits Juni 2014 im Verlag Sign-and-Science-Publisher Ingolf Gneuß erschienen, die Multimedia-CD wurde Ende Oktober 2014 veröffentlicht.

immungen des Menschen, dass dieser ein „zoon politikon", ein gemein-schaftsfähiges Wesen, und ein „zoon logon echon", ein sprachfähiges Wesen ist.

4 Zwischen Inklusion, Integration, Assimilation und Separation

Für eine kritische Reflexion des Sprachförderprojekts ist es unumgänglich, sich mit vier zentralen sozialtheoretischen Grundbegriffen auseinander zu setzen, die im nächsten Abschnitt kurz skizziert werden sollen, um dann Gegenstand einer kritischen Projektreflexion zu werden.

4.1 Exklusion/Separation

Abb. 1: Separation/Exklusion

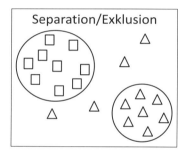

Quelle: Eigene Darstellung.

Exklusion bezeichnet ein (ggf. vollständiges) Ausschließen von Minderheiten aus dem Bildungssystem sowie das Verhindern kultureller Teilhabe am Leben der Mehrheitsgesellschaft. So galten Kinder mit Behinderung jahrzehntelang als „bildungsunfähig" und wurden oft nur in Anstalten „verwahrt". Nach wie vor besuchen weltweit 90 Prozent aller Kinder mit Behinderung *keine* Schule (IntQ 7).

Mit Einführung der Schulpflicht für Kinder mit Beeinträchtigungen entstand ein Zwei-Schulen-System: Das Regelschulsystem für „normale" Kinder sowie das Sonderschulwesen für Kinder mit Behinderung. Letzteres bildete eine geschlossene Lernkultur innerhalb des allgemeinen Bildungssystems.

Doch Formen der Separation gibt es nicht nur in Bezug auf Behinderung. Jegliche Form der „Aussonderung", auch wenn sie nur temporär ist, kann als Separationsakt betrachtet werden. So unterliegt auch ein Sprachförderprojekt dem strukturell vorgegeben Mechanismus der Ausgliederung, wenn nur Kinder mit Migrationshintergrund an diesem Angebot teilnehmen dürfen und somit von den „deutschen" Kindern, die die deutsche Muttersprache bereits altersgemäß beherrschen, getrennt werden. Begründet werden derartige Schritte zumeist mit einer gezielten Förderung bzw. Aufhebung von „Defiziten" in einer kleinen, „homogenen" (weil ähnlich schwachen) Gruppe, die zudem einen geschützten Raum bietet vor Sanktionen oder Dis-

94

kriminierungen. Selten wird hier hinterfragt, weshalb im regulären Klassenverband Formen der Respektlosigkeit oder Erniedrigung überhaupt gestattet
werden, oder weshalb ein individuelles Lerntempo nicht ermöglicht wird.

Ein nachhaltiges sozialpädagogisches Ziel müsste das *gemeinsame* Lernen von Kindern mit *und* ohne Migrationsvorgeschichte sein, denn Kinder
lernen von Kindern, das heißt, auch deutsche Kinder lernen von ihren „aus-
ländischen" Klassenkamerad/innen. Gleichzeitig kann in einem kulturheterogenen Lernumfeld die Angst vor Fremdheit überwunden werden, welche
letztendlich die Grundvoraussetzung für inter- bzw. transkulturelle Bildungsprozesse sowie Gemeinschaftsbildung ist. Gerade das Lernen von
„Sprache" findet in sozialen Bezügen statt: Es bildet sich keine kulturelle Gemeinschaft, kein Zusammengehörigkeitsgefühl, wenn wir nicht miteinander
kommunizieren, denn Sprache macht uns letztendlich zu soziokulturellen
Wesen.

Bereits in den 1970er Jahren postulierten Vertreter des Krefelder Modells[7] so viel gemeinsamen Lern- und Handlungsspielraum wie möglich. Hier
wurde beispielsweise der Förderunterricht *für alle* eingeführt: Für die einen
war es „Förderunterricht", für die deutschen Kinder „Forderunterricht".

Zudem wäre es durchaus denkbar, in Klassenverbänden, die sich
mehrheitlich aus einer beispielsweise Türkisch- sprechenden Schülerschaft
zusammensetzt, auch Türkisch als erste Fremdsprache für *alle* Schüler/innen
anzubieten. Dies würde in doppelter Hinsicht zu einer wirklichen Wertschätzung von Zwei- oder Mehrsprachigkeit – und damit von Ressourcen – führen:

Zum einen würde die Erst- oder Zweitsprache von Kindern mit Migrationshintergrund ihr Schattendasein verlassen, weil ihre Sprachkompeten-
zen dann nicht mehr eine „Nur-Zusatzqualifikation" wären, welche – wie bislang – zumeist gesondert, außerhalb des regulären Schulsystems additiv
erworben werden muss und auch innerhalb des deutschen Schulsystems nur
in sehr seltenen Fällen eine notenrelevante Anerkennung erfährt.

Zum anderen würden auch deutsche[8] Schüler/innen und Lehrkräfte
ein anderes Verständnis für diese doppelte Kulturarbeit entwickeln, wenn sie
selbst zum Beispiel Türkisch lernen würden. Gleiches würde für das Erlernen

---

7 Das stetig erweiterte „Krefelder Modell" war eine Antwort auf die wachsende Zahl von
   Gastarbeiterkindern, um auf die neuen sprachlichen und sozialen Voraussetzungen für Integration zu reagieren (IntQ 6).
8 Einfachheitshalber wird hier der Begriff „deutsch" als Synonym für Kinder und Jugendliche verwendet, deren Muttersprache „Deutsch" ist, wohl wissend, dass es viele Kinder mit
   Migrationsvorgeschichte gibt, die zwar einen deutschen Pass haben, aber deren Erstsprache nicht Deutsch ist.

der Braille-Schrift oder der Gehörlosensprache gelten, wenn blinde oder gehörlose Kinder in eine Regelschule – und somit in die Gesellschaft – integriert werden sollen[9].

4.2 Assimilation

Abb. 2: Assimilation

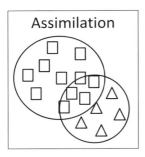

Quelle: Eigene Darstellung.

Unter Assimilation wird eine Angleichung von Kultur- und Handlungsroutinen der Minderheit(en) an die der Aufnahmegesellschaft („core society") verstanden (Gordon 1964, S. 73–75). Insgesamt ist der Begriff im soziologischen bzw. migrationstheoretischen Diskurs häufig sehr positiv besetzt und wird oft mit „Integration" synonym verwendet, da eine größtmögliche kulturelle sowie strukturelle Anpassung als Voraussetzung für eine bestmögliche soziale Intergration betrachtet wird.

So schreibt Esser (2001), dass die Sozialintegration *in* die Aufnahmegesellschaft „*nur* in Form der *Assimilation* möglich sei" (ebd., S. 26, Hervorh. i. O.). Seiner Theorie nach gibt es also eine dominante „Leitkultur", die quasi einen Standard bildet, an dem sich Vertreter/innen anderer Kulturen „nahezu ‚einseitig' zu orientieren haben" (Esser 2001, S. 28). Demnach wird auch in Deutschland in aktuellen Integrationsdebatten die Ansicht vertreten, dass ein/e Migrant/in erfolgreich integriert ist, wenn er/sie die deutsche Sprache beherrscht, erfolgreich einen Bildungsabschlusses erlangt hat und als Folge dessen erwerbstätig ist.

---

9   Das multilaterale Comenius-Projekt EUCIM-TE (European Core Curriculum for Mainstreamed Second Language – Teacher Education) trägt diesem Qualifikationsbedarf von Lehrkräften Rechnung, um einen „inklusiven" Unterricht umzusetzen und folglich die Herausforderungen von Mehrsprachigkeit nicht nur als belastende Herausforderung, sondern als eine wichtige Ressource so sehen (‚wenngleich die Erstsprache letztendlich „nur" insofern als ein unverzichtbares Potenzial gilt, als dass sie als „Überbrückungsglied" dient, um über diese die deutsche Sprache zu vermitteln). Gleichzeitig schließt sich dieses Projekt den fachlichen Inhalten des ESS IALT (European Core Curriculum for Inclusive Academic Language Teaching) an (IntQ 5).
Ganz neu ist die Idee nicht. Bereits in den 1970er Jahren wurde im Rahmen des Krefelder Modells muttersprachlicher Unterricht für ausländische Schüler/innen eingeführt, da bereits damals erkannt wurde, dass die Entwicklung sowie Verfeinerung der Erstsprache das Erlernen der Zweitsprache „Deutsch" unterstützte (IntQ 6).

Betrachtet man die (vielerorts gescheiterten) Integrationsprozesse der vergangenen Jahrzehnte kritisch, dann wird sehr schnell ersichtlich, dass Integration offensichtlich aus mehr bestehen muss als aus einer Aneinanderreihung einseitiger, vorbestimmter Anpassungsprozesse, welche zumeist an ein Aufgeben bereits bestehender soziokultureller Wert- und Handlungsmuster der Minderheitenkultur geknüpft sind.

Einen ähnlichen Ansatz verfolgte auch das Sprachförderprojekt „Chancen der Vielfalt nutzen lernen", da die „defizitären" Sprachkenntnisse der Kinder an den deutschen Standard (die deutsche Bildungssprache) angepasst werden sollten und bereits bestehende Sprachkenntnisse (und damit eine wesentliche treibende Kraft personaler und sozialer Identitätsbildung) in der eigenen Muttersprache nahezu bedeutungslos waren.

Nach wie vor stellen unterrichtliche wie außerunterrichtliche Schulinhalte die „Norm" einer Leitkultur dar, und entsprechend werden Kinder „passend" für das Schul- und Ausbildungssystem gemacht, ohne bereits bestehende Ressourcen wert zu schätzen.

Im Abschlussbericht von FÖRMIG[10] wird auf die Notwendigkeit eines erweiterten Verständnisses von „Bildungssprache" hingewiesen, da das tradierte monolinguale Selbstverständnis von Bildungssprache – welches soziale Selektivität hervorbringt sowie stützt – durch ein neues, auf adäquaten Umgang mit Mehrsprachigkeit gerichtetes Konzept von Sprachbildung ersetzt werden sollte.

Auch aus kulturpädagogischer sowie bildungstheoretischer Perspektive ist dieser Ansatz zu unterstützen, da ein Widerspruch darin liegt, dass einerseits kulturelle Diversität angestrebt wird und andererseits kulturelle Ressourcen aufgegeben werden müssen bzw. ihnen ihre Entwicklungsgrundlage genommen wird. Hinzu kommt, dass eine ganzheitliche Persönlichkeitsentwicklung dann eher möglich ist, wenn das Identitätsgefüge eines Menschen in *allen* Dimensionen respektiert und geachtet wird.

Durch den Einfluss der UN-Behindertenrechtskonvention wird dieses sogenannte Assimilationspotenzial eine längst fällige Fissur erfahren, da nicht die Menschen mit Behinderung sich an die normativen Vorgaben des Regelschulsystems anpassen müssen, sondern umgekehrt. Im Zuge dieser Entwicklung ist zu hoffen, dass die allgegenwärtige Defizitorientierung des formalen Bildungssystems von einer allumfassenden Ressourcenorientierung abgelöst wird – für *alle* Menschen.

---

10 Modellversuchsprogramm der Universität Hamburg „Förderung von Kindern und Jugendlichen mit Migrationshintergrund". Das FÖRMIG-Kompetenzzentrum wurde 2013 geschlossen und wird nun durch die Forschungsgruppe DiVER (Diversity in Education Research) fortgeführt.

4.3 Integration

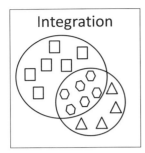

Integration

Wie bereits unter Punkt 4.2. beschrieben, wird der Begriff der „Integration" mit dem der „Assimilation" oft in eine enge Verbindung gebracht, obgleich sich dahinter zwei sehr unterschiedliche Wert- und Beziehungsmuster verbergen. Während für kulturelle sowie strukturelle Assimilationsprozesse das herkömmliche Wissen eher hinderlich ist, wird es im Integrationsprozess zum *Garanten* gelungener Integragration. Erst durch den *wechselseitigen* Austausch soziokultureller Güter und Symbole finden *sowohl* auf Seiten der aufnehmenden Kultur *als auch* auf Seiten der Minderheiten tiefgreifende Veränderungen statt, und eine gelungene Integration bedeutet letztendlich eine *Synthese* aus unterschiedlichen Erfahrungs- und Lebenswelten, die genau genommen eine *neue* soziokulturelle Identität hervorbringt (hier symbolisch dargestellt durch die Verschmelzung der Vierecke und der Dreiecke zu einem Sechseck).

Es ist keinesfalls erstrebenswert, dass Menschen einer Minderheit ihre Identität zunächst aufgeben müssen bzw. ihnen jegliche Grundlage genommen wird, diese aufrecht zu erhalten bzw. weiter zu entwickeln, um sich dann später gefühlsmäßig mit der Aufnahmegesellschaft zu identifizieren, sich politisch zu beteiligen und ein Zugehörigkeitsempfinden zu entwickeln.

Gerade die ästhetische Praxis birgt das Potenzial eines hierarchiefreien, kultursensiblen Spielraums für eine „Mehrfachintegration", das heißt eine Integration in mehrere soziokulturelle Bereiche *gleichzeitig*, damit gesunde „multiple Identitäten" heranwachsen können. Gemeint sind damit transkulturelle Identitäten, die sowohl auf der personalen als auch auf der sozialen Ebene ihren „Sinn-Pool" in mehreren soziokulturellen Gemeinschaften *gleichzeitig* finden, mindestens zwei Sprachen sprechen und in ständig selbstauszuhandelnden Grenzüberschreitungen zwischen diesen unterschiedlichen Kollektiven sich verorten, übersetzen und vermitteln. Um dies zu verstehen, gilt es, sich von den tradierten und fest verankerten Vorstellungen von „Kultur" und „Identität" als statischen, stabilen Gegebenheiten zu lösen. Aussichtsvoller ist es, sie als „fluktuierende, durchlässige Orte zu beschreiben, die ein Denken in Differenzen, Veränderungen, Austausch ermöglichen […]. Nicht nach den *roots* kultureller Identitäten gilt es […] zu fragen, sondern nach ihren *routes*, das heißt nach den verzweigten Pfaden ihres Gewordenseins" (Eickelpasch/Rademacher 2010, S. 67).

Hierzu ist eine multiperspektivisch ausgerichtete Kulturarbeit hilfreich, in der zum Beispiel zwei- oder mehrsprachige Theaterprojekte zur „Normalität" werden; in der Musikrichtungen verschiedener Kulturen einander ergänzen, ohne ihre Besonderheiten zu verlieren; oder in der unterschiedliche Tanzkulturen ohne Dominanzgebaren zu einer neuen Bewegungskultur finden.

4.4 Inklusion

Abb. 4: Inklusion

Quelle: Eigene Darstellung.

Mit dem am 3.5.2008 in Kraft getretenen „Übereinkommen der Vereinten Nationen über die Rechte von Menschen mit Behinderung" (BMAS 2011[11]) wurde das Recht auf Bildung, Selbstbestimmung und volle Teilhabe am gesellschaftlichen Leben zu einem einklagbaren Menschenrecht.

Dies ist sicherlich positiv zu bewerten, wenngleich sich im gleichen Atemzug die Frage stellt, ob eine erkenntnis- und handlungsleitende Werthaltung überhaupt „einklagbar" ist. Ebenso bleibt unausgesprochen, *wie* die sozialen Beziehungen zwischen Mehrheit und Minderheit(en) aussehen soll. Einseitige soziale Beziehungsmuster, denen jegliche Reziprozität fehlt, sind – das zeigen alle Assimilationsbemühungen der Vergangenheit – allenfalls funktional, aber aus einer bildungstheoretischen sowie kulturpädagogischen Perspektive zum Scheitern verurteilt.

Hier, in diesem Beitrag, wird ein weiter Inklusionsbegriff verwendet, der *alle* Dimensionen von Heterogenität wie Alter, Geschlecht, soziale und kulturelle Herkunft und Gesundheitszustand berücksichtigt. „Normalität"

---

11   Bezeichnenderweise wird in der deutschen Fassung nach wie vor der Begriff der „Integration" bzw. des „integrativen Bildungssystems" verwendet, während in der englischen Version durchgehend von „inclusion" und „inclusive education system" die Rede ist (siehe zum Beispiel Art. 24 und Art. 27). Auf meine Anfrage an das BMAS vom 8.8.2014 wurde mir am 8.9.2014 über das Referat Va5 (Umsetzung der UN-Behindertenrechtskonvention) schriftlich mitgeteilt, dass die amtliche deutsche Übersetzung nicht verbindlich für die Auslegung sei, da zu den authentischen Vertragssprachen nur die arabische, chinesische, englische, französische, russische und spanische Sprachfassungen der UN-BRK gehören. Zudem habe der Begriff „Inklusion" – unabhängig von der rechtlichen Formulierung – Einzug in den allgemeinen deutschen Sprachgebrauch genommen und sich im politischen Diskurs etabliert.

wird nicht durch eine möglichst homogene Lernlandschaft geschaffen, sondern die menschliche Vielfalt wird zur „Alltagsnormalität": Alle Menschen sind individuell, einzigartig und anders, weil sie sich schon seit eh und je unterschieden haben. Wird dieser Gedanke konsequent weiter verfolgt, dann erübrigen sich Kategorien wie „Behinderte" oder „Migranten", die schlussendlich wieder sprachliche (und damit gedachte) Formen der Ausgrenzung zementieren.

Auch wenn das Sprachförderprojekt durch seine „Separationsstruktur" nicht bis zur letzten Konsequenz den Inklusionsgedanken verwirklicht hat, so lassen sich dennoch Merkmale für eine inklusive Lernlandschaft finden. Als Orientierung dieser reflexiven Betrachtung dient der von Tony Booth und Mel Ainscow herausgegebene „Index of Inclusion" (IntQ 4), welcher drei Dimensionen beschreibt, die jeweils zwei Handlungs- bzw. Kompetenzbereiche umschließen:

- **Dimension A**: „Creating inclusive cultures" (inklusive Kulturen schaffen)
  Sie hat Prozesse der „Gemeinschaftsbildung" sowie die Verankerung inklusiver Werte zum Inhalt.
- **Dimension B**: „Producing inclusive policies" (inklusive Strukturen etablieren)
  Hier ist das Ziel, „Schulen für Alle" zu entwickeln sowie die Unterstützung der Vielfalt zum Beispiel bei Beeinträchtigung.
- **Dimension C**: „Evolving inclusive practices" (inklusive Praktiken entwickeln)
  Diese Dimension hat zum Gegenstand die Organisation mehrperspektivischer Lernarrangements und die Mobilisierung von Ressourcen.

Jedem Handlungs- bzw. Kompetenzbereich werden jeweils spezifische Indikatoren zugeordnet, zu denen passende Fragestellungen sowie Kriterien gehören.

Hier ist zur Dimension A beispielhaft zu nennen, dass das Projekt es geschafft hat, innerhalb der heterogenen Kleingruppen eine Gemeinschaft zu bilden; dass es eine freundliche Willkommenskultur für alle Kinder gab; dass im Rahmen von Öffentlichkeitsarbeit Ergebnisse dar- bzw. ausgestellt wurden, damit die geleistete Arbeit auch von Außenstehenden wertgeschätzt werden konnte; dass die Zusammenarbeit von Respekt geprägt war; dass die Kinder in die Planung weiterer Spiele, Projekte und Angebote einbezogen wurden; dass sie sich gegenseitig geholfen haben; dass kindliche Formen von Diskriminierung oder Gewalt benannt und die entsprechenden Probleme lösungsorientiert ausgetragen wurden.

In Bezug auf Dimension B ist festzustellen, dass alle Schulen beachtliche Ressourcen wie Räumlichkeiten, Material sowie Zeit für Reflexionsgespräche mit der Schulleitung und dem Offenen Ganztag zur Verfügung stellten; dass es eine heterogene Schülerschaft gab; dass durch die unterschiedlich verwendeten Medien der ästhetischen Praxis (und die damit verbundenen Themen) eine Unterstützungskultur der Vielfalt ermöglicht wurde; dass die Verbesserung der Projektinhalte kontinuierlichen Prozessen der Selbst- und Fremdreflexion unterlag; dass durch die erweiterte Sprachkompetenz Lernhindernisse abgebaut wurden.

Dimension C bezieht sich zum Beispiel auf passende Lernarrangements, die gerade durch gestaltungspädagogische Medien eine enorme methodische Erweiterung erfuhren; die individuellen Kenntnisse und Fertigkeiten eines jeden Kindes standen im Vordergrund, somit war das Projekt auch inhaltlich „barrierefrei"; es gab einen großen Spielraum an Handlungsmöglichkeiten, weil es keine curriculare Bindung an den Schullehrplan gab; im Vordergrund stand der Gestaltungsprozess, weniger das entstandene Produkt; Einzel-, Partner- und Gruppenarbeiten lösten sich gegenseitig ab; religiöse und biografische Besonderheiten wurden in die Themenauswahl integriert und luden zum Perspektivenwechsel ein; das gemeinsame Lernen stand im Vordergrund; die heterogene Altersstruktur ermöglichte, dass die Kinder sich gegenseitig halfen, sodass die Studierenden immer mehr in die Rolle des Begleitens (anstatt des Anleitens) schlüpfen konnten; die Studierenden der Sozialen Arbeit stellten selbst eine kulturheterogene Gruppe dar und boten somit Identifikations- sowie Austauschmöglichkeiten.

5   Ausblick

Für zukünftige sozialpädagogische Projekte können folgende Empfehlungen genannt werden, um Versäumnisse aus der Vergangenheit nicht zu wiederholen:

a) Sollen die „Chancen der Vielfalt" wirklich angenommen und wertgeschätzt werden, darf es keine Aussonderungsmechanismen mehr geben. Dies hilft auch, Formen der Diskriminierung oder Stigmatisierung vorzubeugen.

b) Ästhetische Lernprozesse ermöglichen, die Ressourcen eines jeden Einzelnen mit Würde anzunehmen und einen Spielraum für Entwicklung zu eröffnen. Eine Defizitorientierung wird somit überflüssig.

c) Eine wesentliche Ressource ist die Erst- bzw. sogar Zweitsprache von Kindern, die gleichberechtigt – neben der deutschen Bildungssprache – aufgegriffen und als vollwertige Sprache unterstützt werden sollte. Denn Sprachenvielfalt ist Teil der kulturellen Vielfalt. (Und im Grunde genommen ist Mehrsprachigkeit – weltweit betrachtet – der Normalzustand.)

d) Eine gründlichere Verzahnung zwischen schulischer, außerunterrichtlicher sowie außerschulischer Bildungs- und Kulturarbeit würde der Entfaltung von Vielfalt noch mehr Spielraum eröffnen.

e) Die Zusammenarbeit mit Familienangehörigen ist nicht nur eine kulturelle Bereicherung, sondern ebnet den Weg zu generationsübergreifendem Lernen und schafft die Voraussetzung für nachhaltige Bildungsprozesse.

f) Eine zielgruppen- und bereichsübergreifende Sozialraum- und Biografieorientierung ist wichtig, um den Einzelnen in seinem sozialen Netzwerk zu verstehen, ihn aktiv einzubeziehen und um die Ressourcen des sozialen Raumes zu nutzen.

g) Mehrsprachiges Informationsmaterial sowie mehrsprachige Austauschmöglichkeiten (zum Beispiel durch Dolmetscher) sind in kulturheterogenen Bildungsprozessen unerlässlich. Zwar übernehmen oft ältere Geschwister diese „Übersetzerfunktion", jedoch sind diese damit häufig überfordert. Zudem werden damit Bemühungen der „Elternintegration" blockiert.

h) Hilfreich wäre es, die Eltern der Kinder – insbesondere die Mütter – in die Vermittlung (deutsch-)sprachiger Kompetenzen zu integrieren, um unbegründetem Misstrauen oder Sorgen vor Bevormundung den Boden zu entziehen.

i) Eine der größten Herausforderung von Inklusion wird es sein, *reziproke* soziale Beziehungen aufzubauen, um eine *dauerhafte* Gemeinschaft zu bilden. Das impliziert, dass *beide* Seiten im gleichen Maße von Inklusionsprozessen profitieren, weil das sogenannte „Anderssein" als Bereicherung (und nicht als Defizit) betrachtet wird. Eine ausgeglichene, wechselseitige Beziehung auf der sprachlichen Ebene stellen zum Beispiel Sprach-Tandems dar, in denen jede Person durch die Muttersprache des anderen die eigenen Fremdsprachkenntnisse erweitert sowie einen bewussten, reflexiven Zugang zur eigenen Muttersprache erhält.

Nachhaltige Konzepte für die Umsetzung von Inklusion stehen weitestgehend noch aus, auch in der Kulturellen Bildung. Jedoch ist schon ein wichtiger Schritt getan, wenn sich durch Kulturarbeit das Bewusstsein für eine gleichberechtigte Teilhabe aller Menschen in allen Lern- und Lebensbereichen entfalten kann, und „Anderssein" nicht als Schwäche, sondern als Ressource für Kulturarbeit angesehen wird.

Literatur

Ballis, A./Spinner, K. H. (2008) (Hrsg.): Sommerschule, Sommerkurse, Summer Learning. Deutsch lernen in außerschulischem Kontext. Baltmannsweiler: Schneider.

Belke, G. (2007) (Hrsg.): Mit Sprache(n) spielen. Kinderreime, Gedichte und Geschichten für Kinder zum Mitmachen und Selbermachen. Baltmannsweiler: Schneider.

Belke, G. (2009): Poesie und Grammatik. Kreativer Umgang mit Texten im Deutschunterricht mehrsprachiger Lerngruppen. Baltmannsweiler: Schneider.

Bläsius, J. (2010): Sprachspiele aus dem Pappkarton: Mit Alltagsgegenständen Wortschatz erweitern und Sprachanlässe schaffen. München: Don Bosco.

BMAS – Bundesministerium für Arbeit und Soziales (2011) (Hrsg.): Übereinkommen der Vereinten Nationen über die Rechte von Menschen mit Behinderungen. Deutsch. English. Français. Referat Information, Publikation, Redaktion Bonn. Paderborn: Bonifatius.

Eickelpasch, R./Rademacher, C. (2010): Identität. Bielefeld: transcript.

Esser, H. (2001): Integration und ethnische Schichtung. Arbeitspapiere Nr. 40. Mannheim.

Gordon, M. M. (1964): Assimilation in American life. The role of race, religion, and national origins. New York: Oxford University Press.

Grunewald, K./Thiersch, H. (2011): Lebensweltorientierung. In: Otto, H.-U./Thiersch, H. (Hrsg.): Handbuch Soziale Arbeit. München/Basel: Reinhardt, S. 854–863.

Herriger, N. (2011): Ressourcen. In: Deutscher Verein für öffentliche und private Fürsorge e. V. (Hrsg.): Fachlexikon der sozialen Arbeit. Baden-Baden: Nomos, S. 721–722.

Heuvelmann, A./Stiller, E. (2013): Fazit. In: „Chancen der Vielfalt nutzen lernen. Modellprojekt" Kommunale Integrationszentren, Bezirksregierung Arnsberg, S. 192–195.

Merkel, J. (2010): Weißt du was, sprechen macht Spaß. Troisdorf: Bildungsverlag EINS.

Müller-Neumann, Ch. (2013): Einleitung. In: „Chancen der Vielfalt nutzen lernen. Modellprojekt" Kommunale Integrationszentren, Bezirksregierung Arnsberg, S. 6.

Internetquellen

IntQ 1: Das Lehrerausbildungsgesetz. www.schulministerium.nrw.de/docs/Recht/LAusbildung/LABG/LABGNeu.pdf (Abruf 12.8.2014).

IntQ 2: Merkels Erzählkabinett. www.stories.uni-bremen.de (Abruf 15.8.2014).

IntQ 3: Qualitätsstufen der Behindertenpolitik. www.ev-akademie-boll.de/fileadmin/res/otg/501909-Wocken.pdf (Abruf 16.8.2014).

IntQ 4: Index of Inclusion. www.eenet.org.uk/resources/docs/Index%20English.pdf (Abruf 15.8.2014).

IntQ 5: EUCIM-TE. www.eucim-te.eu/data/eso27/File/Material/NRW.%20Adaptation.pdf (Abruf 16.8.2014).

IntQ 6: Krefelder Modell. www.phil-fak.uni-duesseldorf.de/fileadmin/Redaktion/Institute/ Sozialwissenschaf-ten/BF/Lehre/WiSe11_12/Migration_Bildung/Das_Krefelder_Modell.pdf (Abruf 16.8.2014).

IntQ 7: Qualitätsstufen der Behindertenpolitik und -pädagogik. www.ev-akademie-boll.de/ fileadmin/res/otg/501909-Wocken.pdf (Abruf 17.8.2014).

Inklusive Theaterpädagogik

Systemische Reflexionen für Theorie und Praxis der Theaterpädagogik

Tilly Miller

1   Einleitung

Diskurse zur Inklusion sind seit den letzten Jahren sowohl in der Sozialen Arbeit als auch in der Kulturellen Bildung nicht nur angekommen, sondern sie nehmen einen Weg, ähnlich wie die Begriffe Empowerment oder Partizipation. Inklusion ist positiv konnotiert und kennzeichnet etwas Gutes, Gerechtes, Gewolltes. Inklusion steht für Vielfalt, Chancengleichheit, Wahlmöglichkeit, allgemeine Grund- und Menschenrechte und deren strukturelle Ermöglichung. Verzichtet wird auf Kategorisierungen wie beispielsweise Menschen mit und ohne Behinderung, Deutsche/MigrantInnen, Männer/ Frauen, Heterosexuelle/Homosexuelle, Gesunde/Kranke. Inklusion heißt: Alle sollen grundsätzlich das Recht und die Chance des Zugangs zu Regelsystemen haben, unabhängig vom persönlichen Unterstützungsbedarf.

Zu den Regelsystemen lässt sich auch die Kulturelle Bildung mit ihren vielfältigen Angeboten der ästhetischen Praxis subsumieren. Es geht um Ermöglichungsräume für das Subjekt im Medium der Kunst. Die Frage, mit der sich der nachfolgende Beitrag beschäftigt, ist, welche besonderen Perspektiven sich mithilfe eines inklusiven Ansatzes für die ästhetische Praxis entfalten lassen, konkret: für die theaterpädagogische Praxis. Ausgangspunkt ist ein weiter Inklusionsbegriff, der aus einer systemtheoretischen Perspektive dargelegt wird. Der Blickwinkel der Auseinandersetzung fokussiert in diesem Zusammenhang weniger die Frage, wie Menschen in Regelsysteme der Kulturellen Bildung kommen, sondern vielmehr, wie sich inklusive Kulturen, inklusive Strukturen und inklusive professionelle Handlungsweisen in der theaterpädagogische Praxis erzeugen lassen. Anders formuliert: Wie lässt sich Inklusion in der theaterpädagogischen Praxis dimensionieren und welche Konsequenzen ergeben sich daraus für die Praxis und das professionelle Handeln? Die folgenden Ausführungen sind mehrdimensional. Soziologisches, pädagogisches und kulturelles Wissen werden aufeinander bezogen.

Zwei Thesen stehen den folgenden Ausführungen voran:

These 1: *Ein systemtheoretisch gefasster Inklusionsansatz in der theaterpädagogischen Theorie und Praxis stärkt das professionelle Handeln, insbesondere die Wahrnehmung, die Selbstreflexion und die professionelle Haltung im Umgang mit Vielfalt, Differenz und Teilhabe.*

These 2: *Ein systemtheoretisch fundierter Inklusionsbegriff unterstreicht die verschiedenen Geltungsansprüche von Subjekt, Theaterkunst, Publikum und professionellem Handeln, die es zu unterscheiden und reflexiv aufeinander abzustimmen gilt.*

2 Inklusion: eine Begriffsbestimmung

Der Inklusionsbegriff hat sich längst aus einem engen Verständnis, wie es die UNESCO-Konvention über die Rechte von Menschen mit Behinderungen 1994 formuliert hat, heraus entwickelt. Inklusion ist zu einer allgemeinen pädagogischen und sozialpädagogischen Anforderung hinsichtlich sozialer Teilhabe geworden. Eine viel zitierte Inklusions-Definition ist die der Deutschen UNESCO-Kommission. Dort wird Inklusion als ein Prozess verstanden, „bei dem auf die verschiedenen Bedürfnisse von allen Kindern, Jugendlichen und Erwachsenen eingegangen wird. Erreicht wird dies durch verstärkte Partizipation an Lernprozessen, Kultur und Gemeinwesen, sowie durch Reduzierung und Abschaffung von Exklusion in der Bildung […]" (Deutsche UNESCO-Kommission 2009, S. 9).

Das Zitat macht deutlich: Inklusion wird normativ mithilfe des Bedürfnisbegriffs formuliert und gleichzeitig an strukturelle Anforderungen gebunden. Eine vergleichbare Richtung verfolgt *Der Kommunale Index für Inklusion*[1] (Montag Stiftung Jugend und Gesellschaft 2012). Dort wird Inklusion dimensioniert als

- Menschenrecht
- individuelle Haltung
- Kultur der Beteiligung und Beziehungskultur
- Barrierefreiheit in sozialen Organisationen
- Praxis der Vernetzung
- kommunale Aufgabe

---

1   Als Basiskonzept hierzu diente Booth/Ainscow 2002.

Die kurze Begriffsskizzierung mithilfe der genannten Quellen verweist bereits auf eine umfassende Dimensionierung von Inklusion. Diese bezieht sich auf die Werteebene (Menschenrechte, Partizipation), auf die Subjektebene (Bedürfnisse, Haltung), auf die operative Ebene (Kultur der Beteiligung und Beziehungskultur) und auf die Strukturebene (Vernetzung, Kommune, Gesellschaft).

Ein solcher Zugang lässt sich grundsätzlich systemisch verorten, auch wenn eine solche Herangehensweise beispielsweise im *Kommunalen Index* nicht explizit hervorgehoben wird. Betont wird das Zusammenspiel zwischen gesellschaftlichen Akteuren, der Gruppe und des Einzelnen. Werte, Haltungen und strukturelle Anforderungen sind so aufeinander abzustimmen, dass Inklusion gelingt.

Der Kommunale Index ist eine erste brauchbare Möglichkeit, um Inklusion operativ umzusetzen und liefert dazu geeignete Dimensionierungen und Fragestellungen. Was er nicht leisten kann ist, Inklusion als Begriff wissenschaftstheoretisch zu fassen, um so auch die spezifischen Herausforderungen von Inklusion theoretisch und auf Praxis bezogen in den Blick zu nehmen.

Einen wissenschaftstheoretisch brauchbaren Zugang bietet der Inklusionsbegriff von Niklas Luhmann, den ich im Folgenden kurz und vereinfachend darlege, um daran weitere Überlegungen zur Inklusion anzuschließen. Aus systemtheoretischer Perspektive legt Luhmann ein Inklusionskonzept vor, das in der deutschsprachigen Inklusionsdiskussion, insbesondere auch in der Sozialen Arbeit, wiederholt aufgegriffen worden ist (vgl. Baecker 1994; Bommes/Scherr 1996; Dannenbeck 2013; Komorek 2013; Kronauer 2010a, 2010b; Miller 2012; Stichweh/Windolf 2009).

Luhmann (1995, 1997) bettet Inklusion in sein Konzept einer funktional differenzierten Gesellschaft ein. Gesellschaft beschreibt er als arbeitsteilig organisiert und zwar durch Funktionssysteme wie Wirtschaft, Recht, Politik, Wissenschaft, Gesundheit, Soziale Hilfe, Kunst, Religion, Erziehung/Bildung und Familie. Alle Funktionssysteme erbringen je spezifische Teilaufgaben für die Gesellschaft. Über *generalisierende Steuerungsmedien* (zum Beispiel Wirtschaft: Geld; Politik: Macht; Wissenschaft: Wahrheit, Soziale Arbeit: Hilfe), *binäre Codes* (ja/nein-Modus, zum Beispiel Helfen oder nicht Helfen in der Sozialen Arbeit) und spezifische *Programme* (zum Beispiel Investitionsprogramme, Kulturprogramme, Parteiprogramme oder Hilfeprogramme) bilden sich systemrationale Logiken heraus: Logiken des Geldes, der Macht, der Kunst oder der Hilfe. Über Kommunikation werden die spezifischen Logiken generiert. Das heißt, alles, was Systeme tun, tun sie auf der Basis von Kommunikation. Die Funktionssysteme kennzeichnen sozusagen den übergeordneten Frame moderner Gesellschaften und beschreiben den Modus der gesellschaftlichen Integration durch funktionale Arbeitsteilung.

Kein Funktionssystem kann das andere ersetzen. Politik kann zwar Regeln für das Funktionssystem Kunst oder Erziehung gestalten, kann jedoch weder Kunst erzeugen noch erziehen/bilden.

Mit den Begriffen Inklusion/Exklusion beschreibt Luhmann vor diesem Hintergrund das Zusammenspiel Person-System, insbesondere wie sich soziale Systeme auf psychische Systeme beziehen. Letztere sind als Rollenträger in das System eingebunden. Inklusion/Exklusion verweisen auf die Relevanz/Nichtrelevanz von Personen für ein System (Luhmann 1995, S. 241). Exklusion kennzeichnet den Ausschluss.

Luhmanns Inklusionskonzept ist im Sinne demokratischer Funktionsfähigkeit moderner Strukturen konnotiert, denn: „Jede Person muß danach Zugang zu allen Funktionskreisen erhalten können je nach Bedarf, nach Situationslagen, nach funktionsrelevanten Fähigkeiten und sonstigen Relevanzgesichtspunkten. Jeder muß rechtsfähig sein, eine Familie gründen können, politische Macht mitausüben oder doch mitkontrollieren können; jeder muß in Schulen erzogen werden, im Bedarfsfall medizinisch versorgt werden, am Wirtschaftsverkehr teilnehmen können" (Luhmann 1980, S. 31).

Luhmann macht darüber hinaus deutlich, dass Inklusion beim Individuum eine hohe Eigenleistung voraussetzt, um den unterschiedlichen Inklusionsregeln der verschiedenen Funktionssysteme gerecht zu werden. Die Inklusion in das Funktionssystem Erziehung/Bildung setzt spezifische Kompetenzen voraus, ebenso die Inklusion in die Wirtschaft. Die Inklusion in das Rechtssystem stellt Bedingungen, unter anderem Volljährigkeit oder Staatsangehörigkeit. Dort, wo beispielsweise MigrantInnen nicht Staatsbürger sind, sind sie lediglich partiell in das Rechtssystem inkludiert. Die Inklusion in das Kunstsystem verlangt künstlerische Kompetenzen. Die Inklusion in das Funktionssystem Hilfe setzt einen Hilfebedarf voraus. Ist dieser aus der Funktionslogik des Systems Hilfe nicht gegeben, erfolgt keine Hilfeleistung. Inklusion ist also an Kriterien und Merkmale gebunden. Dazu gehören unter anderem Kompetenzen, formale Abschlüsse, Alter, gesundheitlicher Zustand, Bedarf oder Nationalität.

Inklusion ist nach Luhmann die grundsätzliche Ja-Version und Exklusion die Nein-Version. Das Nein, also Nichtinklusion, kann eine Entscheidung des Systems sein, kann aber auch subjektiv gewollt sein, beispielsweise wenn ein Migrant sich bewusst gegen die deutsche Staatsbürgerschaft entscheidet. Grundsätzlich gilt: Wer den Inklusionsanforderungen nicht entspricht, bleibt exkludiert oder läuft als Mitglied des Systems Gefahr, exkludiert zu werden (Luhmann 1997, Bd. 2, S. 844).

Luhmanns Konzept fokussiert auf die Funktionssysteme der Gesellschaft und somit auf die Makroebene. Ohne die systemtheoretische Perspektive verlassen zu müssen, lässt sich dieser Ansatz erweitern, indem zur Schärfung der Thematik die Meso- und Mikroebene als operative Ebenen hinzugenommen werden. Denn auf diesen Ebenen vollziehen sich praktisch Inklusion und Exklusion (vgl. Kronauer 2010b, Miller 2012).

Kennzeichnen die *Funktionssysteme* die Strukturlogik moderner Gesellschaften, so verweisen die *Organisationssysteme* auf die operative Ebene. Aus den Funktionssystemen heraus entwickeln sich die *formal organisierten Systeme,* sprich *Organisationssysteme.* Diese orientieren sich an den rationalen Logiken der zugeordneten Funktionssysteme und entwickeln ihre je spezifischen Inklusionsregeln. Aus dem Funktionssystem Kunst beispielsweise differenzieren sich Organisationssysteme wie Theater, Konzerthäuser, Eventveranstalter etc. heraus; aus dem Funktionssystem Erziehung beispielsweise das Organisationssystem Schule, aus dem Funktionssystem Hilfe die sozialen Dienste. Ein Theaterprojekt eines Seniorenheimes realisiert sich vor dem Hintergrund der Inklusionsregeln des Funktionssystems Hilfe. Die Systemlogik, Programme, vorhandene Ressourcen und strukturelle Rahmenbedingungen bestimmen, für wen das Angebot ausgeschrieben wird.

Die *Mikroebene* beschreibt die konkrete *Interaktionsebene,* beispielsweise die Theatergruppe. Auch hier gibt es inklusive und exklusive Bedingungen. Fragen stellen sich, beispielsweise wie die Teilnehmenden in Bezug auf ihre Bedürfnisse, Interessen, Neigungen und Talente, in Bezug auf ihr biografisches Gewordensein und ihre Identität in die Gruppe inkludiert sind, wer warum exkludiert ist. Auf dieser Ebene lassen sich dann alle möglichen Spielarten beobachten: Jemand ist formal in die Gruppe inkludiert und fühlt sich exkludiert. Das kann pure Einbildung sein oder der Teilnehmer wird tatsächlich von der Gruppe ausgegrenzt, indem kaum jemand mit ihm redet. Auch kann jemand Mitglied eines Theaterprojektes sein ohne es zu wollen und tut ggf. alles, um exkludiert zu werden.

Insgesamt bemisst sich der Gradmesser von Inklusion nach der darauf bezogenen Kommunikation im System. Sie kennzeichnet die Relevanz, die eine Person für ein soziales System hat und ebenso, welche Bedeutung Inklusion für eine Person hat. Exklusion bedeutet sozusagen Nicht-Kommunikation.

3   Inklusion versus Integration?

Wenn mit Integration gemeint ist, dass eine Minderheit in den Frame einer Mehrheit eingepasst werden soll – zum Beispiel auch mithilfe von Sonderfördereinrichtungen –, so grenzt sich der Inklusionsbegriff deutlich davon ab. Inklusion ist ein Teilhabebegriff, der sich auf alle Menschen bezieht. Ziele sind die strukturelle Realisierung von Bedürfnissen, Vielfalt, Chancengleichheit und Wahlmöglichkeiten. Die hier vorgenommene Unterscheidung zwischen Inklusion und Integration wird häufig gemacht, um die jeweiligen

Ausrichtungen und Zugänge zu verdeutlichen. Freilich wirkt eine solche Dichotomie plakativ und wird den unterschiedlichen Integrationsansätzen keinesfalls gerecht. Dass Integration und Inklusion, je nach Begriffsverwendung, viele Schnittstellen haben, sei hier der Korrektheit halber vermerkt (vgl. Löffler 2011; Möller 2013).

Der Integrationsbegriff steht häufig für Sozialintegration (vgl. Möller 2013). Stichworte dazu sind Zugehörigkeit, Teilhabe, Anerkennung, Wertschätzung und Identifikation. Die Frage stellt sich nun, ob und inwieweit eine inklusive Praxis insbesondere auf der Mikroebene auf sozialintegrative Elemente verzichten will. Dort, wo das Subjekt, wo dessen Bedürfnisse und Lebenswelt eine Rolle spielen, stellen sich sozialintegrative Fragen. Die Kulturelle Bildung ist von ihren Leitzielen her sozialintegrativ ausgerichtet, stellt sie doch das Subjekt ins Zentrum.

Der Begriff der Sozialintegration ist somit bedeutsam, denn er sensibilisiert für die Qualität des psychosozialen Eingebundenseins im System. Sozialintegration ist eine wichtige Voraussetzung für die Motivation und für die psychosoziale Stabilität und Gesundheit auf der Interaktionsebene. Umgekehrt ist aus der Inklusionsperspektive die psychosoziale Integration nicht eine grundsätzliche Voraussetzung für Teilhabe. Es reicht unter Umständen, wenn einzelne Schüler und Schülerinnen mäßige Begeisterung für ein Theaterprojekt zeigen. Die Theaterarbeit kann trotzdem erfolgen und eine Aufführung wird möglich. Auch reicht für Zuschauer häufig ein barrierefreier Zugang zum Theater, es braucht keine sozialintegrativen Bedingungen. So gesehen bemisst sich die Praxistauglichkeit eines Inklusionsbegriffs danach, dass er Sozialintegration einschließt, diese aber nicht als Voraussetzung bestimmt.

Luhmann thematisiert die sozialintegrative Dimension an einer besonderen Stelle und zwar mit Blick auf das Funktionssystem Familie. Er spricht von der „Inklusion der Vollperson" (Luhmann 1993, S. 208). Vollinklusion kennzeichnet sich dadurch, dass alles, was eine Person betrifft, grundsätzlich der Kommunikation zugänglich gemacht werden kann. In der Familie kann über alles gesprochen werden, was ein Familienmitglied betrifft. Weiter gedacht lässt sich der Begriff der *Vollinklusion* auch auf Paar- und Freundschaftssysteme oder Ersatzfamilien beziehen. Aber auch Hilfesysteme und pädagogische Systeme insbesondere für Kinder und Jugendliche haben vollinklusive Ausrichtungen, wenn mit den Personen im Kontext ihrer Lebenswelt gearbeitet wird.

In Abgrenzung dazu steht *Teilinklusion*. Teilinklusion bezieht sich auf den Tatbestand, dass Menschen durch ihre Rolle in ein System inkludiert sind, also als Helfende, Lehrende, Schüler, Freiwillige, Kunden, Hilfeempfänger u. a. Die Person ist Umwelt des Systems und lediglich in ihrer Rolle Teil des Systems. Für das System ist die Person als Rollenträger relevant. Die reguläre Kommunikation im System ist auf Rollen bezogen. In einer Hochschule begegnen sich auf der Interaktionsebene Studierende und Lehrende als Rollenträger. Die Rolle gewährt Orientierung, was angemessen/nicht angemessen ist, was kommuniziert/nicht kommuniziert werden kann oder soll und worauf die gegenseitigen Erwartungshaltungen gerichtet sind. Um Vollinklusion beispielsweise für Studierende zu schaffen, braucht es geeignete Angebote, etwa das Subsystem Beratungsstelle. Ebenso erlauben bestimmte Seminartypen vollinklusive Elemente, beispielsweise im Kontext von Reflexion, Selbsterfahrung oder Kultureller Bildung.

Zusammenfassend lässt sich folgern:

Im Rahmen von professionell begleiteten Prozessen der Persönlichkeitsbildung und von Hilfeprozessen steht das Subjekt im Mittelpunkt: Bedürfnisse, Anliegen und Wünsche, Sichtweisen, Probleme, Lebensbedingungen. Eine Bildungs- und Hilfepraxis, die auf Persönlichkeitsentwicklung ausgerichtet ist, braucht ein hohes Maß an Sozialintegration alias Vollinklusion, damit sich die Teilnehmenden auf Bildungs- und Entwicklungsprozesse einlassen können.

Wenn, wie weiter oben ausgeführt, Inklusion qualitativ verstanden werden soll, dann spielt in diesem Zusammenhang Sozialintegration eine bedeutende Rolle. Gleichzeitig spielt sie in Bezug auf Inklusion keine unabdingbare Rolle. Um beides zu integrieren, brauchen wir das systemtheoretische Konstrukt nicht zu verlassen. Mit den Begriffen *Teilinklusion* qua Rolle (Mitglied, Arbeitnehmer, Leitung etc.) und *Vollinklusion,* die auf Sozialintegration bezogen ist, lässt sich mit Luhmanns Grundansatz ein komplementäres Modell entfalten. Komplementär bedeutet, dass sich Inklusion zwischen den Polen Teilinklusion und Vollinklusion vollzieht. Im Zwischenraum der Pole ergeben sich die Entfaltungsspielräume, die von subjektiven Bedürfnissen und Möglichkeiten wie auch den Bedingungen des sozialen Systems abhängen. In der kulturellen Arbeit steht die Person im Mittelpunkt, sodass es gilt, vollinklusive Aspekte konzeptionell zu berücksichtigen. Keinesfalls geht es um ein Entweder-oder, entweder Vollinklusion oder Teilinklusion, sondern um eine inklusive Vielfalt. Dass diese für die Professionellen und für alle Beteiligten mehr oder weniger herausfordernd sein kann, muss nicht eigens betont werden.

Das bisher Gesagte macht deutlich: Inklusion bezieht sich nicht lediglich auf die Möglichkeit des formalen Zugangs in Regelsysteme. Inklusion ist auch kein Selbstzweck, sondern geht einher mit Bedürfnissen, Freiheit und Freiwilligkeit wie auch mit systemfunktionalen Möglichkeiten und Logiken.

Verknüpfen wir die grundsätzliche systemtheoretische Herangehensweise mit qualitativen Anforderungen, so stellt sich in einem nächsten Schritt
die Frage, was das eigentlich zielführende Moment von Inklusion im Sinne
der Teilhabe tatsächlich ist.

Als Richtziel und zur Spezifizierung der Teilhabe lässt sich der Begriff
der *Lebensqualität* heranziehen (vgl. Miller 2012). *Inklusion* lässt sich beschreiben als Voraussetzung für die *Teilhabe* an den materiellen und immateriellen Ressourcen eines Systems und für Partizipation. Erst Inklusion ermöglicht die Teilhabe und ein Beteiligtwerden, indem Menschen auf für sie
wichtige Güter und Ressourcen zugreifen, indem sie sich bedürfnisgerecht
entfalten, ihre je spezifischen Ressourcen einbringen, mitgestalten und Verantwortung übernehmen können. Teilhabe, so lässt sich formulieren, richtet
sich auf die Stärkung und Verbesserung der *Lebensqualität*. Wolfgang Maaser ist zuzustimmen, wenn er sagt, dass Teilhabe noch zu unspezifisch ist,
und dass erst mit der Kategorie der Lebensqualität die Qualität des Eingebundenseins erfasst werden kann (Maaser 2010, S. 34 f.). Erst über den Begriff der Lebensqualität lassen sich Aussagen über die Qualität der konkreten
Teilhabepraxis treffen. So gesehen sind Inklusion und Teilhabe Voraussetzung für Lebensqualität.

Abb. 1: Inklusion – Teilhabe – Lebensqualität

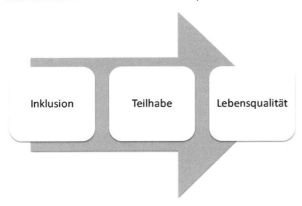

Quelle: Eigene Darstellung.

Der Begriff der *Lebensqualität* ermöglicht, die eher unspezifischen Begriffe
Inklusion und *Teilhabe* zu konkretisieren. Lebensqualität ist kein statischer
Begriff, sondern ein prozessualer, der Verwirklichungschancen voraussetzt
(vgl. Sen 2007). Der Begriff der Lebensqualität korrespondiert mit Bedürfnis-
konzepten (zum Beispiel Maslow 2002). Stichworte dazu sind: eine Existenz
sichernde Grundlage, gute Ernährung, zumutbare Unterkunft, ökologische

Umweltqualität, Erholung, Schlaf, Ruhe, Bewegung, Sicherheit, gesundheitliche Versorgung, Zugehörigkeit und tragfähige Beziehungen, Unterstützung, Intimität, Lernen, Bildung, Entfaltung von Talenten und Interessen, schöpferisches Tun, Perspektiven, Selbstwert und Selbstwirksamkeit, Lebensbewältigungskompetenz, Freude, Engagement und Lebenssinn.

Zusammenfassend lässt sich festhalten:

Der hier verwendete systemtheoretisch fundierte Inklusionsbegriff ist weit gefasst und bezieht sich auf alle Zielgruppen. Im Zentrum stehen Teilhabe und Lebensqualität auf der Basis von Bedürfnissen sowie Grund- und Menschenrechten. Inklusion fokussiert

- die Werteebene (Menschenrechte, Partizipation),
- die gesellschaftliche Ebene (Funktionssysteme),
- die operative Ebene (Organisationen, Netzwerke),
- die Interaktionsebene (Gruppe) und
- die Subjektebene (Bedürfnisse, Kompetenzen, Haltung).

Inklusion/Exklusion verweisen auf die Relevanz/Nichtrelevanz von Personen für ein System. Individuen brauchen Kompetenzen und Chancen, um den jeweiligen Inklusionsregeln gerecht zu werden. Systeme wiederum hemmen die Inklusionschancen oder sind ihnen förderlich aufgrund von Strukturen, Leitbildern und Haltungen ihrer Mitglieder. Auf der Interaktionsebene gibt es mit Blick auf das Subjekt bestimmte Spielarten der Inklusion/Exklusion: faktische und gefühlte, freiwillige und unfreiwillige, gewollte/nicht gewollte, förderlich empfundene oder als belastend empfundene Inklusion/Exklusion. Gradmesser von Inklusion ist die Kommunikation.

Inklusion ist nicht Selbstzweck, sondern ist an qualitative Voraussetzungen gebunden. Inklusion ist Voraussetzung für Teilhabe und Partizipation, die mithilfe von Bedürfniskategorien auf eine verbesserte Lebensqualität zielen. Inklusion vollzieht sich zwischen den Polen Teilinklusion und Vollinklusion. Die Herausforderung in der konkreten Umsetzung ist die Ausbalancierung von individuellen Bedürfnissen, Differenz sowie konzeptionellen und rationalen Logiken. Letztere können behindernd als Barrieren und strukturelle Behinderungen auftreten oder sich als förderlich erweisen. Die Ausbalancierung von Bedürfnissen und Differenzen kann herausfordernd sein und zwar dort, wo bestimmte Bedürfnisse, Kulturen und Milieus, Altersgruppen und Geschlechter aufeinandertreffen.

Zurück zu **These** 1: *Ein systemtheoretisch gefasster Inklusionsansatz in der theaterpädagogischen Theorie und Praxis stärkt das professionelle Handeln, insbesondere die Wahrnehmung, die Selbstreflexion und die professionelle Haltung im Umgang mit Vielfalt, Differenz und Teilhabe.*

Der hier aufgezeigte systemtheoretische Begriffszugang bietet ein Basiskonzept im Umgang mit Inklusion, deren Dimensionierung und Spielarten. Inklusion vollzieht sich im Prozess zwischen den Polen Teil- und Vollinklusion und lässt sich aus verschiedenen Perspektiven betrachten: Die professionelle Perspektive, die Teilnehmerperspektive, die Systemperspektive. Alle diese Perspektiven in den Blick zu nehmen und aufeinander abzustimmen ist eine professionelle Aufgabe wie auch Herausforderung. Die theoretische Kompetenz im Umgang mit Inklusion stärkt die dazu erforderliche Wahrnehmungs-, Reflexions- und Handlungskompetenz der Professionellen. Dazu gehören ebenso kritische Reflexionen und Handlungsstrategien in Bezug auf Fragen hinsichtlich Kompetenzanforderungen und -überforderungen und strukturellen Zumutungen.

4   Dimensionen einer inklusiven theaterpädagogischen Praxis

Im Folgenden soll die besondere Dimension mit Blick auf Inklusion für die theaterpädagogische Praxis herausgearbeitet werden. Selbstverständlich kann dies aufgrund der vielfältigen theaterpädagogischen Ausrichtungen und Gattungen nur allgemein erfolgen. Ziel ist es, die Ausführungen so zu gestalten, dass für die Professionellen ein Transfer in die Praxis anschlussfähig wird.

Inklusion aus systemtheoretischer Sicht lässt sich auf vier Ebenen dimensionieren:

- Auf der *Makroebene* geht es um die Inklusion in Funktionssysteme.
- Auf der *Mesoebene* geht es um die Inklusion in formal organisierte Systeme wie auch in Netzwerke.
- Auf der *Mikroebene* (Interaktionsebene) geht es um die Inklusion in die Gruppe und das Praxisprojekt.
- Auf der *Subjektebene* geht es um eine inklusive Haltung.

Alle Ebenen sind aufeinander bezogen und bedingen einander. Bevor im Folgenden auf die einzelnen Ebenen näher eingegangen wird, ist es interessant danach zu fragen, in welchem Funktionssystem (Makroebene) die Theaterpädagogik anzusiedeln ist. Infrage kommen verschiedene Funktionssysteme:

Erziehung/Bildung, Kunst sowie das Funktionssystem Hilfe (Soziale Arbeit). Im Funktionssystem Erziehung/Bildung wird die Theaterpädagogik mehr in ihrer pädagogischen und schulischen Bedeutung in den Blick genommen, beispielsweise im Rahmen des Faches Deutsch. Das Dramatische Spiel dient

Abb. 2: Dimensionen von Inklusion

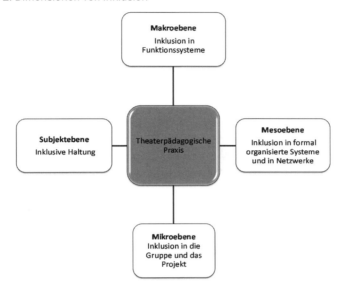

Quelle: Eigene Darstellung.

insbesondere dazu, die Schüler und Schülerinnen in die Kunst und Kultur einzuführen. Im Funktionssystem Kunst dreht es sich mehr um die Frage, wie mithilfe der Theaterpädagogik junges Publikum für das professionelle Theater gewonnen werden kann. Im Funktionssystem Hilfe hat die Theaterpädagogik lebensbegleitende und alltagsstärkende Funktion. Das Thema Teilhabechance und Unterstützung von Benachteiligten steht im Zentrum. So gesehen lässt sich die Theaterpädagogik innerhalb des Konzepts der funktionalen Differenzierung als Querschnittaufgabe verschiedener Funktionssysteme verorten.

Eine andere Perspektive ergibt sich, wenn theaterpädagogische Zielformulierungen paradigmatisch betrachtet werden (vgl. Streisand et al. 2005). In den 1970er Jahren war das politische Paradigma führend, insbesondere geprägt durch das Konzept des „Theater der Unterdrückten" von Augusto Boal. Theaterpädagogik hat in diesem Verständnis gesellschaftsverändernden, ja sogar revolutionären Charakter. In den 1980er Jahren erfolgte der *subjektbezogene* Turn. Der Blick konzentrierte sich auf das Individuum, sein biografisches Gewordensein, sein Innensein. Diese Richtung verfolgt einen persönlichkeitsbildenden, teils auch therapeutischen Zugang. In den 1990er Jahren folgte dann der kunstästhetische Turn. Die Kunst rückte nun ins Zentrum. Ulrike Hentschel (2000/2010), eine der ProtagonistInnen, geht davon aus, dass die Kunst nicht pädagogisch instrumentalisiert werden dürfe, dass dies auch nicht notwendig sei, da Kunst in sich genügend subjektive Lernprozesse bereitstelle. Mühsam waren die Diskurse dort, wo sie polarisiert waren und mehr oder weniger bornierte Rechtfertigungen für die eine oder andere Richtung herangezogen wurden, und wo die Synergien zwischen den verschiedenen Zugängen aus dem Blick geraten sind.

Ist im Rahmen der theaterpädagogischen Fachdiskurse häufig der Eindruck entstanden, dass die Auffassungen, Ziele und Vorgehensweisen der Theaterpädagogik einer pädagogischen, politischen oder ästhetischen Rechtfertigung bedürfen, wird durch das Konzept der Funktionssysteme deutlich, dass Auffassungen über Theaterpädagogik auch an das Funktionssystem gebunden sind, aus denen heraus Ziele und Auffassungen formuliert werden. Die Funktionssysteme prägen die professionellen Ansprüche dahingehend, ob sie mehr pädagogisch, politisch, kunstorientiert oder helfend ausgerichtet sind. Grob lässt sich sagen: Die pädagogischen und helfenden Ausrichtungen fokussieren neben ihren spezifischen Zugängen stärker die Person in ihrer Persönlichkeitsentwicklung. Im Mittelpunkt stehen Identität, Verantwortung, Selbstbestimmung und Emanzipation. Die kunstorientierte Richtung will Menschen eher für die Kunst gewinnen und für die Kunst begeistern. Der pädagogisch-schulische Zugang zeigt eine Schnittstelle zur Kunst mit dem Ziel des Kunstverstehens und der Einführung in die künstlerische Praxis. Funktionssysteme und die Organisationen, die sich von dorther strukturieren, definieren ihre jeweiligen theaterpädagogischen Zielrichtungen. Dabei entstehen hybride Formen des sowohl-als-auch: Pädagogik plus Kunst oder Kunst plus Soziale Arbeit. Potenziell entstehen Synergien zwischen künstlerischen, (sozial-)pädagogischen und gesellschaftspolitischen Zugangsweisen. Bereits der Begriff der Theaterpädagogik spiegelt eine Hybridität. Vor dem Hintergrund des Konzepts einer funktionalen Differenzierung braucht es keine Grundsatzentscheidung mehr, ob eher pädagogisch oder kunstorientiert zu arbeiten ist. Vielfalt in den Zugängen ist angesagt.

In der weiteren Reflexion geht es nun um die verschiedenen Systemebenen, die eine inklusive theaterpädagogische Praxis beeinflussen. Die Ausführungen untermauern die erste These und sollen das professionelle Handeln mithilfe von Leitfragen unterstützen.

These 2: *Ein systemtheoretisch fundierter Inklusionsbegriff unterstreicht die verschiedenen Geltungsansprüche von Subjekt, Theaterkunst, Publikum und professionellem Handeln, die es zu unterscheiden und reflexiv aufeinander abzustimmen gilt.*

4.1 Funktionssystemebene

Die Qualität von Inklusion auf der Projektebene hängt davon ab, inwieweit Inklusion von den übergeordneten Systemebenen förderlich oder hemmend beeinflusst wird. Auf der Funktionssystemebene stellt sich die Frage, ob gesellschaftlich und politisch eine inklusive Praxis im Bereich Kultureller Bildung gewünscht und gefördert wird, wenn ja: wer und was wird gefördert, wer/was nicht? Hier zeigen sich dann erste Problematiken, beispielsweise, dass Kulturelle Bildung womöglich vorrangig auf Kinder und Jugendliche bezogen ist und weniger auf Erwachsene und ältere Menschen, die in Bezug auf Kulturelle Bildung wenig gefördert werden.

Flüchtlingspolitiken und -gesetze auf nationaler und EU-Ebene heben aufgrund eines ungesicherten Aufenthaltsstatus im Einzelfall, beispielsweise bei unbegleiteten minderjährigen Flüchtlingen, Bedürfnisse nach einer sicheren Existenz, Bildung und Zukunftsperspektiven aus. Die konkrete theaterpädagogische Arbeit ist davon mehr oder weniger betroffen, sei es durch subjektive Befindlichkeiten und Krisen der Betroffenen, wie auch durch Unsicherheiten für die Gruppe und das Projekt, indem unklar bleibt, wie lange die unbegleiteten minderjährigen Flüchtlinge am Projekt teilhaben können.

Fragen dazu lauten insbesondere:

- Welche Zielgruppen werden gefördert, welche nicht?
- Welche Zielgruppen werden besonders eingeschränkt, behindert, benachteiligt?
- Welcher Entwicklungsbedarf und Handlungsbedarf ist auf der gesellschaftlichen Ebene gegeben?

4.2 Formal organisierte Ebene und Netzwerkebene

4.2.1 Formal organisierte Systeme

Damit Inklusion in der ästhetischen Praxis gelingt, braucht es in den formal organisierten Systemen, also in den Anbietersystemen für die kulturellen

Projekte, barrierefreie Strukturen. Diese beziehen sich nicht nur auf architektonische Belange, sondern ebenso auf Leitbilder, Routinen und Konzepte. Möglicherweise sind Ressourcen für Assistenzen und besondere Unterstützungsangebote wie Sprachkurse oder Abholdienste bereitzustellen. Möglicherweise braucht es Wissen und Fortbildungen für die Leitungskräfte und die MitarbeiterInnen, um eine inklusive Haltung und Kommunikation herauszubilden. Die strukturellen Systemanforderungen sind Voraussetzung für eine inklusive Projektpraxis. Es braucht nicht nur Ressourcen und Kompetenzen im organisierten System. Das System an sich muss sich als lernende Organisation verstehen. Aus systemtheoretischer Sicht sind Strukturen eher zeitstabil und zeigen Veränderungsresistenzen. Inklusion muss anschlussfähig sein an die rationale Logik des Systems und muss einen funktionalen Sinn machen. Förderlich kann ein Erwartungsdruck aus der Umwelt wirken, also seitens der Funktionssysteme Politik, Wissenschaft oder Massenmedien, die Inklusion als relevant kommunizieren und Forderungen stellen. Unterstützend sind auch Förderprogramme seitens der Politik. Somit: Funktionssysteme und formal organisierte Systeme sind Voraussetzung für die grundsätzliche Teilhabe an Kultureller Bildung.

Fragen dazu sind insbesondere:

- Für wen wird Inklusion im Anbietersystem möglich und für wen nicht und warum?
- Wie lauten die Inklusionsanforderungen? Für wen sind diese machbar/zumutbar nicht machbar/nicht zumutbar?
- Welche strukturellen Inklusionsbedingungen sind förderlich, welche blockierend und belastend?
- Wie ist Inklusion im System normativ und kommunikativ verankert (Leitziele, Haltung etc.)?
- Was muss sich in Bezug auf eine inklusive Praxis strukturell verändern?

4.2.2 Netzwerkebene

Neben der formal organisierten Ebene sind viele Theaterprojekte erst über eine Vernetzung wichtiger sozialer Akteure und organisierter Systeme möglich. Projektpartner können sein: Schulen, Jugend- und Wohlfahrtsverbände, Beschäftigungsprojekte, regionale und überregionale Behörden und politische Akteure, soziale Einrichtungen, Unternehmen u. a.

Funktionierende Netzwerke ermöglichen Synergien hinsichtlich fachlichem Know-how. Ressourcen, Wissen und Kontakte sind häufig Voraussetzung für das Zustandekommen von Projekten.

Fragen dazu lauten insbesondere:

- Welche Kooperationen setzt eine inklusive theaterpädagogische Praxis konkret voraus?
- Wie werden Netzwerke darauf bezogen professionell aufgebaut und gepflegt?
- Welche Ressourcen braucht es für die Netzwerkarbeit?
- Wie gelingt es, die Netzwerkarbeit weiter zu entwickeln?

4.3 Ebene der ästhetischen Praxis

4.3.1 Inklusion in die Gruppe

Die Praxisebene als operative Ebene und Interaktionsebene bezieht sich auf die konkreten Workshops und Projekte. Hier geht es um die Inklusion der Teilnehmenden in die Gruppe wie auch um kulturelle Teilhabe.

Die Gruppe ist ein Ort vielschichtiger Bedürfniserwartungen. Stichworte dazu sind: Zugehörigkeit zur Gruppe, Anerkennung und Wertschätzung, tragfähige Beziehungen, Respekt und Toleranz, biografisches und kulturelles Verstanden-werden-wollen, förderliche Kommunikation und Konfliktbearbeitung, Lernen, Bildung und Unterstützung, Entfaltung von Talenten, Kreativität leben, eigene Ideen, Anliegen, Interessen und Erfahrungen einbringen. Auf dieser Ebene ist das Erleben von Selbstwirksamkeit, Identitätsstabilisierung und -weiterentwicklung wichtig. Es geht um die Möglichkeiten des Engagements, der Partizipation und Verantwortungsübernahme, um Spiel und Freude und schließlich um eine subjektiv empfundene Sinnhaftigkeit. Insgesamt geht es um Fragen der Sozialintegration sprich Vollinklusion.

Die Gruppe ist Lern- und Erfahrungsraum. Sie wirkt im positiven Fall unterstützend und erlaubt vielfältige förderliche Entdeckungs- und Reibungsmöglichkeiten. Im negativen Fall herrschen Einengung und Ausgrenzung, blockierende Subgruppenbildungen und ein wenig wertschätzender Umgangsstil. Eine inklusive Gruppe operiert nicht in Kategorien wie etwa Behinderte/nicht Behinderte oder Einheimische/MigrantInnen. Vielmehr wird Vielfalt als Normalität gesehen, in der es Gemeinsames wie auch Differenz gibt, Überschneidungen und Überlagerungen von Bedürfnissen und Erfahrungen wie auch vollkommen unterschiedliche biografische Kontexte.

Das Gesagte bedeutet keineswegs über Besonderheiten hinwegzusehen, wo diese existenziell sind. Problemspezifische Bedürfnisse und Unterstützungsbedarf sind mit hoher Sensibilität zu sondieren. Beispielsweise kann die jugendliche Freude an spielerischen Kampfszenen bei traumatisierten Jugendlichen womöglich Blockaden auslösen und zu Retraumatisierungen führen. Auch mag das pädagogische Ziel, den Weg der Jugendlichen, ihre Erfahrungen mit Ausgrenzung und Gewalt im Rahmen biografisch orientierter ästhetischer Prozesse zu bearbeiten, dort ins Gegenteil verkehren, wo Jugendliche ein hohes Bedürfnis nach Spaß und Freude haben und sich eine Nische wünschen, die von der Schwere ihrer Probleme unbelastet bleibt.

Die Berücksichtigung kulturspezifischer Bedürfnisse ist dort wichtig, wo deren Nivellierung exklusiven Charakter hätte. Gemeint sind Vorlieben, Sichtweisen, Können, Rituale und Umgangsformen.

Inklusive Theaterpädagogik zielt auf Komplexitätszuwachs durch Partizipation und Berücksichtigung von Vielfalt. Sie ist herausfordernd, weil immer wieder neue Entscheidungen getroffen werden müssen, weil der geöffnete Raum immer wieder neue Ideen generiert, die verarbeitet werden oder teils wieder verworfen werden müssen.

Fragen dazu lauten insbesondere:

- Auf welche Bedürfnisse ist besonders Rücksicht zu nehmen?
- Gibt es spezifischen Unterstützungsbedarf bei Einzelnen?
- Zeigt die Gruppe eine inklusive Kommunikation und Haltung und wird sie darin unterstützt?
- Wird in der Gruppe Inklusion thematisiert? (vgl. Tiedeken 2014)
- Werden inklusive Werte und Regeln aufgestellt und gelebt?
- Wird Vielfalt und Gleichwertigkeit gelebt?

Der professionellen Leitung kommen auf dieser Ebene zentrale Aufgaben zu, damit eine inklusive Praxis vor dem Hintergrund von Vielfalt und Differenz gelingt. Eine darauf abgestimmte Kommunikations- und Beziehungsarbeit ist notwendig und gleichzeitig herausfordernd. Die Professionellen bewegen sich in einer Vielfalt subjektiver Lebenswelten einerseits und mehr oder weniger begrenzenden strukturellen Organisationswelten und Funktionssystemwelten andererseits. So gilt es, ethische, bedürfnisorientierte und strukturrationale Prinzipien so in Einklang zu bringen, dass die ästhetische Praxis motivierend und entwicklungsfördernd wirkt und von den Teilnehmenden sinnhaft wahrgenommen wird.

4.3.2 Teilhabe an der Theaterkunst

Auf der Projektebene vollzieht sich auch die Konkretisierung der kulturellen Teilhabe. Neben der Persönlichkeitsbildung hat Kulturelle Bildung die

Aufgabe, dem Einzelnen Teilhabe am kulturellen Leben zu ermöglichen, indem er lernt, mit Kunst und Kultur umzugehen, sie zu verstehen und zu gestalten und sich kompetent damit auseinanderzusetzen (vgl. Bockhorst/Reinwand/Zacharias 2012). Theaterpädagogische Praxis ist Kulturelle Bildung im Medium der Theaterkunst. Die theaterpädagogische Arbeit bietet nicht nur einen Möglichkeitsrahmen der Selbstbildung durch Spiel, Stück, Rolle und Figur, durch das Zusammenspiel mit der Gruppe, sondern sie schafft ebenso Teilhabe an der Theaterkunst durch das Kennenlernen spezifischer Theaterformen, Spiel- und Ausdrucksformen sowie Inszenierungsmöglichkeiten, gleich ob eine Aufführung vor einem Publikum erfolgt oder ob im geschützten Rahmen gearbeitet wird.

Eine ästhetisch-künstlerische Sichtweise fordert Respekt im Umgang mit Kunst, einem Werk und den ästhetischen Mitteln. In der theaterpädagogischen Arbeit ist so gesehen nicht alles möglich, kann nicht alles einer Beliebigkeit anheimgestellt werden, sondern es geht immer auch darum, der Kunst Raum zu verschaffen. Es braucht einen roten Faden, die große Linie, klare Botschaften und Zeichen wie auch nachvollziehbare Handlungszusammenhänge. So sind manche Ideen ästhetischen Überlegungen unterzuordnen. Auch kann allein aus zeitlichen Gründen nicht jede Idee durchgespielt und realisiert werden. Die Arbeit muss voranschreiten, braucht für die SpielerInnen immer wieder neue Herausforderungen, stockt und fließt, aber die Leitung muss immer wieder versuchen, die gemeinsamen Proben mit Blick auf ein ästhetisches Reifen des Projektes ins Fließen zu bringen. Insgesamt braucht es eine stetige Ausbalancierung zwischen Kunst und Pädagogik, die sich, je nach Zielgruppe und Kontext, immer neu ausrichtet. In manchen Situationen und Entscheidungen steht dann eben mehr das Künstlerische im Vordergrund. Auch dies ist ein Lernprozess für die Spielenden. Hierzu Peter Brook: „Dann kommt ein Augenblick, in dem die Rede über Tempo, Präzision, Diktion allein wichtig ist. ,Schneller‘, ,ein bißchen mehr voran‘, ,es ist langweilig‘, ,Tempo wechseln‘ …“ (Brook 2007, S. 167).

Als Richtmaß kann gelten: Je mehr sich die ästhetische Praxis einer Öffentlichkeit aussetzt, desto mehr braucht es auch Maßstäbe der Kunst, um dem Projekt ein kunstnahes Niveau zu geben, auf das alle stolz sein können und das auch vom Publikum gewürdigt und wertgeschätzt werden kann. Insgesamt bietet das kunstnahe Arbeiten viele Lern- und Entwicklungsmöglichkeiten (vgl. Hentschel 2000/2010).

Mehr pädagogische oder mehr kunstorientierte Zugänge lassen sich aber nur in der Theorie voneinander abgrenzen. In der Praxis überlappt sich beides. Letztlich geht es um Synergien. Um auch an dieser Stelle mit Peter Brook zu sprechen: „Es gibt einen Raum für Diskussion, für Forschung …wie es auch einen Platz fürs Brüllen, Heulen und Sich-auf-dem-Boden-Wälzen gibt. Ebenso gibt es einen Platz für Entspannung, Formlosigkeit, Kumpanei, aber zugleich muß auch eine Zeit für Schweigen und Disziplin und äußerste Konzentration gegeben sein" (Brook 2007, S. 166).

Die Teilhabe an der Theaterkunst bedingt mehr oder weniger eine Begrenzung von individueller Freiheit, indem sie individuelle Möglichkeiten in Bezug auf Ideen und Ausdruck einschränkt und relativiert. Gleichzeitig erweitert sie Möglichkeiten im Verstehen und Erleben von Kunst im entsprechenden Medium. Wer Theater in seinen Ausdrucks- und Inszenierungsformen, in seiner Zeichensprache und seinen Produktionsweisen einschätzen kann, hat einen doppelten Genuss als Spieler und Zuschauer.

Fragen dazu lauten insbesondere:

- Sind die Auswahl des gewählten Genres (zum Beispiel Straßenkunst, Szenisches Spiel, Maskentheater, Improvisationstheater) und die Wahl der Inhalte zielgruppengerecht?
- Ist die methodische Arbeit zielgruppengerecht? Können alle an den Übungen und Spielen teilhaben bzw. braucht es Varianten, sodass alle teilhaben können?
- Finden die Teilnehmenden einen Zugang zum Stück, verstehen sie grundlegende Botschaften und Handlungsstränge und können eigene Interpretationen einfließen?
- Reflektieren und verstehen die Teilnehmenden den ästhetisch-künstlerischen Zugang zu einem Theaterstück, zu Rollen und Figuren, zu Inszenierungsformen und Darstellungsmöglichkeiten und zu dem gewählten theaterpädagogischen Genre?
- Sind Zeichensysteme des Theaters, Formen und Möglichkeiten der Inszenierung nachvollziehbar?
- Lässt die Ausarbeitung einer Rolle/Figur eigene Gestaltungsmöglichkeiten zu?
- Entsprechen die künstlerischen Anforderungen den Voraussetzungen der Teilnehmenden?

4.3.3 Inklusion des Publikums

Theaterpädagogische Arbeit gestaltet sich mit und ohne Publikum. Sie erfolgt entweder in experimentell geschützten Räumen oder zeigt das erarbeitete Ergebnis einem Publikum. Auch wird ggf. das Publikum, je nach Genre, in den theatralischen Prozess mit einbezogen, wie beispielsweise beim *Forum Theater* oder beim *Theater zum Leben* (Diamond 2013).

Auch das Publikum braucht Inklusionsbedingungen, was den Zugang, den Raum, die Strukturen und die Theaterkunst betrifft. Geht es beispielsweise in einem interkulturellen Theaterprojekt vorrangig darum, dass eine Aufführung gut und mit positiver Öffentlichkeitswirksamkeit über die Bühne geht, damit auch wieder Spendengelder fließen, oder ist es auch Ziel, der Öffentlichkeit einen Prozess und ein Ergebnis zu präsentieren, die eingefärbt sind durch die SpielerInnen, deren Erfahrungen und Ressourcen. Wird also auch das Publikum in qualitative inklusive Prozesse miteinbezogen? Lassen sich Lernprozesse bei wichtigen Akteuren wie Eltern, Lehrkräften, Vormündern, politisch Verantwortlichen, Betreuern, Mentoren und beim Jugendamt entfalten?[2]

Fragen dazu lauten insbesondere:

- Ist das potenzielle Publikum durch Öffentlichkeitsarbeit zureichend informiert?
- Gibt es barrierefreie Zugänge (Räumlichkeiten, Zeitstruktur, Pausen, Verkehrsanbindung)?
- Braucht es ggf. finanzielle Entlastung von Eintrittsgebühren?
- Braucht es ggf. Assistenzen?
- Braucht es Hinführungen zum Stück, damit Entstehungshintergrund und Handlungsstränge verstanden werden?
- Erfolgen theatralische Einbezüge durch das Publikum würdevoll und zumutbar?
- Kann das Publikum teilhaben am Entstehungsprozess, an den Erfahrungen der Spielenden, beispielsweise durch ein Werkstattgespräch?

4.4 Inklusion auf der Subjektebene

Wichtig in der theaterpädagogischen Arbeit ist, dass die Angebote biografisch anschlussfähig sind und dass individuelle Bedürfnisse berücksichtigt werden. Damit Inklusion individuell und auf der Gruppenebene gelingt, braucht es darüber hinaus eine inklusive Haltung der Einzelnen. Gemeint ist eine Haltung, die aus der Vielfalt schöpft.

---

2 Einen darauf bezogenen Ansatz beschreibt Michael Wrentschur (2013) am Beispiel des Projekts „Stopp: Jetzt reden wir!" von InterACT.

Fragen dazu lauten insbesondere:

- Ist aus der Selbstwahrnehmung der Teilnehmenden Inklusion erwünscht, wenn ja, mehr in Richtung Teilinklusion oder Vollinklusion?
- Fühlt sich eine Person zureichend inkludiert? Fühlt sich eine Person trotz formaler Inklusion exkludiert?
- Zeigt der/die Einzelne gegenüber MitspielerInnen eine inklusive Haltung und Kommunikation oder gibt es diesbezüglich Entwicklungsbedarf?
- Ist für alle Beteiligten ausreichend Entfaltungsraum gegeben?

Zusammenfassend lässt sich sagen:

Die hier dargelegten Ebenen der Inklusion und Teilhabe zeigen nicht nur deren Verweisungszusammenhänge auf, sondern die Ausführungen verdeutlichen ebenso die verschiedenen inklusiven Geltungsansprüche von Subjekt, Theaterkunst und Publikum auf der Ebene der ästhetischen Praxis. Hier gibt es keine glatten Lösungen, sondern Professionelle sind immer wieder herausgefordert, innerhalb dieser Geltungsansprüche zu navigieren und geeignete Ansatzpunkte zu finden, um Ermöglichungsräume für die Teilnehmenden zu schaffen, das heißt um Teilhabe und Lebensqualität zu verwirklichen.

5 Professionelle Herausforderungen

Eine inklusive theaterpädagogische Praxis setzt von professioneller Seite her nicht nur pädagogisches und ästhetisches Wissen und Können voraus, sondern es bedarf eines viel umfassenderen Blicks wie auch struktureller Handlungsweisen, um Inklusion in der ästhetischen Praxis zu fördern und zu realisieren. In der Person der theaterpädagogischen Leitung bündeln sich Anforderungsprofile hinsichtlich Inklusionsanforderungen auf den verschiedenen Ebenen. Die Professionellen bewegen sich in einer Vielfalt subjektiver Lebenswelten einerseits und mehr oder weniger begrenzenden strukturellen Organisationswelten und Funktionssystemwelten andererseits. So gilt es, ethische, bedürfnisorientierte und strukturrationale Prinzipien so in Einklang zu bringen, dass eine inklusive Praxis möglich wird.

Darüber hinaus ist die professionelle Leitung nicht lediglich Realisierungsinstanz eines pädagogisch-ästhetischen Projektes, sondern hat eigene Vorstellungen und Ideen, die sie umsetzen möchte. Sie bringt eine künstlerische und pädagogische Neugier mit, braucht für sich selbst einen kreativen

Raum, um sich zu entfalten, um zu experimentieren und um sich mithilfe der gemachten Erfahrungen weiter zu entwickeln. So gilt es eigene und fremde Idee auszubalancieren und Partizipation zu schaffen, ohne sich selbst zu stark einzuengen.

Im Zentrum einer inklusiven Praxis steht *Kommunikation*. Gleich ob Kommunikation in der Gruppe, im organisierten System, im Netzwerk oder mit dem Publikum. Eine inklusive Kommunikation ist Lernaufgabe für alle Beteiligten insbesondere für die theaterpädagogische Leitung. Sie ist Grundvoraussetzung für eine gelingende Beziehungsarbeit (vgl. Miller 2012). Wie kann man in normalisierter Art und Weise über Besonderheiten einer Gruppe und von Einzelnen sprechen, ohne gleich wieder an besonderen Merkmalen zu verweilen? Die Wahrnehmung verleitet schnell dazu, äußere, auffallende Merkmale zu thematisieren, beispielsweise Teilnehmende mit einer Behinderung oder Teilnehmende aus anderen Kulturen. Daneben gibt es Belange, die optisch nicht sofort sichtbar sind, die aber für die Betreffenden relevant sind. Eine Möglichkeit sichtbare und unsichtbare Besonderheiten zu kommunizieren wäre beispielsweise die Frage:

Gibt es individuelle Anliegen innerhalb der Gruppe, über die wir sprechen sollten, um gut damit umgehen zu können und auf die wir Rücksicht nehmen wollen? Gibt es Befindlichkeiten, über die alle Bescheid wissen sollten, um sich gut darauf einstellen zu können?

Damit wird ein Raum geöffnet, der Partizipation und Vielfalt zulässt und nicht einseitig vordefiniert, was als Besonderheit thematisiert wird. Aus der theaterpädagogischen Erfahrung stammen beispielsweise folgende Situationen:

- Eine Rollstuhlfahrerin klärte auf, dass ihr Rollstuhl zu ihrem Körper gehört und dass sie es als übergriffig empfindet, wenn sie ohne ihr Einverständnis mit ihrem Rollstuhl herumgeschoben wird. Hier brauchte es also klare Regeln.
- Ein Spieler teilte mit, dass bei Stress – er dachte an die Aufführung – entsprechende Reaktionsblockaden auftreten könnten. Er signalisierte die Angst vor einem Blackout. Von der Leitung und der Gruppe brauchte er Ermutigung, dass das so sein darf, dass Aufregung und Nervosität zum Theater gehören und dass auch die Mitspielerinnen innere Blockaden fürchten. Es wurde über Aufregung und Lampenfieber gesprochen und über geeignete Strategien.
- Eine Spielerin sagte, dass bestimmte Übungen im Warm-up aufgrund ihrer Rückenprobleme ggf. nicht möglich sind. Der Hinweis war Anlass, allen zu sagen, dass sie sorgsam mit sich umgehen, Übungen nicht überziehen und sie nicht mitmachen, wenn diese körperlich belastend sind. Das sollte aber kein Freibrief sein,

Übungen zu umgehen, die, warum auch immer, nicht so viel Spaß machen.

- Ein Erasmus-Student aus Spanien teilte in Englisch mit, dass er kaum die deutsche Sprache spricht und sie wenig versteht. Es wurde vereinbart, dass anfangs Wichtiges in Englisch gesagt wird, und dass diese Übersetzungen im Laufe des Semesters abnehmen, zumal der Student Deutsch lernen wollte und sich in einen Deutschkurs eingeschrieben hat. Begleitend wurden mithilfe von zwei Studierenden ÜbersetzerInnen gebildet, die er bei Bedarf kontaktieren konnte.
- Eine Studentin sagte, dass ihre Oma gerne zur Aufführung kommen möchte, dass sie aber aufgrund ihrer Atemprobleme möglicherweise nicht in der Lage ist, das ganze Stück durchzuhalten. Es wurde bei der Aufführung eine kleine Lüftungspause eingelegt, sodass sich die Angehörige entscheiden konnte, ob sie bleiben oder besser den Raum verlassen möchte.

Erfahrungen mit dem Publikum bei den Premierenfeiern zeigen, dass beispielsweise Behinderung und Leistung in besonderer Weise verknüpft und kommuniziert werden, etwa: *Es ist ja erstaunlich wie die behinderte Studentin gespielt hat.* Hier ist es mir wichtig, diese Verknüpfung nicht zu verstärken, sondern zu neutralisieren, etwa: *X hat einen hohen Anspruch an sich und an die gemeinsame Arbeit und war intensiv dabei.*

Kommunikation als reflexive Leistung ist eine wichtige Voraussetzung für die Metaebene. Diese ist vor allem auch dort wichtig, wo neben Persönlichkeitsentwicklung inklusive Kompetenzen für das professionelle Handeln entwickelt werden sollen. Gemeint sind beispielsweise Studierende der Sozialen Arbeit, die im Rahmen des Studiums für eine inklusive sozialpädagogische Praxis sensibilisiert und vorbereitet werden. In theaterpädagogischen Projekten sind die Studierenden somit nicht nur lernende Subjekte, sondern auch lernende angehende Professionelle. So braucht es Raum, um Inklusion mithilfe von Kommunikation und Reflexion auf der professionelle Ebene zu thematisieren und Lernmöglichkeiten zu eröffnen, damit später der Transfer gelingt.

6 Schluss

Ausgangspunkt der zwei in diesem Beitrag zugrunde gelegten Thesen ist das in einem systemtheoretisch gefassten Inklusionsbegriff liegende Potenzial für die theaterpädagogische Praxis. Der Inklusionsbegriff eröffnet für die Theaterpädagogik umfassende Perspektiven hinsichtlich Persönlichkeitsentwicklung, kultureller und sozialer Teilhabe, Vielfalt und Lebensqualität. Meines Erachtens ist dieser Blick förderlich und führt die Theaterpädagogik auf ein höheres Reflexionsniveau, was ihre Ziele und Herangehensweisen betrifft. Eine inklusive Praxis beinhaltet darüber hinaus professionelle Handlungsanforderungen auf den verschiedenen Systemebenen, was eine Herausforderung an sich darstellt. Inklusion fokussiert die *Werteebene* (Menschenrechte, Partizipation), die *gesellschaftliche* Ebene (Funktionssysteme), die *formal organisierte Ebene* (Organisationen, Netzwerke), die *Interaktionsebene* (Gruppe, Publikum), die *Subjektebene* (Bedürfnisse, Kompetenzen, Haltung) und die *ästhetisch-künstlerische Ebene*. Die genannten Ebenen gilt es aufeinander zu beziehen und im Rahmen konkreter Projekte und Vorhaben entsprechend aufeinander abzustimmen. Für die Professionellen ist dies eine stetige Herausforderung, auf die Studium, Ausbildung, und Weiterbildung vorbereiten sollten.

Literatur

Baecker, D. (1994): Soziale Hilfe als Funktionssystem der Gesellschaft. Zeitschrift für Soziologie 23, H. 2, S. 93–110.

Bockhorst, H./Reinwand, W.-I./Zacharias, W. (Hrsg.) (2012): Handbuch kulturelle Bildung. München: kopaed.

Bommes, M./Scherr, A. (1996): Soziale Arbeit als Exklusionsvermeidung, Inklusionsvermittlung und/oder Exklusionsverwaltung. In: Merten, R./Sommerfeld, P./Koditek, Th. (Hrsg.): Sozialarbeitswissenschaft – Kontroversen und Perspektiven. Neuwied et al.: Luchterhand, S. 93–119.

Booth, T./Ainscow, M. (2002): Index for inclusion. 2. Aufl. Bristol: CSIE.

Brook, P. (2007): Der leere Raum. 9. Aufl. Berlin: Alexander.

Dannenbeck, C. (2013): Was bedeutet Inklusion? Was will Inklusion? Was muss man tun, damit Inklusion gelingt? In: Deutsches Institut für Urbanistik gGmbH (Hrsg.): Mehr Inklusion wagen?! Dokumentation der Fachtagung am 22. und 23. November 2012 in Berlin. Berlin, S. 17–25.

Deutsche UNESCO-Kommission (Hrsg.) (2009): Inklusion: Leitlinien für die Bildungspolitik. Bonn.

Diamond, D. (2013): Theater zum Leben. Über die Kunst und die Wissenschaft des Dialogs in Gemeinwesen. Stuttgart: ibidem.

Hentschel, U. (2010): Theaterspielen als ästhetische Bildung. Über einen Beitrag produktiven künstlerischen Gestaltens zur Selbstbildung. Uckerland: Schibri.

Komorek, M. (2013): Mehr Inklusion wagen?! Konsequenzen für die Umsetzung in der Jugendsozialarbeit. In: Deutsches Institut für Urbanistik gGmbH (Hrsg.): Mehr Inklusion wagen?! Dokumentation der Fachtagung am 22. Und 23. November 2012 in Berlin. Berlin, S. 127–132.

Kronauer, M. (2010a): Inklusion – Exklusion. Eine historische und begriffliche Annäherung an die soziale Frage der Gegenwart. In: Kronauer, M. (Hrsg.): Inklusion und Weiterbildung.

Reflexionen zur gesellschaftlichen Teilhabe in der Gegenwart. Bielefeld: Bertelsmann, S. 24–58.

Kronauer, M. (2010b): Exklusion. Die Gefährdungen des Sozialen im hochentwickelten Kapitalismus. 2. aktual. u. erw. Aufl. Frankfurt a. M./New York: Campus.

Löffler, B. (2011): Integration in Deutschland. München: Oldenbourg.

Luhmann, N. (1980): Gesellschaftsstruktur und Semantik. Studien zur Wissenssoziologie der modernen Gesellschaft. Bd. 1. Frankfurt a.M.: Suhrkamp.

Luhmann, N. (1993): Soziologische Aufklärung 5. Konstruktivistische Perspektiven. 2. Aufl. Opladen: Westdeutscher Verlag.

Luhmann, N. (1995): Inklusion und Exklusion. In: Luhmann, N.: Soziologische Aufklärung 6. Die Soziologie und der Mensch. Opladen: Westdeutscher Verlag, S. 237–264.

Luhmann, N. (1997): Die Gesellschaft der Gesellschaft. 2 Bde. Frankfurt a. M.: Suhrkamp.

Maaser, W. (2010): Lehrbuch Ethik. Grundlagen, Problemfelder und Perspektiven. Weinheim/München: Juventa.

Maslow, A. H. (2002): Motivation und Persönlichkeit. 9. Aufl. Reinbek: rowohlt.

Miller, T. (2012): Inklusion Teilhabe Lebensqualität. Tragfähige Beziehungen gestalten. Systemische Modellierung einer Kernbestimmung Sozialer Arbeit. Stuttgart: Lucius & Lucius.

Möller, K. (2013): Kohäsion? Integration? Inklusion? Formen und Sphären gesellschaftlicher (Ein-)Bindung. In: Aus Politik und Zeitgeschichte 63, H. 13–14, S. 44–51.

Montag Stiftung Jugend und Gesellschaft (Hrsg.) (2012): Der Kommunale Index für Inklusion – ein Praxishandbuch. Verbesserter Nachdruck. Berlin.

Sen, A. (2007): Die Identitätsfalle. Warum es keinen Krieg der Kulturen gibt. 3. Aufl. München: dtv.

Stichweh, R./Windolf, P. (Hrsg.) (2009): Inklusion und Exklusion: Analysen zur Sozialstruktur und sozialen Ungleichheit. Wiesbaden: VS.

Streisand, M. et al. (Hrsg.) (2005): Generationen im Gespräch. Archäologie der Theaterpädagogik I. Berlin et al.: Schibri.

Tiedeken, P. (2014): Kunst und Inklusion – Aktive Mitgestaltung statt passiver Teilhabe. www.inklusion-online.net/index.php/inklusion-online/article/view/71/71 (Abruf 30.7.2014).

Wrentschur, M. (2013): Theaterarbeit, Partizipation und politisches Empowerment: Das Projekt „Stopp: Jetzt reden wir!" von InterACT. In: Zeitschrift für Theaterpädagogik 29, H. 63, S. 26–33.

Eine Kultur der Vielfalt

Reziprozität und Wechselseitigkeit in der Theaterarbeit der Theaterwerkstatt Bethel[1]

Ingrid Hentschel

Inklusion ist gegenwärtig eine sozialpolitisch gut begründete Forderung, mit der die bisherigen auf den Bereich der Behinderten bezogenen Modelle der Integration abgelöst werden sollen. Versteht man unter Inklusion das gelebte Miteinander heterogener und sich als heterogen verstehender Menschen mit ihren verschiedenen Fähigkeiten und Bedürfnissen, so kann die Arbeit der Theaterwerkstatt Bethel als ein Beispiel gelebter Inklusion betrachtet werden. Seit ihren Anfängen im Jahre 1983 wurden und werden eigene Wege in der künstlerischen Praxis mit und von Menschen mit Behinderungen entwickelt und erprobt. Dabei sind die konzeptionelle und theoretische, ebenso wie die künstlerisch-praktische Überprüfung der konkreten Arbeitsweisen und des eigenen Selbstverständnisses als Institution immer wieder Thema in den unterschiedlichen Forschungszirkeln und Fachtagungen, von denen die künstlerische Arbeit regelmäßig begleitet wird. Schon bevor der neue Begriff am Horizont erschienen ist, wurde und wird in den verschiedenen Arbeitsfeldern der Theaterwerkstatt Bethel inklusiv gedacht und gehandelt, aus einem Selbstverständnis heraus, das die Heterogenität der Beteiligten nicht nur akzeptiert, sondern gezielt herausfordert.

Theater der Heterogenität

Angesiedelt in den Bodelschwinghschen Stiftungen in Bielefeld im Stiftungsbereich Bethel regional, hat sich mit dem jetzigen Leiter Matthias Gräßlin ein vielfältiges Angebot von unterschiedlichen Formaten für die künstlerische

1 Dieser Beitrag ist die überarbeitete und wesentlich erweiterte Fassung eines Vortrags, den die Autorin anlässlich der Fachtagung „Das Theater der Vielfalt – Inklusive Räume" in der Theaterwerkstatt Bethel in Bielefeld am 23.11.2013 gehalten hat.

Arbeit mit Theater, Musik und Performance von heterogenen Gruppen entwickelt. Diversität sowie die Freiheit spielerischer Aktionen und Interventionen machen das durchgängige Prinzip der Theaterarbeit in den einzelnen Bereichen und Formaten aus. Das Selbstverständnis zeichnet sich durch einen radikal auf das künstlerische Experiment und die Selbsttätigkeit der beteiligten Menschen setzende Arbeitsweise aus, die immer wieder provozierend wirkt und zu kontroversen Diskussionen Anlass bietet.

Dass dieser Ansatz von Inklusion gegenwärtig geeignet ist, offene Türen einzurennen, muss nicht betont werden. Dennoch gilt es kritisch zu fragen: Wie genau wird das Miteinander und die Gegenseitigkeit von Menschen mit Behinderungen und Menschen ohne bzw. mit weniger Behinderungen gelebt? Welche künstlerischen Formen begünstigen das Miteinander des Verschiedenen? Ein Theater der Vielfalt ist ein Theater der Inklusion, aber vielleicht sollte auch die Exklusion erlaubt und möglich sein?[2] Welche Spielregeln gelten in den Begegnungen der „offenen Werkstattabende", in den Probenprozessen von Menschen mit und ohne Einschränkungen, in der Begegnung von Spielern und Zuschauern bei den Aufführungen des „Volxtheaters", im dialogischen Prozess im Verlaufe der „künstlerischen Kommunikationshilfen"? Welche Rolle spielt das Künstlerische dabei? Gibt es Qualitätskriterien, die aus der Arbeit selbst, aus der Begegnung der unterschiedlichen Menschen, Künstlern und Klienten hervorgehen und die von diesen selbst in Anwendung gebracht werden können? Welche Begriffe, welche Bezugswissenschaften sind geeignet, eine solche offene, experimentelle, sich immer wieder selbst befragende und in der künstlerischen Aktion, wie in der konzeptionellen Arbeit sich selbst aufs Spiel setzende Praxis, zu beschreiben und zu analysieren?

Vor dem Hintergrund, dass die gängigen Konzepte der Inklusion entweder eng kompetenzorientiert oder im Sinne der amerikanischen Ursprünge des Begriffs sozialwissenschaftlich weit gefasst auf die ganze Gesellschaft in ihrem Verhältnis zu Diversität und bürgerschaftlichem Engagement bezogen sind, wird ein sozialphilosophischer Ansatz gewählt, der dem bewusst weit und dezidiert unspezifisch gehaltene Inklusionsansatz der Theaterwerkstatt Bethel entspricht und geeignet ist, die künstlerische Praxis im Spannungsfeld von Sozialität und Individualität zu fassen. Ein solcher Ansatz liegt in den inter- und transdisziplinären Diskursen zu den Konzepten der

---

2   Diese Fragen stellten sich selbstkritisch retro- und prospektiv die Mitglieder der Theaterwerkstatt Bethel zusammen mit dem interdisziplinären Forschungszirkel und geladenen Fachvertreterinnen und -vertretern im Rahmen der Fachtagung im November 2013. Unter dem Titel „Das Theater der Vielfalt – Inklusive Räume" sollten sowohl theoretisch, wie künstlerisch-praktisch die Räume und das Verständnis inklusiver Modelle aktuell ausgelotet werden.

Gabe, der Gabenökonomie und des Gabentausches vor[3]. Der vorliegende Beitrag wird diese Diskussion zunächst nachzeichnen und das theoretische Konzept der Gabe als Prinzip von Wechselseitigkeit und Austausch beschreiben, das es ermöglicht, die vielfältigen dynamischen und dialogischen Begegnungen in künstlerischen Kontexten zu untersuchen. Der Fokus liegt dabei auf dem Spannungsfeld zwischen Freiwilligkeit und sozialer Verpflichtung, das für die spezifische Arbeit mit heterogenen Gruppen zentral ist. Schließlich werden vier unterschiedliche Angebote künstlerischer Praxis der Theaterwerkstatt Bethel mittels des sozialphilosophischen Konzepts der Gabe reflektiert.

Foto: Matthias Gräßlin.

Warum Theater als Gabe betrachten?

In pädagogischen, sozial- und heilpädagogischen Zusammenhängen wird künstlerische Betätigung häufig unter dem Gesichtspunkt ihrer positiven Ef-

---

3   Zu dem seit 2010 laufenden Forschungsprojekt in Kooperation von FH Bielefeld und Kunsthochschule Burg Giebichenstein Halle s. Hentschel/Moehrke/Hoffmann 2011.

fekte auf die Kompetenzen des einzelnen Klienten betrachtet. In der Theaterwerkstatt Bethel dagegen wird der Mensch mit Behinderungen als jemand wahrgenommen, der wie jeder andere Mensch auch ein Bedürfnis nach künstlerischem Ausdruck und kultureller Betätigung haben kann. Künstlerische Praxis – zu singen, zu musizieren, zu tanzen, Theater zu spielen – ist keine Arbeitstherapie, keine Ergotherapie. Sie ist eine angemessene Möglichkeit der Partizipation und der Lebenstätigkeit. Das wird häufig in sozial- und heilpädagogisch ausgerichteten Kontexten vergessen. Künstlerische Betätigung ist nicht in erster Line zweckgerichtet, auch wenn sie Effekte haben mag und in vielen Projekten haben soll. Künstlerische Praxis entspricht unserer anthropologischen Verfasstheit. Spiel, Gesang und Darstellung sind Äußerungsformen der kulturellen Sphäre menschlicher Existenz und gehören damit zu einem guten lebenswerten Leben.[4]

Denkt man über die Relevanz ästhetischer Praxis im Rahmen inklusiver Konzepte nach, so gilt es zunächst einmal das Bedürfnis nach kultureller künstlerischer Betätigung als ein selbstständiges zu akzeptieren. Teilhabe heißt im vollen Umfang eben auch, die Möglichkeit sich unabhängig von Diagnosen und Therapieplänen im Bereich von Kunst und Kultur zu bewegen, und – wenn der Wunsch besteht – sich auch dort aktiv zu betätigen.

Als einen solchen Ort begreift sich die Theaterwerkstatt Bethel in Bielefeld. Ihr Ansatz ist grundsätzlich akzeptierend und nicht regulierend. Sie will Menschen Raum für künstlerische Aktivitäten bieten.

„In der Theaterwerkstatt Bethel finden alle künstlerisch interessierten Menschen, ohne jegliche Voraussetzungen, Gelegenheit und fachliche Unterstützung für ihre Theaterarbeit. Unterschiedliche offene Angebote wie Werkstattabende, Workshops oder themenbezogene Projekte bieten individuelle Zugänge. Die offene Arbeitsweise ermöglicht eigene künstlerische Entfaltung im Zusammenspiel mit Anderen."[5]

---

4 Vgl. beispielsweise die „Allgemeine Erklärung zur kulturellen Vielfalt" der UNESCO, die von der 31. UNESCO-Generalkonferenz im November 2001 in Paris verabschiedet worden ist und auf folgendem Hintergrund die Partizipation an den Angeboten von Kunst und Kultur fordert: „Artikel 1 – Kulturelle Vielfalt: das gemeinsame Erbe der Menschheit. Im Laufe von Zeit und Raum nimmt die Kultur verschiedene Formen an. Diese Vielfalt spiegelt sich wieder in der Einzigartigkeit und Vielfalt der Identitäten, die die Gruppen und Gesellschaften kennzeichnen, aus denen die Menschheit besteht. Als Quelle des Austauschs, der Erneuerung und der Kreativität ist kulturelle Vielfalt für die Menschheit ebenso wichtig wie die biologische Vielfalt für die Natur. Aus dieser Sicht stellt sie das gemeinsame Erbe der Menschheit dar und sollte zum Nutzen gegenwärtiger und künftiger Generationen anerkannt und bekräftigt werden …" (www.unesco.de/443.html, Abruf 12.8.2014).

5 www.theaterwerkstatt-bethel.de/index.php/konzept.html (12.8.2014).

Wiewohl stets im Bereich Behindertenhilfe in den Bodelschwingschen Stiftungen angesiedelt, knüpft die Arbeit nicht an den traditionellen Konzepten der Behindertenhilfe an. Die Teilnehmer der verschiedenen Angebote werden nicht als „Behinderte", als hilflose, therapie- und eingliederungsbedürftige Menschen betrachtet. Da von der grundsätzlichen Verschiedenheit ausgegangen wird, nehmen die Experten, die professionellen Künstler, mit denen die Werkstatt arbeitet, die Spielleiter und Musiker keine grundsätzlich andere Rolle und Position ein. Insofern war der Gedanke der Inklusion für die Theaterwerkstatt konzeptionell schon realisiert, ehe er am Horizont erschienen ist.

Was Reinhard Markowetz in seiner kritisch würdigenden Auseinandersetzung mit dem Inklusionsbegriff schreibt, kann durchaus als Arbeitsbeschreibung der Theaterwerkstatt Bethel gelten:

> „Inklusion basiert also auf einem Menschenbild, das die ausschließliche Normorientierung unserer Gesellschaft am Gesunden und Vollhandlungsfähigen aufhebt und die Unterschiedlichkeit der einzelnen Menschen als zum Menschsein notwendig zugehörig und damit als Variante von ‚Normalität' begreift. Verschiedenheit wird dabei als eine Bereicherung des menschlichen Lebens und des Zusammenlebens der Menschen gewertet" (Markowetz 2014, S. 9).

Der an einem weit gefassten Begriff von Normalität orientierte Ansatz der Theaterwerkstatt Bethel mit dem radikalen Verzicht auf Differenzierungen ist es, der dazu herausfordert, den im Rahmen des Forschungsprojekts „Konzepte der Gabe in der Gegenwartskunst" (vgl. Hentschel/Hoffmann/Moehrke 2011) entwickelten Ansatz, sozialphilosophische Theoreme der Gabe und der Gabenökonomie auf das Selbstverständnis künstlerischer Praxis in sozialen Feldern zu beziehen und auch für die Untersuchung der als inklusiv titulierten Arbeit der Theaterwerkstatt Bethel in Anwendung zu bringen.

Die Auseinandersetzung mit dem „Modus der Gabe" (ebd.) kann in Anbetracht der beständig steigenden Zahl partizipativer Projekte in der Kulturellen Bildung, aber auch im etablierten Kunst- und Kultursystem durchaus paradigmatischen Charakter annehmen. Der Boom von künstlerischen Projekten, die sich in sozialen Feldern ansiedeln und mit sozialpolitischen Wirkungsabsichten bzw. bisweilen auch lediglich Wirkungswünschen bewegen, während sie zugleich einen dezidierten Kunstanspruch formulieren, verlangt nach neuen Begriffen, die geeignet sind, das Feld zwischen Autonomie und sozialer Verpflichtung zu erfassen (Hentschel 2011, S. 16 ff.). Die sozialphilosophischen Konzeptionen des Gabentheorems mit ihrem Akzent auf Austausch, Wechselseitigkeit und sozialer Bindung scheinen geeignet, ein für die Beteiligten nachvollziehbares Kriterium gelungener bzw. gelingender Kommunikation im künstlerischen Projekt zu bieten[6].

Gabe – Wechselseitigkeit zwischen Freiheit und Verpflichtung

Die Diskussion um die Bedeutung der Gabe, des Gabetheorems sowie der Gabepraktiken wird in Frankreich schon seit langer Zeit intensiv und zunehmend mit politischer Akzentuierung geführt, während sie in Deutschland vor allem im theologischen Kontext Bedeutung erlangt hat. In dieser interdisziplinären Debatte, in die sozialwissenschaftliche, ethnologische, philosophische, theologische und ästhetische Aspekte eingegangen sind, hat das Geben als besondere Kategorie geradezu eine paradigmatische Bedeutung mit dem Akzent auf neue und ungewöhnliche Perspektiven auf unsere, von der Warenökonomie bestimmten Gesellschaft erlangt. Angesichts zunehmender gesellschaftlicher Ungleichheit und Desintegration scheint das Gabetheorem

> „ein Potential für den gesellschaftlichen Orientierungsdiskurs bereitzuhalten. Insbesondere stellen die gegenwärtig an Brisanz gewinnenden gesellschaftlichen Konflikte, sozialen Desintegrationsphänomene, die Globalisierungseffekte, die Zunahme und Konsolidierung eines bedeutsamen Anteils der Gesellschaft, der für Konsum und Arbeitsmarkt schlichtweg ‚überflüssig‘ erscheint, fruchtbare Anwendungsfelder für das Gabetheorem dar – besonders wenn sich der Diskurs auf die Anerkennungsproblematik öffnet …" (Kaufmann 2013, S. 7 f.).

Den Referenz- und Ausgangspunkt der Diskussion stellt das 1924/25 erstmalig erschienene Werk des französischen Soziologen und Ethnologen Marcel Mauss mit dem Titel: „Die Gabe. Form und Funktion des Austauschs in archaischen Gesellschaften" dar.

Das Werk ist Teil einer umfangreichen Untersuchung, die Mauss über den „Bereich des Vertragsrechts" und das „System der wirtschaftlichen Leistungen" zwischen den Gruppierungen sogenannter primitiver, bzw. archaischer Gesellschaften, vor allem in Polynesien, Melanesien und Nordwestamerika anstellte. Im Zentrum der Debatte, die sein folgenreicher Essay angeregt hat, steht die Bedeutung der Gaben, Geschenke und Spenden für die Ausbildung von Solidarität, Verpflichtung und Gemeinschaft. Die sozialin-

---

6   Wie dieser Aspekt in Evaluationen zum Tragen kommen könnte, wäre zukünftig zu überlegen.

tegrative Wirksamkeit der Gabe ist es, die das gegenwärtig wachsende Interesse von Seiten sozial und kulturwissenschaftlicher, wie sozialphilosophischer Forschungen begründet.[7]

Was aber ist die Gabe als Ausgangs- und Angelpunkt der Debatte? Ob lästig oder nicht, kommerziell oder individuell positiv besetzt: Der Austausch von Geschenken ist eine soziale, eine Kulturen übergreifende, transkulturelle Erscheinung. Gegenseitige Gaben helfen in allen uns bekannten Gesellschaften, die sozialen Bindungen zu strukturieren. Die Soziologie befasst sich unter dem Begriff der Gabe mit den Phänomenen von Reziprozität und Gegenseitigkeit, mit den Fragen der sozialen Bindungen und der elementaren Vergesellschaftung. Prozesse des Gebens und Nehmens, der Gegenseitigkeit, soziologisch gesprochen, der Reziprozität, sind konstitutiv für jede Form der Gesellschaft. Hier ist an Formen der familialen Hilfe, der nachbarschaftlichen Unterstützung, an Pflege und Fürsorge, an alle Prozesse, die auf Gegenseitigkeit und Vertrauen beruhen, zu denken.[8]

Die Gabe beschreibt die Verflechtung von Freiwilligkeit und sozialer Verpflichtung, eine Gemengelage, die wir in kulturellen, vor allem aber in theatralen, auf praktischem Austausch und Kooperation beruhenden Projekten und Prozessen vor uns haben, und die in ihrer Bedeutsamkeit selten in den Blick genommen wird. Der Potlatch der frühen Völker an der amerikanischen Nordwestküste, den Mauss eingehend beschrieb, ist das bekannteste System des Gabentauschs. Hier erstaunte die Ethnologen, dass sich die Beteiligten nicht bereichern wollten, sondern sich sogar im Weggeben wertvoller Gegenstände, bis hin zur Vernichtung ihres Reichtums, überboten. Damit aber verpflichteten sie, so erschloss sich den Forschern, die anderen Stammesgruppen später Gleiches zu tun, die Gaben zu erwidern und sich ihrerseits zu verausgaben.

Der Potlatch stellt nur die extreme agonale Funktion von Austauschbeziehungen dar, die in anderen untersuchten Völkern ähnliche Merkmale aufweisen. Indem eine Familie, eine Gruppe einer anderen etwas gibt: wertvollen Schmuck, Gebrauchsgegenstände, aber auch Nahrung, wie sie auf gemeinsamen Festen verzehrt wird, verpflichtet sie die andere Gruppe, diese Gaben anzunehmen. Die Annahme eines dargebotenen Gegenstands, einer Leistung, einer Geste abzulehnen, bedeutet bis heute in unseren westlichen

---

7   Vgl. etwa den jüngsten Band des Journals für Religionsphilosophie 2/2013 mit dem Titel Gabe – Alterität Anerkennung.

8   Auch der alltäglicher Sprachgebrauch verweist auf die Bedeutung des Gebens: Dinge sind gegeben, Bilder und Darstellungen geben etwas wieder, wir haben eine Aufgabe, wir machen Abgaben, wir vergeben jemandem und uns etwas, wir ergeben uns …, auch die Hingabe gehört hierher. Das Spiel kann fortgesetzt werden mit dem Begriff „nehmen", wie annehmen, vernehmen, entnehmen, benehmen usw.

Gesellschaften einen Affront. Insofern erkannten Mauss und die ihm nachfolgenden Forscher, dass es sich bei den Gaben nicht nur um materielle Dinge handeln könne. Ihnen haftet sozusagen etwas an, das er bei näherer Befassung mit der Frage fast geneigt war, als eine Art von Magie zu beschreiben. Die Gabe veranlasst dazu entgegen genommen zu werden und – nun kommt das Moment der weiteren sozialen Verpflichtung dazu – auch erwidert zu werden.

Dem empfundenen und häufig nicht begründbaren Zwang, eine Essenseinladung zu erwidern, auf ein entgegengenommenes Geschenk irgendwann – hier kann durchaus eine zeitliche Verzögerung eintreten, ja es muss sogar eine zeitliche Verzögerung eintreten, sonst ist es gar keine Gabe mehr – mit einem Geschenk/einer Gegengabe zu reagieren, kann sich kaum jemand entziehen. Woher – so fragte der Soziologe Mauss – kommt dieser eigenartige Zwang, die Verpflichtung, die der Gabe innewohnt, sie zu erwidern? Diese Frage hat eine große Zahl von Wissenschaftlern beschäftigt, und sie tut es bis heute. Mauss selbst schreibt dem Gegenstand, wie auch die Eingeborenen, ein Hau, ein Mana, eine magische Kraft zu. Der Philosoph Paul Ricœur (Ricœur 2006) erkannte mit Marcel Hénaff (Hénaff 2009), dass es nicht etwas drittes ist, keine göttliche Macht, kein Mana, sondern die Beziehung zwischen Gebenden und Nehmenden selbst, die diesen verpflichtenden Prozess von Geben-Nehmen-Erwidern in Gang bringt: Es handelt sich beim Geben und beim Annehmen um Prozesse der gegenseitigen Anerkennung. Indem ich etwas annehme, anerkenne ich die Person, indem ich gebe, investiere ich Vertrauen bis hin zum Risiko.

Neben dem Dreiklang der Gabe Geben – Nehmen – Erwidern, stellten die Anthropologen ein weiteres Merkmal der Gabenökonomie fest, das in der Diskussion leicht vernachlässigt wird, das aber vor allem auch für die Beziehung der Kunst zur Gabe wichtig ist. Es wurde festgestellt: Der Kreislauf zwischen Geben-Nehmen-Wiedergeben darf nicht unterbrochen werden: Die Gabe muss zirkulieren, sonst entsteht den Erfahrungen der untersuchten Gemeinschaften zufolge Unglück. Im Rahmen der Gabepraktiken mit ihrer zeitlichen Verzögerung kann der dritte Teil des Aktes, das Erwidern auch in einem Weitergeben, beispielsweise an andere oder spätere Mitglieder eines Clans bestehen.

Der Akt der Erwiderung muss nicht unmittelbar erfolgen, dann würde es sich um einen direkten Tausch handeln: ein Buch für eine CD oder einen Blumenstrauß. Ein Geschenk wird es erst dann, wenn zwischen den Akten von Geben, Nehmen und Erwidern eine Zeitspanne eintritt, und wenn bei aller empfundenen Verpflichtung der Charakter von Freiwilligkeit gewahrt bleibt. Bei den von Mauss untersuchten Gesellschaften konnte diese Zeitspanne sogar eine ganze Generation lang reichen, aber die Erwiderung muss erfolgen. Wenn der Kreislauf der Gaben, die Zirkulation ins Stocken gerät,, so sind nach Auffassung der von Marcel Mauss (1974) untersuchten Gesellschaften Krankheit, Krieg und Unglück die Folge. Man kann es auch zeitgemäß fassen: wo die Gaben gehortet, in Tresoren verschlossen, dem gesellschaftlichen Prozess entzogen werden, entsteht Unglück. Wer seine Talente, seine Fähigkeiten und sein Potenzial ein Leben lang unter Verschluss hält und nicht entfalten kann, wird krank.

Was und wie gibt die Kunst?

Um ein häufiges Missverständnis auszuräumen: Geben im Sinne der Gabentheorien bedeutet nicht Selbstlosigkeit. Für die Position einer radikalen selbstlosen Gabe als Inbegriff einer ethischen Relation steht Jacques Derrida (Derrida 1993), der betont, dass die Gabe nicht aus dem Kalkül etwas wieder zu bekommen gegeben wird. Das reine Geben ist zwar in der Wirklichkeit unmöglich – ohne Absichten, Wünsche, Erwartungen funktioniert Kommunikation nicht – aber absichtsvolle, kalkulierte Geschenke verfehlen ihren Zweck als Geschenk und werden zum Mittel.

Die Gabe ist ein paradoxes Phänomen, sie lässt sich im Bereich des „Dazwischen" lokalisieren: Sie verbindet die Mitglieder einer Gemeinschaft im Austausch von Geschenken, ihr kommt als Gegenstand ein besonderer, nicht im Materiellen aufgehender Wert zu. Als Gabe und Geschenk ist ein Gegenstand immer mehr als das, was er als bloßes Ding und Objekt darstellt. An die Zwischenposition von Materiellem und immateriell Symbolischem der Gabe knüpfen Künstler an. Aufführungen, aber auch Bilder, Texte und andere Werke sind weder bloß Gegenstände der äußeren Realität, noch bloße Phantasmen, weder vollständig der Lebenswelt, aber auch nicht der immateriellen Sphäre des Denkens und Phantasierens zugehörig: Kunstwerke sind in Raum und Zeit lokalisierbar und gehen doch immer wieder über sie hinaus, das rückt sie in die Nähe der Gabe.

Ein Kunstwerk ist erfahrbar in der realen Zeit. Es ist an realen Orten lokalisiert, und als von lebendigen, im Hier und Jetzt anwesenden Menschen erfahrbar, und dennoch: kommen ihm – wie Hans-Georg Gadamer in seiner Philosophie der Kunst (Gadamer 1977, S. 54 ff.) ausgeführt hat – besondere Qualitäten zu: Es ist das Zeitgefühl der Dauer, das sie verleihen, eine Wahrnehmung, die dem Spiel und dem Traum verwandt ist und den Rezipienten aus den alltäglichen Bezügen herausheben kann, eigene Intensität und Zeitlosigkeit erleben lässt. Ästhetische Erfahrung findet dann statt, wenn die Dinge aus ihren gewohnten Funktionszusammenhängen herausgelöst und in all ihren Qualitäten wahrgenommen werden können. Sie sind dann erfahrbar in ihrer „Eigenzeit", wie Gadamer (vgl. Gadamer 1977, S. 55 ff.) es nennt.

Wenn sich Künstler mit einer Sache beschäftigen, dann wollen sie den Dingen ihr Eigenrecht rückerstatten, das was sie für sich selbst sind, um es dann dem Publikum zugänglich zu machen, zu übergeben.

Diese besondere Erfahrungsform der Kunst ist es, die Lewis Hyde (vgl. Hyde 1979) dazu veranlasste, die Kunst als eine Gabe zu bezeichnen, als etwas, das zwar wie eine Ware gehandelt werden kann, aber anderen, als den warenförmigen Prozessen unterliegt. Im gegenwärtigen Prozess der Ökonomisierung von Dienstleistungen sowie des Bildungs- und Sozialwesens[9], erscheint es immer selbstverständlicher, den Menschen als homo oeconomicus zu betrachten, als Person die nach Vorteil und Gewinn strebt, die „haben" will. Wenn immer mehr Bereiche des Lebens auf der Basis wirtschaftlicher Leistungen betrachtet und vor allem berechnet werden, stellt es eine Herausforderung dar, an die These des amerikanischen Wissenschaftlers Lewis Hyde zu erinnern, dass die Kunst eine Gabe ist, keine Ware (auch wenn sie auf dem Kunstmarkt gehandelt wird), sondern kategorial als Geschenk zu betrachten wäre.

Was Menschen dazu antreibt sich künstlerisch zu betätigen, ist in der Regel nicht die Aussicht auf materiellen Gewinn. Wenn von Selbstausbeutung der Akteure in der Kulturszene die Rede ist, trifft dies nur die materielle Seite ihres Engagements. Was sie beispielsweise nach endlosen Proben und Mühen, für die sie meistens keinen oder doch nur geringen Lohn erhalten, „gewinnen", folgt einer anderen Logik als der berechenbaren von Gewinn und Verlust. Es ist wenig bekannt und wird allerdings gegenwärtig im Rahmen der Kritik am ausufernden Kapitalismus, an der globalen Finanzwirtschaft immer häufiger wieder in die Debatte gebracht: Unterhalb der wirtschaftlichen Warenökonomie ist eine Art von Ökonomie wirksam, so sieht es der Wirtschaftshistoriker Karl Polanyi, die nicht nach den Gesetzen des Habens und Gewinnstrebens funktioniert, die aber eine Warenwirtschaft erst ermöglicht. Es handelt sich dabei um eine Gaben-Ökonomie, die auf Austausch und Wechselseitigkeit von nicht bezahlten und vielleicht auch nicht bezahlbaren Leistungen beruht (vgl. Polanyi 2001). „Die Allgegenwart von Geben und Nehmen im gesellschaftlichen Leben bildet eine Art ‚Unterstruktur unserer Gesellschaft' in Analogie zur Unterstruktur eines Teppichs: Im Regelfall unsichtbar, aber zugleich unverzichtbar" (Kaufmann 2013, S. 6).[10] In Nachbarschaften und in der Familie verhalten und erleben sich Menschen

---

9   Zum Begriff der Ökonomisierung vgl. den Überblick von *Manuel Arnegger* und *Christian Spatschek* „Der Begriff der Ökonomisierung im Kontext der Sozialen Arbeit – Die Vermessung eines umkämpften Terrains", in: Arnegger et al. 2008.
10   Kaufmann zitiert hier Rosenberger 2006, S. 219.

als Gebende. Früher war das in der Pflege, der Fürsorge, in Bildung und Erziehung ebenfalls der Fall, und ist es unterhalb und neben den offiziellen Dienstleistungen bis heute. Aber die Haltung nachbarschaftlicher Hilfe wird durch die neoliberalen Wirtschaftsstrategien zunehmend erschwert.[11] Auch die Kunst, so die These von Lewis Hyde, gehört in eine Ökonomie der Gaben. Hier geben Menschen zum Teil alles, wie man alltagssprachlich sagt. Sie verausgaben sich als Künstler und ermöglichen es dem Publikum bzw. den Rezipienten, von ihnen Erfahrungen zu empfangen, die nicht in Geld zu berechnen sind[12].

Die Theaterwerkstatt Bethel – künstlerische Praxis durch Austausch und Wechselseitigkeit

Theater kann als ein dreifacher Raum der Gabe beschrieben werden: in der Interaktion der Spieler, in der Begegnung mit den Zuschauern und in dem, was die Künstler der Gesellschaft geben. Das Verhältnis von professionellen Akteuren und Laien wird gegenwärtig in zahlreichen partizipativen Projekten neu gefasst und verändert. Die Einbeziehung von nicht-professionellen Akteuren steht auf der Tagesordnung, Kunst wird zunehmend als „Ort kultureller Teilhabe" verstanden, Laienchöre wirken in Theaterinszenierungen mit, Zuschauer werden als „Experten des Alltags" in Inszenierungen einbezogen, Biografien von Mitbürgerinnen und -bürgern dienen als Material für theatrale, künstlerische und performative Formate. In all diesen Formaten der Mitwirkung und Partizipation stellt sich die Frage nach der Wechselseitigkeit und ihrer ethischen Dimension. Hier scheint manchmal ein Qualitätskriterium per se vorzuliegen, das weitere Nachfragen obsolet erscheinen lässt. Aber: Ist Wechselseitigkeit und Anerkennung auch da drin, wo Partizipation draufsteht? Bisweilen drängt sich der Eindruck auf, dass die Laien auf den Bühnen nur mitwirken dürfen, um einem müden Kunstbetrieb neues, vermeintlich authentisches Blut zuzuführen, eine Art Vampirismus, der einer einseitigen Logik folgt. Gerade im Theater mit behinderten Darstellern wird

---

11 So sieht sich beispielsweise die gegenseitige Hilfeleistung von Bergbauern und Handwerkern dem Verdacht der Schwarzarbeit ausgesetzt.

12 „Im Kunstwerk zeigt sich eine dem Künstler eigene hohe seelische Vitalität, an der die Gesellschaft teilnimmt, wenn sie das Kunstwerk rezipiert. Kunst ist demnach nur dann belebend, wenn der Künstler dem Geschenk seiner Begabung treu bleibt. Der Zweck der Begabung besteht nicht darin, für den Markt zu produzieren – wenngleich das Kunstwerk dann doch dort landet. Und dieser Spagat markiert den Doppelcharakter der Kunst zwischen Gabe und Ware, eine nie zu schließende Kluft; die Reflexion des Verhältnisses zwischen Kunstwerk und Welt wird so eben auch in und durch die Kunst ausgetragen" (Bauerle-Willert 2011, S. 70).

entgegen der Inszenierungsabsicht die Rezeption von Seiten der Zuschauer häufig doch durch die Differenz zwischen Darstellern mit Behinderung und solchen Akteuren ohne (sichtbare) Behinderungen beeinflusst.

In den sozialphilosophischen Konzepten der Gabentheorie und -ökonomie bilden die Prozesse von Reziprozität, Austausch und Gegenseitigkeit das Zentrum, von daher bieten sie sich an, um Qualitätskriterien im Sinne eines ethisch fundierten Austauschs zu formulieren. Im Folgenden wird der Versuch unternommen, die Kriterien von Gegenseitigkeit und Reziprozität auf einige Formate der Theaterwerkstatt Bethel zu beziehen und zu erkunden, in wieweit die Theaterwerkstatt Bethel als ein Ort des Gebens, des Nehmens und Weiter-Wiedergebens im Sinne der Gabentheorie und Gabenökonomie beschrieben werden kann.

Den folgenden Ausführungen liegen Beobachtungen und Erfahrungen der Autorin auf der Basis der Aktionsforschung wie der teilnehmenden Beobachtung zugrunde, sowie weiterhin Berichte und Selbstbeschreibungen von Beteiligten.[13]

Die Praxis der „Verschreibungen"

Die Praxis der „Verschreibungen" ist ein nicht festgelegtes Format, mit dem Proben und Workshops in der Theaterwerkstatt Bethel begonnen werden. Die Übungspraxis der „Verschreibungen" kann als paradigmatisch für die Arbeitsweise und die Kommunikationsformen in der Theaterwerkstatt Bethel gelten. Sie sieht vor, dass ein Teilnehmer/eine Teilnehmerin A dem/der anderen etwas gibt: eine Übung, eine Massage, einen Bewegungsvorschlag, von dem er/sie meint, dass diese „Verschreibung" vergleichbar einer Medizin wohltuende Wirkung entfalten wird. Vertrauensvoll nimmt B den Vorschlag, die Übung, die Handlung oder Massage an, lässt sich überraschen, lässt sich ein, um dann dem anderen selbst etwas zu „verschreiben", von dem er/sie meint, dass A es bräuchte und es ihm/ihr gut täte. Unzweifelhaft handelt es sich hier um Prozesse des Austauschs, des Gebens, Annehmens, Erwiderns oder Weitergebens, wenn die Verschreibungen dann durch Wechsel der Partner an andere Personen C, D, E, F fortgesetzt werden. Hier wird eine Arbeitshaltung etabliert, die grundlegend für das inklusive Selbstverständnis ist. Wichtig ist in diesem Zusammenhang auch eine stete Aufforderung des

---

13 Die Ergebnisse wurden einzelnen Akteuren vorgestellt, allerdings bisher nicht systematisch ausgewertet. Das Gabentheorem wurde als Beschreibung der Praxis von Spielerinnen und Spielern positiv aufgenommen.

Spielleiters Matthias Gräßlin, mit demjenigen Partner unter den Anwesenden in Kontakt zu treten, der einem am fremdesten erscheint, mit dem man am wenigsten gemeinsam hat. Das intensiviert den Austausch, die Wechselseitigkeit des Gebens und Nehmens von Berührungen, Anregungen und Aktionen. Die Erfahrung etwas zu haben, was man anderen geben kann, ist gerade für Menschen, die sich als gesellschaftlich ausgegliedert und in Institutionen als Empfänger von Pflege- und Hilfeleistungen behandelt werden, bereichernd, aktivierend und beglückend. In ihr wird Anerkennung als Anerkennung des Anderen virulent (vgl. Ricœur 2006).

Das „Volxtheater"

Das „Volxtheater" ist eine Theaterform, die auf öffentliche Aufführungen ausgerichtet ist. Die Stücke entstehen aus Bildern, Texten, Szenen, die nach Maßgabe persönlicher Perspektiven mittels improvisatorischer Verfahren entwickelt werden. Die Akteure des Volxtheaters kommen aus unterschiedlichen gesellschaftlichen Bereichen zusammen, von der Studierenden über den Angestellten bis zum Manager wird Diversität geschätzt. Mit dabei sind stets Menschen mit besonderen Bedürfnissen bis hin zu Schwerstbehinderten aus den verschiedenen Einrichtungen in Bethel, die allerdings in der Gruppe keinen Sonderstatus genießen. Die Stücke des Volxtheaters sind häufig Montagen aus Tanz, Theater, Musik und Performance, einmal in Form einer Revue, dann als Collage, Performance, Straßentheater oder in liturgischer Form.[14] Die Arbeitsweise ist folglich nicht anders als in vergleichbaren theaterpädagogischen Projekten.

Vor dem Hintergrund der Gabediskussion betrachtet, stellt sich die Frage: Welche Funktion haben die eigenen Lebenserfahrungen, die von den Beteiligten eingebracht und öffentlich vorgeführt bzw. kommuniziert werden?

---

14 Die Inszenierung wird in allen Präsentationsformen durch ein hohes Maß an Fragmentarität bestimmt. Sie lassen Raum für einzelne auch kleine Elemente, die von Seiten der Spieler/Akteure eingebracht werden. „Ein konkreter Körper, seine Stimme, die Eigenarten der Bewegung, der Geste und des Sprechens bestimmen die entstehende künstlerische Form ebenso, wie die Art des eigenen Denkens und des sozialen Handelns. Die Konfrontation mit den eigenen Möglichkeiten und Grenzen verstärkt die Auseinandersetzung mit in den Mittelpunkt gerückten Themen und korrespondiert mit Objekten, Texten, Bildern, Musik, und dem eigenen Material anderer Spielerinnen und Spieler. Die mitwirkenden professionellen Künstlerinnen und Künstler bringen darüber hinaus ihr künstlerisches Fachwissen ein und unterstützen weniger erfahrene Mitwirkende in ihren Ideen" www.theaterwerk statt-bethel.de/index.php/Volxtheater.html (Abruf 11.6.2014).

Der Leiter Matthias Gräßlin schreibt:

> „Das Zusammenspiel aller Beteiligten beruht auf einem einfachen Kontrakt. Alle Akteure bringen ihre Lebenserfahrungen und Ideen als eigenes und persönliches Material in den Prozess ein. Sie investieren Zeit und Lebenskraft. Dafür finden sie Gelegenheit zur öffentlichen Wirkung und Partizipation und einen Ort ästhetischer Reflexion von eigenen Themen und Anliegen" (Gräßlin 2008a, S. 13).
>
> „Das gemeinsame Stück entsteht in einem komplexen Wechselspiel zwischen eigenen Formideen und denen anderer. Das eigene, ggf. private Material, wird durch die gemeinsame Bearbeitung zum Material der Gruppe. Es wird transformiert und damit zu einer allgemeingültigen, unabhängig von der Person des Ideengebers lesbaren Form" (ebd.).

Im Hinblick auf die Kriterien von Austausch und Wechselseitigkeit ist hier nicht die Menge gefragt, sondern die Qualität. Jede/r bringt ein, was ihm/ihr entspricht. Keinem wird etwas abverlangt. Freiwilligkeit ist eine Basiskategorie in der Theaterarbeit wie in der Gabenökonomie. Obwohl oder gerade weil jede/r sich freiwillig einbringt, entsteht Gemeinschaft und Verpflichtung. Es ist keineswegs beliebig, was geschieht. Es handelt sich um ein komplexes System von Austauschbeziehungen, von Reziprozität, das in einer Videografie oder in einer introspektiven Selbstbeschreibung deutlich gemacht werden könnte[15]. Bezogen auf den Theaterprozess schreibt Kristin Westphal mit Verweis auf Robert Waldenfels:

> „Nehmen bedeutet dann kein An-sich-nehmen, sondern ein Auf-sich-nehmen und Über-nehmen. ‚Der fremde Anspruch gibt etwas zu sagen und zu tun, nicht etwas zu haben oder zu verzehren.'[16] Das geht im Theater mit der Haltung einher: Ich gebe, indem ich nehme, und ich nehme, indem ich gebe" (Westphal 2011, S. 79).

Der Austausch zwischen den Spielern/Performern des Volxtheaters ist sowohl freiwillig, als auch verpflichtend, aber in jedem Falle: sozial verbindend und verbindlich. Die Balance zwischen den Austauschprozessen, die ein hohes Maß an spielerischer Freiheit bis hin zum Risiko beinhalten, scheint zu jener besonderen, bisweilen entgrenzt anmutenden Atmosphäre beizutragen, die die Aufführungen der Theaterwerkstatt Bethel kennzeichnet.

---

15 Hier steckt der Forschungsprozess noch in den Anfängen. Bisher wurden im Rahmen des Forschungszirkels die räumlichen Beziehungen im Format der „Offenen Werkstattabende" der Theaterwerkstatt Bethel von Angela Quack videografisch aufgezeichnet und interpretiert. Eine Publikation von Matthias Gräßlin (Hrsg.) ist in Vorbereitung.

16 Das interne Zitat: Waldenfels 1984, S. 614.

Spieler/innen und Zuschauer/innen

Die Aufführungen der Theaterwerkstatt Bethel, sowohl die Performances wie die Inszenierungen des „Volxtheaters", folgen im Rezeptionsprozess dem Wechselspiel zwischen Spielern und Zuschauern, wie es generell in theatralen Aufführungen zu finden ist: das konkrete räumliche Arrangement von Bühne und Zuschauerraum bestimmt die vorrangig auf Blicken beruhende, teils stumme, teils auch hör- und sichtbare Anteilnahme bis hin zur Aktivität der Zuschauer. Eine Theateraufführung als ein immer wieder aktuell sich im Hier und Jetzt vollziehendes Geschehen zwischen Spielern und Zuschauern gehorcht den grundlegenden Paradigmen des Theaterspiels: Sehen und Gesehen werden, Hören und Gehört werden. Ein Vorgang, der bei näherer Betrachtung als Wechselseitigkeit der entstehenden Rückkopplungsschleifen beschrieben werden kann, als ein gebendes Nehmen und nehmendes Geben. Die Zuschauer spenden ihre Aufmerksamkeit, sie fühlen, denken, spielen mit, wenn auch vielfach unsichtbar, im Stillen, so doch aktiv und intensiv.

In Anlehnung an Waldenfels Theorie der Responsivität formuliert Kristin Westphal:

> „Waldenfels verfolgt das Anliegen, das Geben als ein antwortendes Geben zu untersuchen, das über jede Ordnung hinausschieße. Entscheidend ist in dieser Theorie, dass er in Anlehnung an Mauss die Aufmerksamkeit auf den Akt des Gebens im Sinne eines Antwortgebens lenkt. Und *en passant* verweist er auf den für uns interessanten Gedanken, dass es bereits im Griechischen der Schauspieler sei, der ursprünglich als ‚Antworter' auftrete[17]. Ein wichtiges strukturelles Merkmal ist das zeitliche Nacheinander des Tauschvorganges von Geben, Nehmen und Erwidern. Es macht aus der Gabe eine *Vorgabe*, einen *Vorschuss*. Nicht einen Vorschuss an Geld, sondern an Vertrauen. Niemand kann sicher sein, ob das Geschenk vom Anderen angenommen und erwidert werde" (Westphal 2011, S. 78).

Das Risiko, ob das Spiel, das Stück, die Inszenierung vom Publikum angenommen wird, ist jedem Theaterspieler bekannt. In den bisweilen riskant provozierenden Aufführungen der Theaterwerkstatt Bethel entstehen aber auch auf Seiten den Besucher und Zuschauer riskante Situationen. Die Spieler und Darstellerinnen sprechen die Zuschauer direkt an, sie suchen den körperlichen Kontakt, den direkten Respons. Allerdings bleiben sie (fast) immer innerhalb der vorher erarbeiteten fiktiven Figur. Diese Figur ermöglicht die Distanz zwischen Spieler/Performer und Rolle, sie ermöglicht es auch dem Zuschauer, sich nicht privat, sondern im Rahmen des angebotenen

---

17 Waldenfels 1994, S. 595.

Spiels zu verhalten. Die mit ästhetischem, spielerischem und künstlerischem Handeln verbundenen Differenzerfahrungen tragen wesentlich dazu bei, dass die lebensgeschichtlich erworbenen Beschränkungen des Alltagsbewusstseins durchbrochen bzw. erweitert werden können[18]. Spielerische Akte eröffnen einen Möglichkeitsraum. Im „Potential Space" (vgl. Winnicott 1973), der durch die Elemente von Fiktion, Gestaltung und Figur geschaffen wird, können andere ungewohnte Erfahrungen stattfinden. Spiel und Theater überschreiten den gegebenen Horizont von Spielern und Zuschauern.

> „Ein weiteres strukturelles Moment, das dem Akt des Gebens inhärent ist, scheint uns ebenso wichtig im Zusammenhang unserer Frage nach dem theatralen Austausch. Jede Gabe verkörpert einen *Überschuss*. Sie geht über das Geschuldete hinaus und überschreitet das Maß des Verwertbaren als Vergeudung oder Verausgabung" (Westphal 2011, S. 79).

Das Moment des Überschusses und der Überschreitung kann einer Aufführung den Charakter eines Festes verleihen, indem die Anwesenden durch intensive Teilhabe die Erfahrung der Communitas (vgl. Turner 1989), der gemeinschaftlichen Verbundenheit machen.

„Künstlerische Kommunikationshilfen": Austausch von Bewegungen und Zeichenhandlungen

Das Angebot der „Künstlerische Kommunikationshilfen" der Theaterwerkstatt Bethel unterstützt Menschen mit Behinderungen wieder Kontakt zu ihrer Umgebung aufzunehmen und ihre Interessen selbst zu vermitteln und zu vertreten. Das Ziel besteht darin, auf der Basis eigener Kompetenzen und Ausdrucksmittel zur Horizonterweiterung beizutragen und neue Lebensqualität durch aktive Teilnahme am Leben mit Anderen zu ermöglichen[19]. Carolin Länger beschreibt ihre Einzelarbeit im Rahmen mit einem durch Autismus eingeschränkten Partner als einen Prozess wechselseitiger Resonanzformen, die sich zwischen ihr als der Künstlerin und dem jungen Klienten ergeben und gestaltet haben.

---

18 Allerdings sollte man die Wirkungen einer so verstandenen Theaterarbeit auf die Zuschauer nicht überschätzen. Das spielerische „Als ob" von Figur und Szene kann zu einer Offenheit ermutigen, garantieren kann es sie nicht.

19 Vgl. www.theaterwerkstatt-bethel.de/index.php/kuenstlerische-kommunikationshilfen.html (Abruf 1.8.2014).

„Es handelt sich um einen Austausch von Bewegungen und Zeichenhandlungen, Lauten und Klängen, die zu sehr präzisen Wahrnehmungen und Kommunikationsangeboten auf beiden Seiten führen" (Länger 2008, S. 15 f.).

Diese Arbeit basiert hochgradig auf Reziprozität und Prozessen von Austausch und Wechselseitigkeit. Es geht nicht nur darum, Wahrnehmungs- und Bewegungsstimuli anzubieten und Wirkungen festzustellen. Die Arbeit ist getragen von einer Haltung der Anerkennung, die ein spielerisches Miteinander ermöglicht. Mit der Gabe der Aufmerksamkeit reagiert sie auf die Bewegungen des Partners, auf seine Ortswechsel, sie imitiert seinen Schritt, seine Hüpfer, bis ein Zusammenspiel entsteht zwischen ihm und ihr, ihren und seinen Bewegungen und etwas gemeinsames sich ereignet, etwas tanzähnliches. Wie in jedem richtigen Spiel gibt es in diesem Prozess Vorsichtiger Annäherung, Kontaktaufnahme und Zusammenspiels kein Subjekt und kein Objekt, keinen Macher und kein Ziel, keinen Zweck, kein Hinziehen zu etwas, kein Training:

Es geht darum, einen ästhetischen

„Dialog zu finden: Wie geht ein Miteinander? … Man bietet voller Hingabe an und wird zahllos durch Nichtreaktion und Nichtbeachtung aus dem Feld geworfen. Welche Koexistenz wird ertragen? Ein Fallstrick, der dabei entstehen kann, ist zum Beispiel in Aktivismus/Animation zu verfallen und fortlaufend mehr oder weniger interessante Spielangebote zu machen. Die Alternative besteht darin, gefühlt endlose Passagen, ‚nichts' zu tun. Dann wird es überraschend" (Länger 2008, S. 131).

„Die Prinzipien des ‚Spiels' sind dementsprechend: Die Zweckfreiheit des gemeinsamen Tuns und die Offenheit der Begegnung. Es wird keine bestimmte Absicht verfolgt, damit ein Impulsfeld wachsen kann: ‚in Aktion und Reaktion, in den Wiederholungen, im teilnehmenden Beobachten schwingt etwas von der Gemeinsamkeit, die zwischen den Einzelprozessen entsteht. Wenn es glückt, entsteht etwas ‚Drittes' das mehr ist als die Addition der Einzelbewegungen.'" (Länger 2008, S. 132).

In Bezug auf die Haltung von Gegenseitigkeit und ehrlichem Interesse, die im Format der „Künstlerischen Kommunikationshilfen" gefordert ist, hat die Theaterwerkstatt gerade mit Künstlern als therapeutischen Laien produktive Erfahrungen zu verzeichnen. Von der ergebnisoffenen Haltung angefangen, bis hin zu den notwendigen – an Verfahren der spielerischen und theatralen Improvisation geschulten – Kompetenzen der Schauspieler/Theaterpädagogen/Performer/Musiker handelt es sich dabei um ein dezidiert künstlerisches Angebot. Hier die Prozesse der Wechselseitigkeit genauer zu dokumentieren und in den Blick zu nehmen, wäre ein Desiderat zukünftiger

Forschung, dem allerdings durch die Intimität und Nähe des Austauschs methodische Grenzen gesetzt sind.

Foto: Matthias Gräßlin.

Theater als Raum der Gabe

Die verschiedenen Formate der Theaterwerkstatt Bethel basieren auf einem Selbstverständnis der jeweiligen Interaktionsformen der beteiligten Spieler/ Performer/Akteure, das den Prinzipen von Reziprozität und Wechselseitigkeit folgt. Das Angebot von Seiten des Forschungsprojekts der Fachhochschule Bielefeld, die Arbeit vor dem Hintergrund des Gabetheorems und der Gabenökonomie zu beschreiben, wurde von den Beteiligten positiv aufgenommen. Hier ist ein Forschungsansatz entwickelt, der es ermöglicht, den Gedanken der Inklusion als ein Miteinander des Verschiedenen auf der Basis ethischer Anerkennung sozialphilosophisch zu akzentuieren und konkret zu untersuchen. Der Theaterarbeit als einer auf Interaktion beruhenden „Gemeinschaftskunst" kommt dabei eine besondere Rolle zu. Theater beruht auf spielerischen Prinzipien, die ohne Freiwilligkeit und Freiraum der Beteiligten nicht denkbar sind. Eine substantielle Vorstellung von Freiheit ist nötig, um den Inklusionsgedanken nicht neoliberal den Kontroll- und Disziplinarfunktionen der Gesellschaft zu überantworten (Winkler 2010, Abschnitt 5).

Inklusion unter dem Vorzeichen einer Ökonomie der Gabe heißt:

- jeden Menschen als potenziell Gebenden zu betrachten und anzusprechen.
- anzunehmen, was er/sie geben will.
- den Einzelnen in Bezug auf die Gemeinschaft und das gemeinsame Potenzial zu betrachten.
- im Annehmen – Erwidern – Wieder/Weitergeben gegenseitige Anerkennung zu erfahren.
- die Verausgabung, Verschwendung und den Genuss der gemeinsam erfahrenen Energien als den eigentlichen sozialen Reichtum zu verstehen.

Der letzte Punkt verweist auf ein Moment, das im Kontext der pädagogischen und soziologischen Diskussion um die Gabe häufig vernachlässigt wird, und das hier zum Schluss noch anzuführen wäre: die Freude.

Das Vergnügen der Großzügigkeit

Marcel Mauss beobachtete und betonte bei seinen Forschungen die Freude und das Vergnügen an der Großzügigkeit zu geben. Schon bei kleinen Kindern, die ja als abhängig von der Fürsorge der Eltern, vieles annehmen müssen, was Erwachsene ihnen zudenken, ist die immense Freude zu beobachten, die aufkommt, wenn sie selbst geben, indem sie beispielsweise eine andere Person füttern oder ihr Lieblingsspielzeug ohne Berücksichtigung des materiellen Werts, für den sie kein Verständnis haben, weggeben.

Eine Kultur der Großzügigkeit, des Gebens ist in den westlichen Gesellschaften weitgehend unbekannt.[20] Das Streben nach Zweckmäßigkeit und Nutzen ist habitualisiert, und so wird auch mit den künstlerischen Leistungen der Theaterwerkstatt Bethel kalkuliert: sie sollen dazu dienen, die Kompetenzen der Menschen mit Einschränkungen zu erhöhen, zu erweitern, sie

---

20 Im Rahmen der Konzepte der Commons, des Gemeineigentums und des damit zusammenhängenden Gemeinsinns spielen die Theoreme der Gabe eine Rolle. Vgl. etwa die Nobelpreisträgerin Elinor Ostrom; Ostrom, E. (1999): Die Verfassung der Allmende. Jenseits von Staat und Markt. Tübingen: Mohr Siebeck (im Original: Ostrom, E. (1990): Governing the Commons. The Evolution of Institutions for Collective Action. Cambridge/New York/Victoria: Cambridge University Press). Siehe auch Helfrich, S./Heinrich Böll Stiftung (Hrsg.) (2009): Wem gehört die Welt? Zur Wiederentdeckung der Gemeingüter. München/Berlin: oekom.

müssen sich sozusagen auszahlen durch möglichst messbare und evaluierbare Resultate. Sie sollen, „etwas bringen", wie alltagssprachlich formuliert wird. Und das tun sie auch, allerdings in einer anderen als der berechenbaren Ökonomie.

Was Marcel Hénaff bezogen auf den Austausch von Geschenken formuliert, kann auf die Sphäre der kulturellen Güter, zu denen die Künste gehören, bezogen werden[21]. „Die bei besonderen Gelegenheiten (Festen, Begegnungen, Hochzeiten) – [und hier wäre das Theater zu ergänzen, I. H.] – ausgetauschten Güter haben keinerlei ökonomische Bedeutung und spielen auch keine ökonomische Rolle; sie sind dazu bestimmt, einander anzuerkennen, zu ehren, zu verbinden; sie werden während der Feier verzehrt oder gehen wieder in den Kreislauf der Gaben ein. Sie bekunden Großzügigkeit, Wohlwollen, verleihen Ansehen und gewährleisten Beziehungen, können jedoch nicht in eigennütziger Weise behalten oder investiert werden, ohne dass die Anerkennung zerbricht. Sie befinden sich strikt außerhalb des Kreislaufs des Nützlichen und Profitablen" (Hénaff 2009, S. 36).

Die Aufführungen und Begegnungen der Theaterwerkstatt Bethel berühren immer wieder als Erfahrungsraum, der die Logik des Kalküls, des Habens, des Bezahlens und Berechnens durchbricht. Besucherinnen und Besucher erfahren einen Raum des Überschusses, in dem Möglichkeiten, Gaben, Gegebenheiten ins Spiel und aufs Spiel gesetzt werden. In Anlehnung an Marcel Mauss' berühmte Formulierung lässt sich dieser Raum als einer beschreiben, in dem der Reichtum menschlicher Vielfalt zirkuliert, vermehrt und verzehrt wird und immer wieder neu entsteht.

Literatur

Arnegger, M. et al. (Hrsg.) (2008): Soziale Arbeit und Ökonomisierung, Uckermark: Schibri.

Bauerle-Willert, D. (2011): Die Gabe. Eine kunstwissenschaftliche Annäherung. In: Hentschel, I./Hoffmann, K./Moehrke, U. H. (Hrsg.): Im Modus der Gabe. Theater, Kunst, Performance in der Gegenwart. Bielefeld: Kerber, S. 46–63.

Därmann, I. (2010): Theorien der Gabe. Zur Einführung. Hamburg: Junius.

Derrida, J. (1993): Falschgeld. Zeit geben I. München: Hanser.

Gadamer, H.-G. (1977): Die Aktualität des Schönen. Kunst als Spiel, Symbol und Fest. Stuttgart: Reclam.

Gräßlin, M. (Hrsg.) (2008): Das eigene Theater. Die Theaterwerkstatt Bethel als Raum für künstlerische Entfaltung. Bielefeld: Bethel-Verlag.

---

21 Zum Zusammenhang von Gabe und kulturellen Gütern vgl. Iris Därmann. Kulturell ist „dasjenige, was gegeben, genommen und erwidert, was übergeben, übertragen, wieder-, weiter- und fortgegeben werden kann" (2010, S. 31).

Gräßlin, M. (2008a): Das eigene Theater. In: Gräßlin, M.: Das eigene Theater. Die Theaterwerkstatt Bethel als Raum für künstlerische Entfaltung. Bielefeld: Bethel-Verlag, S. 6–17.

Hénaff, M. (2009): Der Preis der Wahrheit. Gabe, Geld und Philosophie. Frankfurt a. M.: Suhrkamp.

Hentschel, I./Hoffmann, K./Moehrke, U. H. (Hrsg.) (2011): Im Modus der Gabe. Theater, Kunst, Performance in der Gegenwart. Bielefeld/Leipzig/Berlin: Kerber.

Hentschel, I. (2011): Warum von der Gabe sprechen? In: Hentschel, I./Hoffmann, K./Moehrke, U. H. (Hrsg.): Im Modus der Gabe. Theater, Kunst, Performance in der Gegenwart. Bielefeld/Leipzig/Berlin: Kerber, S. 16–24.

Hyde, L. (1979): The Gift. Imagination and the Erotic Life of Property. New York: Random House. (dt.: Hyde, L. (2008): Die Gabe. Wie Kreativität die Welt bereichert. Frankfurt a. M.: Fischer.)

Kaufmann, R. (2013): Gabe – Alterität – Anerkennung. In: Gabe – Alterität – Anerkennung. Journal für Religionsphilosophie, H. 2, S. 5–10.

Länger, C. (2008): Jenseits der Sprachlosigkeit. In: Gräßlin, M. (Hrsg.): Das eigene Theater. Die Theaterwerkstatt Bethel als Raum für künstlerische Entfaltung. Bielefeld: Bethel-Verlag, S. 124–132.

Markowetz, R. (2005): Inklusion – Neuer Begriff, neues Konzept, neue Hoffnungen für die Selbstbestimmung und Partizipation von Menschen mit Behinderung. http://scholar.google.de/scholar?q=Inklusion+konzepte+begriff+Markowetz&hl=de&as_sdt=0&as_vis=1&oi=scholart&sa=X&ei=AfTxU42jFfTY4QSi8YHIAw&ved=0CB4QgQMwAA(Abruf 1.8.2014).

Mauss, M. (1994): Die Gabe. Form und Funktion des Austauschs in archaischen Gesellschaften. Frankfurt a. M.: Suhrkamp.

Polanyi, K. (2001): The Great Transformation: The political and economic origins of our time. Boston: Beacon.

Ricœur, P. (2006): Wege der Anerkennung. Erkennen, Wiedererkennen, Anerkanntsein. Frankfurt a. M.: Suhrkamp.

Rosenberger, M. (2006): Keine Wahrheit ohne Bezugsrahmen. In: Rosenberger, M./Reisinger, F./Kreutzer, A. (Hrsg.): Geschenkt – umsonst gegeben? Gabe und Tausch in Ethik, Gesellschaft und Religion. Frankfurt a. M.: Peter Lang.

Turner, V. (1989): Vom Ritual zum Theater. Der Ernst des menschlichen Spiels. Reinbek: Rowohlt.

Waldenfels, B. (1994): Antwortregister. Frankfurt a. M.: Suhrkamp.

Westphal, K. (2011): Geben ohne Verpflichtung?. Eine Theorie des theatralen Austauschs – Drei Perspektiven. In: Hentschel, I./Hoffmann, K./Moehrke, U. H. (Hrsg.): Im Modus der Gabe. Theater, Kunst, Performance in der Gegenwart. Bielefeld/Leipzig/Berlin: Kerber, S. 77–87.

Winkler, M. (2010): Reflexionen und kritische Nachfragen. www.gew.de/Binaries/Binary78119/Vortrag-Winkler.pdf (Abruf 15.8.2014).

Künstlerisches Forschen und künstlerische Resonanz im Outsider-Kontext (ein Künstler-Residenzmodell für Outsider)

Potentiale für Bildung, Professionalisierung und Inklusion

Lisa Niederreiter

1 Einführung

Ohne auf die Inklusionsdebatte in diesem Beitrag eingehen zu wollen – sie wird an anderer Stelle der vorliegenden Publikation zu erörtern sein –, zu komplex wäre zudem eine ansatzweise kritische Nachzeichnung seiner bundesdeutschen Entwicklung (vgl. Theunissen, Schirbort, 2010, 13 ff), möchte ich ihm ein im weitesten Sinne kritisches Inklusionsverständnis vorausstellen. Selbstredende Inklusion, die als charmante Narration über „Stärkenperspektiven" und „diversity Konzepten" daherkommt, beinhaltet die Gefahr der Leugnung der Verstörung, die die Begegnung mit körperlich, seelisch und intellektuell beeinträchtigten Menschen mitunter auslöst, es braucht Kraft und Interesse für die Anerkennung anderer/fremder Wahrnehmungs- und Interaktionsweisen, und vielleicht braucht diese Anerkennung auch Assistenz für Nicht-Betroffene wie Betroffene gleichermaßen

Mit der systematischen Befragung Saskia Schuppners ist der positive Effekt des Kunstmachens auf Selbstbild und Identität behinderter Kunstschaffender empirisch erhoben und differenziert nachgewiesen worden (Schuppner 2007, S. 77ff), die Bedeutung ästhetischer Erfahrung und künstlerischen Ausdruckhandelns für beeinträchtigte Menschen ist interdisziplinär seit langem abgesichert. Sinnlich – ästhetische Dimensionen sind bevorzugte Wahrnehmungs- und Verarbeitungskanäle intellektuell beeinträchtigter Personen, damit stellen sie bedeutsame Wege für betroffene Menschen dar, (Selbst)bildungs- und Erkenntnisprozesse weiter zu entwickeln. Dasselbe, wenn auch aus anderen Gründen gilt für Menschen mit Psychiatrieerfahrung, deren Erleben in der Psychose von Veränderungen des Denkens und der Wahrnehmung (Derealisation, Depersonalisation) gekennzeichnet sind. Hier spielen Möglichkeiten zur Symbolisierung und zum ästhetischen Ausdruckshandeln eine große Rolle, die in obigem Sinne das Jenseitige des „Vernünftigen" zu fassen und abzubilden vermögen. Gerahmt wird „das Künstlerische Forschen für Outsider" durch die für eine aktuelle Erwachsenenbildung gültigen Prinzipien, wie sie verkürzt mit dem Lebensweltkonzept, dem Deutungsmuster- und dem Biografiekonzept (vgl. Hermann, 2009, 40) zu umreißen sind.

Als innovative Elemente im vorliegenden Projekt kann die erstmals in der Arbeit mit beeinträchtigten Kunstschaffenden systematisch eingesetzte und ausgewertete Methode des künstlerischen Forschens/der künstlerischen Resonanz sowie die Durchführung des gesamten Workshops im öffentlichen Ausstellungsraum des Museums Kunsthaus Kannen genannt werden. Eine weitere Besonderheit ist die Kombination mit dem in der Kunstszene bewährten „Residenzmodell", d.h. an den beiden Kunstworkshops nahm ein externer Outsider, hier ein Mann mit autistischer und psychischer Beeinträchtigung teil. Er, aber auch wir künstlerischen Leiterinnen, meine Kollegin Irmi Sellhorst und ich lebten und arbeiteten mit den fünf langjährig psychiatrieerfahrenen Teilnehmern der Institution für die Dauer der Workshops auf dem „Anstaltsgelände". Insofern weist die Projektanlage bereits inklusive Merkmale auf, wir begaben uns temporär in einen Bereich klassischer Exklusion, arbeiteten jedoch in dem kulturell codierten Ort eines Museums.

Die kooperierende Institution, das Kunsthaus Kannen in Münster, ist ein Museum für Outsider Kunst, das zusammen mit einer künstlerisch/ kunsttherapeutischen Werkstatt auf dem Gelände des Alexianer Krankenhauses angesiedelt ist. Diese seit 125 Jahren existierende Einrichtung psychiatrischer Versorgung verfügt über fünf Fachkliniken, 300 Betten mit stationärer und teilstationärer Unterbringung; sie liegt inmitten einer großzügigen Anlage mit Gärten, Tieren, unterschiedlichen Beschäftigungsbereichen, kleineren Wohn- und Therapiehäusern und den historischen Backsteingebäuden mit Kapelle und Friedhof.

Das Material bzw. die Objekte für das künstlerische Forschen bilden Kunstwerke von Künstlern der dortigen Sammlung und damit von Menschen, mit denen die Teilnehmer eine von Beeinträchtigung und Exklusion betroffene Biografie teilen. Vorbilder dieses Formats sind bspw. die Ausstellungsreihen „Wellenlängen" (Kunsthaus Kannen, Münster) oder „Antworten – Künstler reagieren auf die Sammlung" (Sammlung Prinzhorn, Heidelberg), wobei dort jeweils Werkdialoge von nicht beeinträchtigten Künstlern mit Outsider-Positionen gezeigt werden.

Meine Forschungsfragen waren: funktioniert künstlerisches Forschen als Methode überhaupt auch in Abgrenzung und Erweiterung zu rezeptiven kunsttherapeutischen und -pädagogischen Methoden und inwiefern geschehen darüber markante Bildungs/Selbstbildungsprozesse incl. einer möglichen Auseinandersetzung mit dem Thema der exkludierten (Künstler)biografie im Spiegel der Werke. Und – können die Workshops zu Bildung, Professionalisierung und kultureller Teilhabe beitragen? Gedacht war dieses Pilotprojekt auch als Entwicklung eines Formats, das problemlos für ein inklusive Prozesse ermöglichendes Kooperationsmodell für Museen und Sammlungen aller Art auch im internationalen Kontext anwendbar wäre.

Da die Bildende Kunst von „Outsidern" also Menschen mit Beeinträchtigungen im Kontext sozialpädagogischer Publikationen wenig thematisiert ist, beginne ich meinen Beitrag mit einer Einführung in die Outsider Art und ihren neuesten Entwicklungen hin zur Professionalisierung auch im europäischen Vergleich. Dann folgt eine Erläuterung der Methode des künstlerischen Forschens/der künstlerischen Resonanz mit einigen theoretischen, auch psychoanalytischen Grundannahmen, was im Binnengeschehen ästhetischer Rezeption und künstlerischen Ausdruckshandelns an Bildungs- und Auseinandersetzungsprozesse für beeinträchtigte wie nicht beeinträchtigte Menschen gleichermaßen wirksam ist. Den dritten Teil bildet die Vorstellung des Projekts in seinem Forschungsdesign und seinem Verlauf. An Bildmaterial mit einzelnen Fallverläufen illustriere ich das Projekt und werte es aus.

2 Aktuelle Entwicklungen im Outsider Kontext

Die Debatte um Outsider Künstler, d.h. Künstler mit psychischen und/oder intellektuellen Beeinträchtigungen, die früher gängige Bezeichnung „artbrutisten" (rohe Künstler) geht auf Dubuffet zurück. Diese Debatte war lange vom Mythos eines geheimnisvollen, verrückten, inneren Schaffensimpulses der Künstler geprägt, der sich in ihrer spröden, unverfälscht-intensiven Ästhetik und den verschlüsselten, teils überwirklichen Inhalten abbilden sollte. Man missachtete anfangs kulturelle Einflüsse und Bezugnahmen der Outsider auf das Zeitgeschehen und dessen jeweilige Bildwelten, bzw. versuchte, diese zu unterbinden, um die rohe Qualität ihrer Werke möglichst unverfälscht zu belassen. Auch befasste man sich wenig mit thematischen oder ästhetischen Ähnlichkeiten, Eigenarten und Unterschieden der künstlerischen Arbeiten von Outsidern mit Psychiatrieerfahrungen und/oder intellektuellen Behinderungen und missachtete die jeweiligen Potentiale einer künstlerischen Weiterentwicklung und Ausbildung. Vergleiche und Kontextualisierungen mit zeitgenössischer Insider – Kunst wurden nicht vorgenommen. Mit dieser Haltung sprach man den Outsidern – heute setzt sich mehr und mehr der Begriff der „self taught artists" durch – einerseits die Möglichkeit, gleichzeitig die Fähigkeit ab, sich mit ihrer soziokulturellen Umgebung und ihrer (beeinträchtigten) Identität/Biographie auseinanderzusetzen und sich künstlerisch fortzubilden. Diese nicht mehr zeitgemäße Haltung ist von Prinzipien der gesellschaftlichen Teilhabe beeinträchtigter Menschen, ihrer Selbstbestimmung und Normalisierung abgelöst worden, wofür die Outsider Kunst auch eine gewisse Vorreiterfunktion hatte und noch hat. In den letzten drei Dekaden ist sie zu einem bedeutsamen Segment des Kunstmarktes geworden, zu sehen auf zahlreichen internationalen Messen und spezialisierten Galerien. Seit dem Jahr 2000 wird der EUWARD der europäische Kunstpreis für Outsider verliehen, EUCREA als Dachverband kümmert sich um eine weitere niveauvolle Professionalisierung in allen Genres der Künste sowie im Design. Zum anderen erweitern mehr und mehr Werkstätten für Behinderte, Wohneinrichtungen, Tagestätten für psychisch kranke Menschen usw. ihr Angebot im künstlerischen Bereich, so dass sich beinahe schon von einer Regelversorgung in diesem Feld sprechen ließe. Vermarktungsinteressen und die öffentlichkeitswirksame Präsenz auf der Suche nach Spendern und Sponsoren spielen hier eine nicht unerhebliche, mitunter ethisch problematische Rolle.

Doch auch immer selbstverständlicher und unkommentierter hängen Werke von Outsidern in den großen internationalen Schauen Zeitgenössischer Kunst. So im Jahre 2011 Henry Darger und Natalie Wintsch im zentralen Pavillion der Biennale in Venedig (Kunstforum international 2011, Band 210, S. 101). 2013 stellte der Kurator Massimiliano Gioni die gesamte Biennale sogar unter das Motto des Autodidakten Marino Auriti (il palazzo enciclopedico), „art-brutisten", Autodidakten und Kunstferne jeglicher couleur bildeten einen bedeutsamen Teil der gesamten Ausstellung (Kunstforum international 2013, Band 222, S. 61 ff). Für den Inklusionsgedanken bemerkenswert scheint mir dabei nicht nur die hohe Präsenz der Werke von großer künstlerischer Qualität, als vielmehr weder eine besondernde Bezeichnung der Exponate von Outsidern, noch deren Leugnung. D.h., die Bildlegenden der In- wie Outsider Künstler waren gleich gehalten und informierten über Anlass, Herkunft und schöpferische Absicht jedes/r Künstlers/Künstlerin.

Konzepte, Ansätze und Methoden der offenen Ateliers und Werkstätten zeigen darüber hinaus mittlerweile eine deutliche Profilierung in Richtung Ausbildung, qualitätsorientierter Professionalisierung, Kontextualisierung und selbstbestimmter Teilhabe. Beispielhaft kann hier das Atelierhaus „de Zandberg" in Belgien genannt werden mit seiner Einteilung in Werk-Klassen (Ton, Filz, Textil, Weben, Grafik, Malerei …) und kleinen Einzelräumen für Sammler, Installationskünstler und Kunstschaffende mit autistischen Beeinträchtigungen. De Zandberg pflegt regelmäßige Kooperationen

mit anderen offenen Ateliers und Gruppen kultureller Arbeit auch im interdisziplinären Sinn (Theater, Tanz, Musik, Literatur) und initiiert regelmäßig
stattfindende Residenzprojekte mit Bildenden Künstlern (Insider) – bspw.
„Plates Coutures" im Mousonturm Frankfurt 2012. Ähnliche künstlerische
Werkorte gibt es auch in Deutschland (Atelier Goldstein, die Schlumper,
Theater Tikwa um nur einige zu nennen). Als den gesamten Normalisie-
rungs- und Professionalisierungsprozess behindernd stellt sich jedoch der
nach wie vor kaum „inkludierte, wie inkludierende hoch formalisierte, insti-
tutionalisierte Wohn- und Werkstättenmarkt für Beeinträchtigte dar, angesichts dessen Dörners Überlegungen *„vom profizentrischen zum bürgerzent-
rischen Paradigma"* (Dörner 2010, S. 99) wertvolle Anregungen bieten. Er
plädiert kurz umrissen dafür eine „innere Deinstitutionalisierung in unseren
Köpfen" (ebd.) vorzunehmen und unser Profiwissen Bürgern zur Verfügung
zu stellen für beeinträchtigte Menschen möglichst „reale" Lebens- und Ar-
beitssituationen zu initiieren, die auch den „Ernstcharakter" eines Risikos
nicht vermissen lassen (vgl. ebd., ff). In diesem Kontext spielen sozialraumorientierte offene Ateliers, Kooperationsprojekte kulturellen Lebens und die
Kunstassistenzen eine innovative Rolle, Outsider sowohl in ihrem künstlerischen, wie vermarktungsorientierten Belangen zu unterstützen (vgl. Poppe
2012 und Niederreiter 2012a).

3 Zur künstlerischen Forschung/künstlerischen Resonanz

In Deutschland hat künstlerisches Forschen im Konzept der ästhetischen
Forschung von Helga Kämpf-Jansen aus den 90er Jahren als innovative Form
ästhetischer Bildung in der Kunstpädagogik einen wichtigen Vorläufer. Kern
ästhetischen Forschens sind ästhetisch-künstlerische Strategien zur Erforschung von Lebenswelt. Alltagsnahe Methoden wie Sammeln, Sortieren, Ka-
tegorisieren, Ordnen spielen dabei genauso eine Rolle wie sprachliche Reflexionen der gewonnenen ästhetischen Ergebnisse.

Dabei orientiert sich Ästhetische Forschung am Modell der zeitgenössischen Bildenden Kunst, welche als kontextuelle Kunst anthropologische
Sujets untersucht (vgl. Brenne, 2006, S.194) und „Forschung meint hier
nichts anderes als die Herstellung von Bezügen zwischen Subjekt und Objekt
auf der Basis von ästhetischen Erfahrungen"(ebd., S.195). Kämpf-Jansen ent-
warf ihr Konzept nicht als Konkurrenz zu wissenschaftlichen Forschungsan-
sätzen. Die Debatte um Künstlerisches Forschen hat sich mittlerweile ausgeweitet und meint ganz allgemein ästhetisch-künstlerische Praxis als
Erzeugung neuer Kenntnis (vgl. Busch 2011, S.71 ff). Im Fachdiskurs kursie-

ren die Parallelbegriffe der „art based research" bzw. „artistic research" (Sullivan 2010). Als Lehrmethode ist künstlerisches Forschen mittlerweile etabliert und ausdifferenziert. Im angloamerikanischen und angelsächsischen Raum existiert zudem eine lange Tradition künstlerischer Forschung als eigenständiger Forschungsmethode, was mit der dortigen Nähe zur Forschungstradition um die „grounded theory" und dem handelnden Forschen zusammenhängt (vgl. Brenne 2007, S.13). In Verbindung mit den neuen Promotions-Studiengängen an Kunstakademien hat die Diskussion auch in Deutschland an Brisanz gewonnen (vgl. Texte zur Kunst, 2011 und Borgdorf 2009). Die aktuelle Debatte um den Begriff für dieses Projekt nicht zwingend weiter nachzeichnen wollend gehe ich von einer Definition Elke Bippus zur künstlerischen Forschung als „Zusammenspiel von begrifflichem Denken, sprachlichen Äußerungen und einem körperlichen Handeln mit Dingen Materialitäten oder Institutionen" (Bippus, ebd., S.105) aus. In Verbindung mit der Methode der „künstlerischen Resonanzen", verstanden als künstlerische Reaktion auf ein ausgewähltes Kunstwerk erachte ich die künstlerische Forschung in ihrer handelnden Erweiterung kunstrezeptiver Verfahren als spannendes und bedeutsames Instrumentarium vertiefter ästhetischer Erfahrungs- und Erkenntnisprozesse. Über ihre sinnlichen Wahrnehmungs- und Verarbeitungswege ist sie konstitutiv an das Subjekt gebunden und Menschen mit und ohne seelischer und intellektueller Beeinträchtigungen gleichermaßen verfügbar (vgl. Brandstätter, 2008, S. 103 ff). Insofern sind ästhetische Prozesse in Rezeption und erweitert, im künstlerischen Ausdruckhandeln per se inklusiv, und mitunter verfügen jene Kunstschaffende mit Beeinträchtigungen darin sogar über ein größeres Potential, weil sie erfahrener mit diesen Verarbeitungsformen der Welt sind. Vertraut ist mir die Methode im musealen Sammlungskontext aus der eigenen künstlerischen Arbeit „Antwortkleid für Agnes Richter" (vgl. Beyme, Roeske, 2013, S.213 ff, und Niederreiter 2009).

In Verbindung mit dem Bildungskonzept Kämpf-Jansens, dem Ästhetischen Forschen habe ich künstlerische Forschungs- und Resonanzprozesse zudem mit Studierenden über unterschiedliche Themenfelder durchgeführt, u.a. auch im musealen Kontext der Prinzhorn-Sammlung in Heidelberg zu Josef Forster, einem Anstaltspatienten aus Regensburg (vgl. Röske, Noelle-Rumpeltes, 2011). Bedeutsames Ergebnis dieser künstlerisch forschenden Lehrangebote waren die vertieften Erkenntnisprozesse, von denen die Studierenden allesamt berichteten, d.h. das Erleben einer Psychoseerfahrung konnte über die Auseinandersetzung mit, den Nachvollzug von und die künstlerische Resonanz auf die Arbeiten des Künstlerpatienten aus der historischen Sammlung Prinzhorn ganz anders begriffen werden, als das durch eine kognitive Auseinandersetzung möglich gewesen wäre (vgl. Niederreiter,

2012b, S. 158-166). Zudem inspirierten die entstandenen künstlerischen Ergebnisse einen Teil der Studierenden sehr nachhaltig in ihrer eigenen künstlerischen Weiterentwicklung, hinterließen Spuren, wurden mitunter gar zum Fokus ihres Kunstschaffens.

Künstlerisches Forschen kam meiner Kenntnis nach noch nie in der Arbeit mit beeinträchtigten Kunstschaffenden zur Anwendung. Im Sinne einer weiteren Professionalisierung, Bildung und Normalisierung war es mein Ziel, den Akteuren diesen Ansatz systematisch zur Verfügung zu stellen.

Vertiefung

Bedeutsame Erweiterung und theoriegeleitete Verankerung künstlerischer Forschung leisten psychoanalytisch begriffene Zusammenhänge ästhetischer Erfahrung (vgl. Soldt, 2007), wie sie für die Kunstbetrachtung wie künstlerische

Resonanz gleichermaßen kennzeichnend sind. Unter künstlerischer Resonanz verstehe ich die wahrnehmungs- und aneignungsspezifischen Vorgänge im Subjekt anlässlich von Kunst- und Werkrezeptionen mit anschließenden künstlerisch – gestalterischen Reaktionen. Dieses Erkenntnisgeschehen erhellt sich in den Forschungsergebnissen des Iconic Turn, welche interdisziplinär die hohe Involviertheit des Subjekts bei der Bildbetrachtung nachweisen (vgl. Belting, 1999, S. 287 f). Diese neuen Zusammenhänge unter Einbeziehung der Hirnforschung konnte ich in einem mehrwöchigen Projekt zur Kunstbetrachtung als Beitrag zur Krankheitsverarbeitung mit langjährig psychoseerfahrenen Menschen nutzen. Hier wurden Aspekte des sog. „Mehr-Wertes" des Bildes mit den Wahrnehmungsveränderungen im psychotischen Erleben in Beziehung gesetzt und die besondere Eignung der Bildbetrachtung gerade für diesen Personenkreis herauskristallisiert (vgl. Niederreiter, 2005, 31ff). Bedeutsame Aspekte des „Mehr-Wertes" (vgl. Boehm, 1994, S. 27 ff) des Bildes sind seine Ähnlichkeit mit der Wirklichkeit, die Konstanz und die Symbolizität des Bildes, sowie sein Objektcharakter.

Des weiteren erklärt Mollenhauers Modell der „Ich-Selbst-Zirkel" (Mollenhauer, 1996, 29 f) ganz allgemein die primär- wie sekundärprozesshaften, d.h. unbewusst/affektgebundenen und bewusst gestaltenden Impulse jeder künstlerischen Ausdruckshandlung, um so mehr, wenn sie als Reaktion auf ein gewähltes künstlerisches Objekt stattfindet.

Bereits beim Prozess des Wahrnehmens und Auswählens eines Bildes spielen nach Dankwardt die „projektive Identifizierung und extraktive Introjektion" (Dankwardt, 2007, S. 91) eine Rolle, welche die beträchtlichen un- und vorbewussten innerpsychischen Vorgänge im Subjekt aufzuzeigen und zu ergründen vermögen. Das erlaubt ein vertieftes Verständnis für die sich im Binnenraum des Subjekts vollziehenden typischen Prozesse ästhetischer Auseinandersetzung in Rezeption und Gestaltung.

4 Das Projekt

4.1 Rahmung, Forschungsdesign und Setting

Das Projekt wurde in Kooperation mit dem Kunsthaus Kannen (s.o.) auf dem Gelände des Alexianer Krankenhauses durchgeführt.

Es bestand aus einem sechstägigen Intensivworkshop, und einem Nachfolgeseminartag 10 Wochen später. Teilnehmer waren vier „psychiatrische Patienten" mit langjährigen chronischen Verläufen einer Schizophrenie, die auf dem Klinikgelände leben sowie ein mitangereister „Residenz-Künstler" mit einer schweren autistischen Beeinträchtigung. Alle Teilnehmer waren um die 40 Jahre alt und waren für den Workshop von ihren arbeits/beschäftigungstherapeutischen Maßnahmen beurlaubt. Ich leitete das Projekt mit Irmi Sellhorst, die mich als Kollegin und Kunstassistentin bei der Leitung, Dokumentation und den täglichen Reflexionsgesprächen zur Auswertung des Gesamtgeschehens unterstützte. Zur Intensivwoche lebten wir alle auf dem Klinikgelände. Dem Workshop ging eine Sichtung von Werken aus der Sammlung des Kunsthauses Kannen voraus; ich entschied mich als „Material" zum Künstlerischen Forschen für vier Künstler aus der Sammlung nach den Kriterien, dass sowohl plastische Arbeiten wie Malerei repräsentiert waren, und die Werke Gegenständlichkeit und Figürlichkeit als optimale Projektionsfläche aufwiesen. Zwei der Künstler aus der Sammlung, Carl Cornelius (http://www.kunsthaus-kannen.de/kunstlerseiten/carl-cornelius. html) und Bruno Ophaus, (http://www.kunsthaus-kannen.de/kunstlerseiten/ bruno-ophaus.html) waren mit jeweils einer gesamten Werkgruppe in der aktuellen Ausstellung des Kunsthauses zu sehen. Auf diese beiden künstlerisch zu reagieren, entschieden sich alle Teilnehmer. Die Werke der beiden anderen Künstler Gerd Maron und Helmut Feder installierte ich temporär auf Staffeleien im Ausstellungsraum.

Zum Setting ist kurz zu vermerken, dass Interventionen auf der künstlerischen Ebene in Form von Anregungen für Medien, Techniken und Prozesse erfolgen, es gibt keine thematischen Vorschläge. Sämtliche Werkprozesse finden innerhalb der Ausstellung vor den gewählten Exponaten statt. Auch Werkzeuge, Zeichen- und Malmaterial platzieren wir in der Ausstellung. Dem offenen Atelierkonzept entsprechend erfolgt eine individualisierte Begleitung und künstlerische Assistenz, klassische Bildgespräche gibt es nicht (Abb. 1).

Abb. 1: Künstlerisches Forschen im Kunsthaus Kannen

Foto: Irmi Sellhorst.

Das Forschungsdesign ist wie folgt kurz zu umreißen: Das Projekt des künstlerischen Forschens konfrontiert mit historischem, soziokulturell codiertem
Material in dem entsprechenden Kontext eines Museums. D.h. die Akteure
reagieren auf Künstler, mit denen sie in der Psychiatrisierung und Ausgrenzung als beeinträchtigte Menschen eine ähnliche Lebenswelt, eine ähnliche
Biografie teilen, und welche als „self taught artists" künstlerisches Arbeiten
bereits als bedeutsame Ausdrucksform für ihr Leben entwickelt hatten.
        Die Forschungsfrage ist facettenreich, sie könnte lauten: „ Ist künstle-
risches Forschen für Outsider als Methode nachvollziehbar und umzusetzen,
erreicht es die anvisierten Bildungs- und Professionalisierungsprozesse und
trägt so zu Inklusion bei?". Die zu analysierenden Binnendimensionen sind
auf den Ebenen der künstlerischen Prozesse und Ergebnisse, der Gruppenin-
teraktionen insbesondere mit der Rolle des Residenzkünstlers und des Kon-
texts Museum als Arbeitsort anzusiedeln. Die Zeitdimension spielt insofern
eine Rolle, als Prä- und Posttests ähnlich, die vor dem Projekt entstandenen
Arbeiten der Teilnehmer gesichtet wurden und das Projekt auf einen länge-
ren Verlauf angelegt ist, um so eine langfristige Auswirkung der künstlerischen Forschungsprozesse auf die Weiterentwicklung der Outsider feststellen zu können. Im Binnengeschehen der entstehenden künstlerischen
Arbeiten werden thematische Resonanzen, neue Motive, sowie Veränderun-

gen der bisherigen ästhetischen Praxis in Ausdruck, Symbolisierung, stilistischer und medialer Umsetzung inklusive möglicher verbaler Äußerungen auszuwerten sein. Eine letzte Binnenfrage stellt sich nach der Rolle individueller künstlerischer Assistenz. Letztlich erlaubt erst die Analyse sämtlicher Dimensionen eine schlüssige Antwort auf Art und Umfang von (Selbst) Bildungsprozesse bei den Teilnehmern.

Als Forschungsinstrumente qualitativer Natur kommen die teilnehmende Beobachtung, deren Protokollierung und tägliche gemeinsame Reflexion der beiden Leiterinnen, die Auswertung des in Fotografie, Videographie und Tonmitschnitten dokumentierten Gesamtgeschehens auf der Ebene des Einzelnen und der Gruppe, die Analyse der entstandenen künstlerischen Arbeiten nach spezifischen Kriterien, sowie als Korrektive der eigenen Ergebnisse die Beobachtungen des betreuenden Werkstattleiters zur Anwendung.

4.2 Das konkrete Workshop-Geschehen

Um das Projekt im konkreten Geschehen wie der Evaluation so anschaulich wie möglich zu machen, werden für diesen Beitrag Stationen seines Verlaufs mit selektiv fokussierten Ergebnissen der genannten Forschungsdimensionen verknüpft.

Die Teilnehmer werden zu Beginn des Workshops mit der Methode der künstlerischen Forschung anhand einer Demonstration einer eigenen künstlerischen Resonanzarbeit aus dem Jahr 2003 das „Antwortkleid für Agnes Richter" (vgl. Schwarzseiden 2009 und www.lisaniederreiter.de/schwarz seiden) auf ein 1894 entstandenes Jäckchen der Anstaltspatientin Agnes Richter aus der Sammlung Prinzhorn vertraut gemacht. Die Teilnehmer können darüber nachvollziehen, sich von einem Werk angesprochen zu fühlen, und statt dem Werk interpretierend oder analysierend zu begegnen, künstlerische Wege zur Ergründung und Annäherung an die Arbeit zu finden und diese umzusetzen. Wege des Imitierens, Herausgreifens von Themen, Aspekten, Materialien, Techniken werden gezeigt und erläutert. Die Analyse der Videographie macht deutlich, wie schnell die Teilnehmer sich in das gezeigte Textilobjekt einfühlen und die Bedeutung der gestickten, nach innen zeigenden Wort ermessen konnten, „eingeschrieben" sei das, sagte ein Teilnehmer. Auch die künstlerische Reaktion als Vorgehensweise ästhetischen Forschens ist schnell begriffen.

Dann stellen wir die Auswahl der Werke aus der Sammlung vor und geben Kurzinformationen zu den Biographien der einzelnen Künstler.

Stephan Dürkens Beobachtungsgenauigkeit fällt bei der gemeinsamen Werkbetrachtung auf, er sieht sofort das besondere bei Bruno Ophaus. Die

Tiere, die serielle Darstellung vieler Motive, die eingeklappten Köpfe bei einem Bild mit Figuren (weil sie offensichtlich keinen Platz mehr auf dem Format hatten). Auch bei Feder benennt er schnell die Bedeutung der Farbklänge, das Figürliche, er erkennt Gesichter, während er bei Maron Ähnlichkeiten zum Graffiti, Surrealistisches entdeckt.

Vor den Arbeiten sitzend und diese betrachtend entwickeln die Teilnehmer erste Ideen, formulieren erste Eindrücke zu den Aussagen der Werke, zu Aspekten, von denen sie sich angesprochen fühlen, zu stilistischen und künstlerischen Besonderheiten. Das funktioniert überraschend gut. Erste Bildideen, Zeichen und Begriffe werden in ein dafür vorbereitetes persönliches Forschungsheft mit einem dazugehörigen Bleistift notiert. Dann geht es in die Arbeitsphase.

Ich stelle nun drei der fünf Teilnehmer in ihren Verläufen vor. Sie haben an allen Workshoptagen teilgenommen. Die (künstlerischen) Prozesse des Residenzkünstlers mit der Diagnose Autismus werde ich für diesen Beitrag nicht berücksichtigen. Er oszilliert sehr stark zwischen den künstlerischen Resonanzen zu den angebotenen Werken (er dockte an Ophaus' serielle Tierbilder mit seinem Spezialthema, dem Wissen über Wale und Haie an) und der Auseinandersetzung mit seinem unsicheren Selbstbild, für die er die Figuren eines mitgebrachten Kinderbuchs als Identifikations- und Projektionsobjekte nutzt (Milli und das Baby) und diese künstlerisch bearbeitet.

Stephan Meishner wählt Cornelius, dessen Arbeiten an magisches Spielzeug erinnern. Mechanisch sich über geschnitzte Zahnräder bewegende Drehobjekte/Karusselle bestechen genauso wie seine Mobiles, Schaukelpferde und selbstgeschnitzten Vogelkäfige, in denen er in der Anstalt wohl Vögel gehalten hat. Meishner sucht sich nach wenigen Studien und Notizen in seinem Heft das Modell einer Mühle aus, die einzige, die Cornelius gebaut hat (Abb. 2). Sie wird zur Vorlage für einen geometrisierenden, zeichnerischen Nachvollzug, den er mit zahlreichen Binnenkästchen, darin Binnenkreise innerhalb des Mühlenkörpers und der Flügel ausstattet sowie im Hintergrund weitere zeichnerische ornamentierende Strukturierungen vornimmt. Danach erfolgen Lavierungen mit bunter Tusche und am Ende ein pointiertes Auge im Zentrum der Mühlenflügel. Eine Zeichnung entsteht, die in verdichteter Weise gleichzeitig starke Bewegung und Festigkeit zu integrieren scheint (Abb. 3). Diese „Übergeometrisierung" des Motivs mit Kästchen, Kreisen, Kreuzen und die zentrierende Setzung des Auges kann als strukturierende Bändigung aufgelöster Wahrnehmungsweisen interpretiert werden. Meishner ist sehr zufrieden mit dieser Arbeit. Danach versucht er sich am Abzeichnen einer Katze im Rahmen, da ist jene Strukturanlehnung an das Mühlenmotiv nicht möglich, Verwirrung wird wieder sichtbar/spürbar, befriedigt ihn nicht, lässt ihn ermattet zurück. Im Korrektiv des Werkstattleiters wird deutlich, dass er schon lange keine so gute Zeichnung mehr erstellen konnte, wie sie ihm mit der Mühle möglich wurde.

Abb. 2: Carl Cornelius: Mühle

Abb. 3: Stephan Meishner: Klapsmühle

Foto: Irmi Sellhorst.

Foto: Irmi Sellhorst.

Stephan Dürken entschließt sich auch auf Cornelius zu reagieren: Freiheit und Liebe, diese Themen benennt er sofort und fertigt dazu Skizzen in seinem Heft (Abb. 4). In der Folge geht er auf einen Vorschlag ein, an einer dreidimensionalen Gestaltung zu fliegenden Vögeln aus Karton und Stoff zu arbeiten, für die er Skizzen von Adlern und anderen Vögeln macht. Beim Gestaltungsprozess braucht Dürken viel Unterstützung, ihm geht es nicht gut, er fehlt stundenweise, muss lange Pausen einlegen. Trotzdem genießt er das Workshopsetting, genießt auf der interaktionellen Ebene die neuen sozialen Kontakte, erzählt Episoden aus seiner Biographie, ist auch der erste, der mich auf die so andere „Störung" des mitgebrachten Residenz-Outsiders anspricht („was hat denn der, hat der das von Geburt an?"). Auch schenkt er ihm bereits am ersten Tag ein Buch über Planeten.

Er vollendet seine Vogelgestaltung mit Montagedraht zu einem Stand – Mobile, ist sehr zufrieden (Abb. 5). Der Besuch der Oberärztin im Workshop am letzten Tag bestätigt seinen schlechten psychischen Zustand, sie sagt er sei sehr krank und unter hoher Medikamentengabe.

Abb. 4: Stephan Dürken: Forschungsheft

Abb. 5: Stephan Dürken: Vogelstandmobile

Foto: Irmi Sellhorst.

Foto: Irmi Sellhorst.

Wilke Klees greift die Forschungsidee am intensivsten in seinem Heft auf, er skizziert zu jedem der angebotenen Künstler, am meisten selbst auch in Resonanz tretend zu Cornelius mit einem Vogel, der eine Rose im Schnabel hält (Abb. 6). Er geht auf das Angebot ein, den Vogel in Ton zu plastizieren, dafür viel Assistenz bedürfend, da Ton kein vertrautes Material für ihn ist. Hier fällt auf, dass die Umsetzung weniger den Vögeln aus den Zeichnungen ähnelt, der sich auf Reise in die Freiheit begibt, vielmehr einem Vogel im Nest gleicht (Abb. 7). Die Gestaltung könnte als Bedürfnis nach Schutz interpretiert werden. Auch die Umsetzung in Holz, Farbe, Papier und Stoff als

Abb. 6: Wilke Klees: Forschungsheft   Abb. 7: Wilke Klees: Vogel mit Rose (Ton)

Foto: Irmi Sellhorst.

Foto: Irmi Sellhorst.

Objektgestaltung erfordert viel Assistenz. Die zündende künstlerische Prozessaktivität tritt erst mit der Rückkehr Klees' zum graphischen Arbeiten am dritten Tag zu Tage. Er zeigt die Arbeiten aus seiner mitgebrachten Zeichenmappe, die er regelmäßig in seinem Zimmer fertigt. Beispielhaft eine freie Arbeit aus der Mappe, typisch in der Abwechslung frei flottierender und formalisierter Elemente, die an die Graffiti Ästhetik erinnern (Abb. 8).

Den Wiedereinstieg ins graphische Arbeiten bildet eine Ritterburg – auf faszinierende Weise freie Elemente und Struktur gleichermaßen wiedergebend (Abb. 9). Erstmals wählt Wilke Klees dieses Bildmotiv, auf der Symbolisierungsebene könnte hier ein Integrationsvorgang zwischen frei flottierenden Energien und dem Bedürfnis nach Schutz (Burg) vermutet werden. Dies würde einer Integrationsleistung im tiefenpsychologischen Sinne gleichkommen, regressive mit progressiven (Struktur) Aspekten zu vereinen.

Abb. 8: Wilke Klees: Zeichnung aus seiner Mappe   Abb. 9: Wilke Klees: Ritterburg (Zeichnung)

Foto: Irmi Sellhorst.   Foto: Irmi Sellhorst.

Am gleichen Vormittag beginnt Klees Personen aus der Workshopgruppe zu portraitieren (Abb. 10). Er bildet wichtige Begegnungen im Hier und Jetzt des Geschehens ab, eine Leistung, die den Realitätsverlusten psychotischer Wahrnehmung entgegenwirkt. Er wirkt lebendig und präsent, versinkt nicht mehr in den einzelnen Schritten der plastischen Arbeit an den Objekten, die mitunter davon geprägt waren, dass er ganze Zeiträume vor sich hinstarrend, den Holzkopf des Vogels in der Hand, am Tisch sitzt, nicht wissend, was der nächste Arbeitsschritt sein könnte.

Um die Erfahrung der Ritterburg-Zeichnung zu vertiefen, schlage ich Klees am nächsten Tag vor, sie als Radierung umzusetzen. In der Weiterbearbeitung des Motivs zur Druckvorlage und weiter zur Ritzung in die Druckplatte geht Klees zügig und konzentriert vor, das graphische Medium mit ihrer vereinfachenden Reduktion auf dunkle versus helle Flächen, druckt versus druckt nicht, scheint ihm offensichtlich sehr zu entsprechen, Ordnung anbietend. Beim Druckvorgang an der Tiefdruckpresse braucht er viel Anleitung, ist ihm die Technik völlig neu und erscheinen ihm die einzelnen Arbeitsschritte insgesamt komplex (Abb. 11).

Abb. 10: Wilke Klees:
Portrait einer Praktikantin

Abb. 11: Wilke Klees: Ritterburg (Radierung)

Foto: Irmi Sellhorst.

Foto: Irmi Sellhorst.

Mit den Ergebnissen ist er äußerst zufrieden, die noch verbliebenen Teilnehmer schauen dem Druckvorgang fasziniert zu, nochmals auf die Dichte der Interaktionsvorgänge in der Gruppe verweisend. Zum Ende hin, als die Energie erlahmt, gehen wir in die Werkstatt und betrachten Meishners Mappe. Er möchte uns ein Bild aus dem Jahr 1986 zeigen, mit dem er sich an der Kunstakademie beworben hatte, ein Stierschädel in der Ästhetik des Informel weckt sein Bedauern, was er früher konnte und was nicht mehr geht.

Im Korrektiv des Werkstattleiters *Thomas Schwarm* einige Wochen später zeigt sich, dass Klees am deutlichsten von der Sommerwoche profitiert hätte. Er habe sie für sich lange lebendig gehalten, sei sehr motiviert und ein konkretes Ergebnis sei die Neuordnung seiner Mappe in mehrere Werkgruppen gewesen, an denen er fokussiert weiterarbeiten könne. Er habe auch oft noch vom Workshop erzählt. Dürken habe am wenigsten auf die Erfahrung aus dem Sommer Bezug genommen, Meishner habe oft abgesagt und formuliert, er sei mit seiner Kunst am Ende.

Ein erster persönlicher Eindruck über die Wirkung des Workshops ließ sich über den Besuch der Teilnehmer während einer Tagung im Kunsthaus Kannen sechs Wochen später gewinnen. Alle erinnerten die Zeit, nahmen trotz großen Trubels mit Irmi Sellhorst am Besuch einer Outsider Art Messe teil, die in den Räumen des Kunsthauses parallel zur Tagung stattfand. Wilke Klees besuchte zudem zwei Vorträge.

Folgeprojekttag

Wir beginnen den Projekttag zehn Wochen später mit einer Runde über Er-
innertes aus der künstlerischen Forschungswoche. Anwesend sind Dürken,
Meishner, Klees, sie freuen sich sehr über das Wiedersehen. Der Residenz-
künstler kann aus organisatorischen und finanziellen Gründen nicht mehr
einbezogen werden.

Gefragt nach den Einflüssen der künstlerischen Arbeit vom Sommer
auf die danach entstandenen Werke berichten Meishner und Dürken von einer Schaffenskrise, sie hätten kaum was gemacht. Klees erinnert wie alle anderen am meisten das Gruppengeschehen, die neuen Leute und das besondere Arbeiten in der Sammlung. Allerdings habe er nicht gedruckt, wie
eigentlich mit dem Werkstattleiter angedacht. Als Hilfestellung zeigen wir
eine Zusammenfassung des Workshops in Bildern, jetzt wird es leichter, die
Objekte und Bilder ins Gedächtnis zu rufen.

Dürken äußert bei der Betrachtung seines Vogelmobiles, es ärgere ihn,
dass wir ihm so viel geholfen hätten. Er meint: "Wollen Sie nicht nen echten
Dürken kaufen?" Sie sind sehr zufrieden mit ihren Arbeiten, erinnern auch
Cornelius wieder, auf den sie alle reagiert haben. Dürken fragt, ob der „teuer
sei". Meishner betitelt seine Arbeit im Nachhinein mit „Klapsmühle" und
lacht. Wichtiges Thema der Erinnerung ist auch der Wechsel der behandelnden Psychiaterin. Meishner formuliert heftige Kritik an ihr, sie wäre so hart,
würde zur starken Medikation keine Alternativen zulassen. In der Folge be-
gehen wir die aktuelle Jahresausstellung, in der außer Meishner alle mit jeweils zwei Werken vertreten sind. Er beschwert sich darüber, räumt aber
dann ein, dass er nichts machen konnte. Ausstellen und Kunstverkaufen
tauchen als wichtige Themen auf. Dürken sagt, er würde gerne richtig, d.h.
für ihn realistisch malen können. Wir beschließen passende Werke mit den
Teilnehmern auszusuchen, auf die sie wieder künstlerisch reagieren würden.
Dürken entschließt sich für die „Dorfgasse" von Ralf Holzkämper, eine rea-
listische Ansicht in Öl auf Leinwand (Abb. 12), Meishner für eine ornament-
reiche großformatige sehr stilisierte Zeichnung einer Frau in Gold und Silber
auf Schwarz von Jelena Markovic (Abb. 14), und Klees sucht für sich Portraitzeichnungen von Kannenkünstlern von Karsten Kirschke (Abb. 16) aus.

Wir bauen wieder Arbeitsplätze vor den gewählten Werken auf und
verbringen den Nachmittag mit künstlerischen Resonanzen. Klees erhält eine
Staffelei.

Die Werkprozesse der Beteiligten gestalten sich sehr lebendig. Dürken
fertigt - nachdem er die Hilfestellung lediglich einen Bildausschnitt der
Dorfgasse zu wählen - annehmen kann, eine Skizze und vier kleine Haus-
ansichten in Aquarellkreide (Abb. 13) an. Meishner arbeitet in der bewährten
Technik des Sommerworkshops, er zeichnet mit einem Roler-pen das

Frauenportrait ins Forschungsheft, wobei eine erste Aneignung geschieht, indem er das Motiv spiegelt. Auf dem großen Papier zeichnet er den Frauenkopf wiederum in der Ansicht der Vorlage, und laviert wieder mit bunten Tuschen. Interessant ist hierbei die Erweiterung der beiden Arme zu vier Armen, die Windmühlenflügel vom Sommer aufgreifend. „Klapsmühle" heißt auch dieses Bild, er ergänzt die Vorlage auch um Symbole des Totenschädels, eines Kelchs und eines Stabs (Abb. 15).

Abb. 12: Ralf Holzkämpfer: Dorfgasse

Abb. 13: Stephan Dürken: zeichnerische Resonanz

Foto: Irmi Sellhorst.

Foto: Irmi Sellhorst.

Abb. 14: Jelena Markovic

Abb. 15: Stephan Meishner: zeichnerische Resonanz

Foto: Irmi Sellhorst.

Foto: Irmi Sellhorst.

166

Wilke Klees fertigt 7 Portraitzeichnungen, versucht auch Schattieren zu lernen, braucht viel Bestätigung im Zeichenprozess, am besten gelingen ihm die Arbeiten mit lockerem einfachen Strich (Abb. 17).

Abb. 16: Karsten Kirschke: Hans Jürgen Fränzer

Abb. 17: Wilke Klees: zeichnerische Resonanz

Foto: Irmi Sellhorst.

Foto: Irmi Sellhorst.

Dieser eintägige Workshop beschränkt sich hauptsächlich auf den ästhetischen Nachvollzug in der stilistischen und künstlerischen Aneignung der gewählten Werke, die intensive forschende Auseinandersetzung der Sommerwoche ist aufgrund der begrenzten Zeit nicht möglich. Die abschließende Runde erbringt, dass die Methode begriffen ist, die Arbeit im Museumskontext wieder sehr aktivierend wirkt auch im Hinblick auf Präsentationswünsche der im Projekt entstandenen Arbeiten.

4.3 Gesamtauswertung

Im Vergleich zu kunstrezeptiven Verfahren (vgl. Niederreiter 2005) ergab die Methode des künstlerischen Forschens gerade über die Elemente des ästhetischen Nachvollzugs (dreidimensionales Arbeiten von Dürken und Klees in Reaktion auf Cornelius, Aufgreifen des Themas der Mühle durch Meishner) eine intensive Auseinandersetzung mit dem Anderen, was wiederum vertieftere Aneignungsprozesse in der eigenen künstlerischen Arbeit zur

Folge hatte. Re-Animationen, Re-Enactments und Appropriationen sind keine ungewöhnlichen Strategien der zeitgenössischen Bildenden Kunst. Das Projekt mit Psychiatrieerfahrenen im Kontext eines Museums für Outsider-Kunst zeigt, dass ästhetisch forschendes Umkreisen, Wiederbeleben und künstlerische Resonanzen auch für Outsider nicht nur möglich sind, sondern bedeutsame Potentiale zur Verfügung stellen, im künstlerischen Medium Auseinandersetzungsprozesse zu vollziehen, die zur Weiterentwicklung der eigenen künstlerischen Arbeit führen. Das Frappierende für mich war in diesem relativ kurzen Zeitraum des Workshops zu sehen, dass sich das Geschehen auf der künstlerischen wie der psychischen und mentalen Ebene gegenseitig durchdringt und so (Selbst)Bildungsvorgängen auf der Subjektebene ermöglicht. Stilentwicklung und Symbolisierung spielen dabei eine besondere Rolle, so nahmen die Akteure Symboliken, Themen und Techniken des gewählten Künstlers auf, unterlegten sie mit eigenem Sinn und eigneten sie künstlerisch wie medial an, zu sehen sowohl in den teils unbekannten künstlerischen Materialien (Klees' Plastik und Druck) als auch in der Adaption der Symbole. Zu nennen ist hier Klees' eher nestähnlichen Umsetzung des Vogels mit der Rose in Ton, welche ihm im weiteren Verlauf eine intensivierte Rückkehr ins graphische Arbeiten mit einer neu gewonnenen Bildordnung, kompositorischen Dichte und Bildsymbolik (Ritterburg) eröffnet. Die nun entstehenden Arbeiten weisen über die bisher gefertigten, eher frei flottierenden, graffiti-ähnlichen Zeichnungen weit hinaus. Die Symbolfindung der Burg (evtl. Schutz) mag in diesem Kontext eine Rolle spielen.

Meishners zeichnerische Adaption der Mühle mit den ordnenden Mustern und dem Auge als Zentrum des Mühlrades kann als ähnlich bedeutsame Symbolaneignung und –durcharbeitung gelten, welche in der Folge sogar Eingang in sein Frauenportrait (vier Arme) findet und in der Betitelung der „Klapsmühle" zu einer Symbolisierung seiner eigenen Lebenswelt in der Anstalt wird.

Eine geplante und sicher wirkungsvolle kontinuierliche künstlerische Weiterbegleitung der Impulse aus den Workshops (Druckverfahren für Klees, Klapsmühlen für Meishner) durch die Werkstatt war aufgrund der psychiatrischen Abläufe bedauerlicherweise nicht möglich. Die Idee, die Künstler aus der Ferne via neue Medien weiter zu begleiten, scheiterte an der Tatsache, dass keiner von ihnen über einen Zugang zu einem PC verfügte oder eine eigene e-mail Adresse besaß, eine im Kontext von Teilhabe und Inklusion bedenkliche Tatsache.

Die Interaktionsprozesse in der Gruppe fielen im Betrachten und Ausprobieren neuer Gestaltungsweisen auf Anregung der anderen Teilnehmer hin ungewöhnlich intensiv aus. Der Residenzkünstler mit seiner ganz anderen Art von Beeinträchtigung hatte hier eine besondere Wirkung, er bekam aus der Gruppe viel Beachtung für seine Spezialbegabungen, wurde von Klees mehrfach auf dessen Wohngruppe eingeladen und erhielt Geschenke. Ihr wechselseitiges Portraitieren, sowie Klees' Zeichen der Praktikantin und der Seminarleiterinnen spricht zudem für die hohe Intensität der Interaktionen. Positiv wirkte sich auch das Setting „Museum" aus, in der Ausstellung waren Interaktionen mit Besuchern und Besuchergruppen, der Museumsleiterin und zwei Pressevertretern möglich, die über das Projekt berichteten und Interviews mit den Künstlern führten. Besonderen Eindruck bei den Teilnehmern hinterließ der Besuch und das Interesse der behandelnden Psychiaterin, die Patientenrolle trat in den Hintergrund.

Die Kontextualisierung mit und in der Sammlung hatte inkludierenden Charakter. Das Workshop – Format könnte als Prototyp für andere Museen (Weltkulturen Museum, naturwissenschaftliche Sammlungen u.a.) auch gemeinsam mit nicht beeinträchtigten Personen in der gezeigten individualisierenden Assistenz gelten und wäre damit eine innovative Plattform für Inklusion und kulturelle Teilhabe.

Erwartet hatte ich eine intensivere bzw. sichtbarere Auseinandersetzung der Teilnehmer mit ihrer Psychiatrieerfahrung, da die vorgestellten Werke von Künstlern mit vergleichbaren Biographien stammten, doch die Fragen nach ihnen waren eher unspezifisch, etwa ob sie schon tot seien, ob sie gut verkauft hätten u.ä.. Eine offensive Thematisierung von deren Psychiatrieerfahrung fand nicht statt. Meine diesbezügliche Vermutung ist, zu konfrontierend wäre das möglicherweise für die eigene durch eine langjährige Schizophrenie beeinträchtigte Biographie, die so viele andere Optionen unmöglich gemacht hat und noch macht. Das Miterleben der „Lebenswelt Anstalt", wie sie im Alexianer Normalität ist, machte mir zudem die „heilen" Aspekte dieses sicheren „Anstaltsdorfes" für die Bewohner mit einer schweren seelischen Erkrankung deutlich (der Alltag hatte etwas überschaubar Vertrautes, geregelt durch Rhythmen der Beschäftigung, der Mahlzeiten mit Freiräumen – die „Parallelwährung" der Zigaretten war mir dabei sehr eindrücklich). Das soll in keiner Weise idealisierend klingen, doch zeigt es auf, dass eine nicht assistierte, unkontextualisierte Inklusion für die Akteure dieses Projekts kaum gelingen kann. Keinem der Teilnehmer wäre ein normalisiertes Leben außerhalb der Anstalt, etwa im Betreuten Wohnen als Prognose möglich. Hier schließt die heftige, immer wieder geäußerte Kritik der meisten Teilnehmer an der starken, scheinbar alternativlosen Medikation an, unter deren sedierender Wirkung alle merklich litten. Die Biographien der einzelnen Teilnehmer kamen scheinbar beiläufig in der Begleitung der künstlerischen Prozesse zur Sprache.

Insofern lässt sich durchaus von impliziten und expliziten Auseinandersetzungs- und Bewältigungsvorgängen oder Versuchen dazu angesichts der schwerwiegenden Beeinträchtigung sprechen. Das therapeutische Potential des künstlerischen Mediums (Meishners ordnende zeichnerische Bemusterung der Mühle, seine Aneignung der Mühle als Symbol für Symmetrie bei gleichzeitiger Bewegung, Klees' Kontaktaufnahmen zur Realität über das Porträtieren, seine bereits genannte psychodynamisch interpretierbare Symbolbildung von Nest und Burg, das ordnende grafische Medium mit Schwarz/Weiß) (vgl. Benedetti, 1994, 27f und 103ff) wurde ausgeschöpft.

Professionalisierend wirkte die Arbeit im Kontext des Museums, zu sehen an den zunehmenden Ausstellungs- und Verkaufswünschen der Outsider Akteure, dem Vergleich mit den Werken anderer Outsider, den Wünschen künstlerisch besser zu werden, dazuzulernen, den Fragen nach der Qualität der Bilder.

So setzte das Projekt intensive Impulse in der angeschlossenen Werkstatt (die Radierung mit Klees), er sortierte seine Mappe neu, Meishner kehrte zu den Anfängen seiner Künstlerbiographie zurück, auch wenn er das resignierte Résumé zog, mit der Kunst am Ende zu sein. Die zahlreichen wertschätzenden Interaktionen mit Ausstellungsbesucher/innen, Kolleg/innen, der Presse, anderen, häufig vorbeischauenden Patient/innen, der Museumsleitung, der Oberärztin, sowie der Besuch einer Kunstmesse trugen erheblich zur positiven Einschätzung des künstlerischen Tuns bei. Die Aussicht auf die Präsentation des „künstlerischen Forschens im Outsider Kontext" mit den dazugehörigen Arbeiten im Herbst 2014 im Kunsthaus Kannen gab zusätzliche Impulse.

4.4 Résumé

Die Methode des künstlerischen Forschens ergab bei allen Teilnehmern eine signifikante Erweiterung und Steigerung ihrer künstlerischen Auseinandersetzungsprozesse, sowie Analogien zur Auseinandersetzung mit dem eigenen Selbst, der eigenen Biographie als chronisch beeinträchtigter Mensch und Kunstschaffender. Die gesetzten künstlerischen Impulse wirkten fort. Insofern konnten Bildungs- und Selbstbildungsprozesse erzielt und ausdifferenziert werden.

Die Ansiedlung des Angebots in einem Museum (auch die künstlerischen Arbeitsphasen), sowie die Erweiterung der Teilnehmergruppe um einen „Residenzkünstler" mit einer intellektuellen Beeinträchtigung erbrachte ein hohes Maß an aktivierendem, integrativem Kontext- und Gruppengeschehen. Dies trug bei den Teilnehmern merklich zu einem erhöhten Bewusstsein ihrer Professionalität und der Ermöglichung kultureller Teilhabe bei. Ein nächster Schritt gesteigerter Inklusion wäre für mich die Einbeziehung von nicht beeinträchtigten kunst-interessierten Teilnehmer innen und

Studierenden, meiner Überzeugung nach würde das erprobte Workshop-Format dies tragen.

Literatur

Belting H. (1999): Der Ort unserer Bilder. In: Breidbach O./ Clausberg Karl (Hrsg.): VIDEO ERGO SUM. Hamburg (Hans Bredow Insitut), S. 287-297

Benedetti G. (1994): Todeslandschaften der Seele. Göttingen (Vandenhoeck &Ruprecht)

v. Beyme I./ Röske T. (Hrsg.) (2013): ungesehen und unerhört Künstler reagieren auf die Sammlung Prinzhorn. Heidelberg (Wunderhorn)

Bippus E. (2011): Eine Ästhetisierung von künstlerischer Forschung. In: Texte zur Kunst, 20. Jahrgang, Heft 82, Berlin, S. 99-107

Boehm G. (1994): Die Wiederkehr der Bilder. In: Boehm G. (Hrsg.): Was ist ein Bild? München (Fink), S. 11-38

Borgdorf H. (2009): Die Debatte über Forschung in der Kunst. In: subTexte 03, Zürcher Hochschule der Künste, S.23-51

Brandstätter U. (2008): Grundfragen der Ästhetik. Köln Weimar Wien (Böhlau für UTB)

Brenne A. (2006): „Ästhetische Forschung – Revisited" in: Blohm M./ Heil C./ Peters M./ Sabisch A./ Seydel F. (Hrsg.): Über Ästhetische Forschung. München (kopaed), S.193-213

Brenne A. (2007): Analyse ästhetischer Rezeption und Produktion mittels der Grounded Theory. In: Peez G. (Hrsg.): Handbuch Fallforschung in der Ästhetischen Bildung /Kunstpädagogik. Baltmannsweiler (Schneider Hohengehren). S.12-22

Busch K. (2011): Wissensbildung in den Künsten – Eine philosophische Träumerei. In: Texte zur Kunst, 20. Jahrgang, Heft 82, Berlin, S. 71-79

Danckwardt J. (2007): Paul Klees „traumhaftes": von der Psychoanalytischen zur ästhetischen Erfahrung. In: Soldt P. (Hrsg.): Ästhetische Erfahrungen. Gießen (Imago), S. 33-96

Dannecker K. (2006): Psyche und Ästhetik – Die Transformation der Kunsttherapie. Berlin (Medizinisch-wissenschaftliche Verlagsgesellschaft)

Dörner K. (2010): Leben in der „Normalität" – ein Risiko? In: Theunissen G./ Schirbort K. (Hrsg.): Inklusion von Menschen mit geistiger Behinderung. Stuttgart (Kohlhammer), S. 97-102

Gattig E. (2007). Vom schöpferischen Akt zum kreativen Prozess. S.33 – 62 in: Soldt P. (Hrsg.): Ästhetische Erfahrungen. Gießen: Imago

Griebel C. (2006): „Kreative Akte – Fallstudien zur ästhetischen Praxis vor der Kunst. München (kopaed)

Herrmann F. (2009): Künstlerische Gestaltung in der interkulturellen Erwachsenenbildung. Berlin (VS)

Kunstforum International (2011): Zeitschrift seit 1973, Band 210, Ruppichterroth (Bechtloff), S.101

Kunstforum International (2013): Zeitschrift seit 1973, Band 222, Ruppichterroth (Bechtloff), S.61-75

Museum Dr. Guislain (2012): ON THE MAP Exploring European Outsider Art, Belgien

Mollenhauer K. (1996): Grundfragen ästhetischer Bildung. Weinheim und München (juventa)

Niederreiter L. (2005): Kunstbetrachtung mit psychoseerfahrenen Menschen. In: Zeitschrift f. Kunsttherapie Köln 1/2005 (Claus Richter Verlag), S. 29-39

Niederreiter L. (2009): Selbst- und Wirklichkeitsaneignung in der Kunstrezeption. In: Franzen G. (Hrsg.): Kunst und Seelische Gesundheit. Berlin (Medizinisch Wissenschaftliche Verlagsgesellschaft), S.13-30

Niederreiter L. (2012a): Wie im wirklichen Leben. Outsider und ihre Assistenten. In: Kunsthaus Kannen (Hrsg.). 2x2 Forum für Outsider Art. Münster, S. 48-52.

Niederreiter L. (2012b): Künstlerisches Forschen über Josef Forster, einem „Künstlerpatienten" der Sammlung Prinzhorn. In: ZF für Musik-, Tanz- und Kunsttherapie. 23. Jg./Heft 3. Göttingen (Hogrefe), S.158-166

Poppe F. (2012): Künstler mit Assistenzbedarf. Frankfurt (Peter Lang)

Roeske T./ Noell-Rumpeltes D. (2011): Durch die Luft gehen Josef Forster. Sammlung Prinzhorn. Heidelberg (Wunderhorn)

„Schwarzseiden" Lisa Niederreiter Agnes Richter. Katalog der Sammlung Prinzhorn zur gleichnamigen Ausstellung, Heidelberg 2009

Schuppner S. (2007): Exkurs. In: Müller/Schubert (Hrsg.): Show Up! Eucrea (Books on Demand), S. 75-83

Soldt P. (2007): Ästhetische Erfahrungen. Gießen (Imago)

Sullivan G. (2010): Art Practice as Research. Thousand Oaks USA (SAGE)

Theunissen G./ Schirbort K. (Hrsg.) (2010): Inklusion von Menschen mit geistiger Behinderung. Stuttgart (Kohlhammer)

Internet – Quellen

http://www.kunsthaus-kannen.de/kunstlerseiten/carl-cornelius.html, Juli 14
http://www.kunsthaus-kannen.de/kunstlerseiten/bruno-ophaus.html, Juli 14
http://www.lisaniederreiter.de August 14

„Immer der erste Moment" – eine Projektbeschreibung

Was ästhetische Bildung innerhalb der Sozialen Arbeit zur Inklusion von Menschen mit Demenz beitragen kann

Helene Skladny

Menschenrecht Inklusion

Das gesellschaftliche Bild der sogenannten „Senioren" in Deutschland hat sich in den letzten Jahrzehnten deutlich gewandelt. Kultur- und Bildungsträger, weite Teile der Freizeit-, Medien- und Konsumindustrie, die Tourismusbranche und nahezu alle gesellschaftlichen Bereiche haben die „Alten" entdeckt und umgekehrt. Niemand wundert sich mehr, wenn er beispielsweise auf einer Bergwanderung von aktiven „Endsechzigern" in modischer Multifunktionskleidung souverän überholt wird und selbige an der Theke einer Szenekneipe am Abend wiedertrifft. Diese positive Entwicklung als repräsentatives Indiz für gelungene Inklusion alter Menschen in Deutschland zu betrachten, greift allerdings zu kurz. Zu untersuchen wäre unter anderem ob diese aktiv am gesellschaftlichen Leben partizipierende Bevölkerungsgruppe nicht dennoch subtilen Mechanismen von „Altersdiskriminierung" ausgesetzt ist. Ein interessantes Untersuchungsfeld, dem hier nicht weiter nachgegangen werden soll. Jedoch drängt sich die Frage auf, ob Inklusion nicht genau an diese Bedingungen geknüpft ist: Das heißt, dass alte Menschen in unserer Gesellschaft (nur dann) inkludiert sind, wenn sie ökonomisch unabhängig, leistungsfähig und vor allem körperlich und geistig „gesund" sind.

Der UN Menschenrechtsrat hat am 8. Mai 2014 die erste „Unabhängige Expertin für die Menschenrechte von älteren Personen" (Independent Expert on the enjoyment of all human rights by older persons) ernannt. Die Mandatsträgerin, Rosa Kornfeld Matte aus Chile, „hat den Auftrag, das Verständnis für die Rechte älterer Menschen zu fördern und die Umsetzung von Maßnahmen, die zur Förderung und zum Schutz dieser Rechte beitragen, voran zu bringen" (www.institut-fuer-menschenrechte.de/themen/rechteaelterer.html). Die Zielbestimmung dieses Mandats ist vergleichbar mit der der UN- Behindertenrechtskonvention, die 2006 verabschiedet wurde. Es geht um Inklusion als ein Menschenrecht, das als gleichberechtigte Teilhabe aller Menschen am gesellschaftlichen Leben verstanden wird. Welche Rechte älterer Menschen sind gefährdet, dass sie mit einer UN-Konvention geschützt werden müssen? Ein zentrales Problem, so Claudia Mahler vom Institut für Menschenrechte, ist das der Altersarmut, das in manchen Regionen dazu führt, „dass ältere Menschen so an den Rand der Gesellschaft […] gedrängt werden und ihr Zugang zu Wasser und Nahrung oft sehr prekär ist." Doch es geht nicht nur um das Recht auf Versorgung und ökonomische Sicherheit, sondern um das der Teilhabe am gesellschaftlichen Leben. Auf die Frage, wie groß allgemein die Bereitschaft der deutschen Regierung sei, Vorschläge und Ideen, die in dieser UN-Gruppe diskutiert werden, auch umzusetzen, antwortet Mahler: „Im Moment ist es so, dass die deutsche Regierung eher abwartend ist, weil sie der Meinung ist, vieles auch schon im nationalen Bereich umgesetzt zu haben, also deutlich weiter sind in ihrem Schutz der Älteren als viele andere Staaten. […] Es wäre auch wirklich geboten, dass Deutschland eine Studie entwirft, die aufdeckt, inwieweit die Rechte der Älteren tatsächlich umgesetzt werden, oder ob es wirklich Regelungsdefizite gibt. Im Moment geht Deutschland pauschal davon aus, dass es sich nicht um Regelungsdefizite, sondern nur um Umsetzungsdefizite handelt in diesen Bereichen." Es mangelt in Deutschland also in erster Linie nicht an Regelungen oder gar kostenintensiver Maßnahmen für die Versorgung der kontinuierlich wachsenden Bevölkerungsgruppe der „alten Menschen". Zu beobachten sind „Umsetzungsdefizite", wenn es um die Inklusion dieser Personengruppe geht.

Sorgenkind „Demenz"

In ihrem Buch: „Demenz und Zivilgesellschaft – eine Streitschrift" befassen sich Peter Wißmann und Reimer Gronemeyer in einer kritischen Bestandsaufnahme mit dem öffentlichen Umgang des Themas „Alzheimer-Demenz", das wie ein umhergehendes Schreckgespenst durch unsere Medien geistert und die Betroffenen und ihre Angehörigen nicht selten allein zurücklässt. Die Autoren gehen auf das „mantra-artige" Wiederholen und ausführliche Verbreiten von „Zahlen zur Bevölkerungsentwicklung und zum Anstieg der Lebenserwartung in Deutschland, zum Vorkommen von Demenzerkrankungen und zur Verteilung auf die unterschiedlichen Altersgruppen" (Wißmann/Gronemeyer 2011, S. 19) ein, das sich von Fachartikeln bis zur Boulevardpresse erstreckt und an die Berichterstattung über Epidemien oder gar

Katastrophenszenarien erinnert. Auch inhaltlich und sprachlich, so die Autoren, wird öffentlich ein Bild verbreitet, das Demenz als „menschenunwürdiges Siechtum" anprangert, das vor allem eins zur Folge hat: die Würde der betroffenen Menschen grundsätzlich infrage zu stellen. Die Infragestellung der Würde hinsichtlich des Mensch- und Personseins Demenzbetroffener ist im gesellschaftlich verankerten Menschenbild zu suchen. „Indem Rationalität und Selbstbewusstsein als Kernpunkte eines weithin vorherrschenden Menschenbildes gelten, erscheint es als logische Folge, Prozesse des Alterns, die mit einem Verlust der Fähigkeit zu rationaler Selbstbestimmung einhergehen, in den pathologischen Bereich zu drängen und mit dem Siegel „krank" zu versehen (Wetzstein 2011, S. 52). Und weiter: „Der hohe Stellenwert kognitiver Leistungsfähigkeit scheint demnach Menschen mit Demenz von der vollen Mitgliedschaft menschlicher Gemeinschaft auszuschließen" (Wetzstein 2011, S. 55). Die Fixierung auf die Aspekte der Normabweichung oder Erkrankung und die damit verbundene Zuständigkeitszuschreibung an die Medizin und Pflege erinnert an den Umgang mit Behinderung in den 50er und 60er Jahren in der BRD. Betrachtet man beispielsweise die frühen Kampagnen und Veröffentlichungen der „Aktion Sorgenkind", so trifft man auf eine Vielzahl von Abbildungen in therapeutisch-medizinischen Kontexten. Weißbekittelte Ärzte und Krankenschwestern (meist in dieser Geschlechterverteilung!) beugen sich über Kinder mit Behinderung, passen Prothesen an, untersuchen, therapieren, mobilisieren. Behinderte Menschen galten als „Sorgenkinder", also als Menschen, die Sorgen bereiten, um die man sich sorgen, und die man versorgen muss. Erst im Jahr 2000 wurde aus „Aktion Sorgenkind" „Aktion Mensch". Theresia Degener (UN Ausschuss für die Rechte von Menschen mit Behinderungen) bringt dies folgendermaßen auf den Punkt: „Für die Gesellschaft ist die Bedeutung der Behindertenrechtskonvention insbesondere in dem von ihr geforderten Paradigmenwechsel vom medizinischen zum menschenrechtlichen Modell von Behinderung zu sehen. Damit ist die Abkehr vom individualistischen/medizinischen Modell von Behinderung gemeint, nach dem die Ausgrenzung behinderter Menschen aus der Gesellschaft vornehmlich mit deren gesundheitlichen Beeinträchtigungen erklärt wird" (Degener 2009, online). Festzuhalten ist, dass Menschen mit Demenz als die neuen „Sorgenkinder" unserer Gesellschaft betrachtet werden können.

Ästhetische Infantilisierung

> „Eines Tages ging ich in Begleitung in einen Heimwerkermarkt, und es war herrlich, die Gänge auf und ab zu schlendern, die Produkte selbst zu vergleichen und Anregungen für neue Beschäftigungen zu bekommen. Ich durfte wieder ein Erwachsener sein, wenn auch nur für kurze Zeit" (Nebauer/de Groote 2012, S. 23).

Ein Mann mit einer Demenzdiagnose beschreibt den von Betreuern organisierten Baumarktbesuch nicht deshalb als „herrlich", weil durch ihn Erinnerungen an seine früheren Tätigkeiten wach gerufen wurden, sondern, weil er „wieder ein Erwachsener sein durfte". Der ernüchternde Nachsatz „wenn auch nur für kurze Zeit" macht auf ein verbreitetes Phänomen aufmerksam: auf das der Infantilisierung Demenzbetroffener. Obwohl in diesem Fall davon auszugehen ist, dass eine beginnende Demenz vorliegt, die es dem Mann (noch) ermöglicht, über seine Situation zu reflektieren und dies verbal zu kommunizieren, fühlt er sich bereits aus der Rolle des Erwachsenen massiv herausgedrängt.

Da demenzielle Veränderungen mit kognitiven, funktionellen, motorischen Störungen, sowie psychischen Veränderungen einhergehen, werden sie in der Regel als Regression, als Rückentwicklung in frühkindliche Phasen wahrgenommen. Der Verlust des Kurzzeitgedächtnis, die spätere Beeinträchtigung des Langzeitgedächtnisses, Erinnerungsstörungen, Abnahme der Konzentrationsfähigkeit, Veränderung der Reizverarbeitung und Wahrnehmung, sowie der Rückgang oder gar das Verschwinden der verbalen Verständigung stellen Betroffene aber auch ihre Angehörigen und Betreuer vor komplexe Herausforderungen. Mit dem Begriff der „Retrogenese" unter anderem basierend auf frühen Studien des Alzheimerforschers Barry Reisberg ist die Abnahme der geistigen und funktionellen Fähigkeiten gemeint, die sich in genau entgegengesetzter Richtung zur Entwicklung im Kindesalter verhalten (vgl. Held/Ermini-Fünfschilling 2006, S. 16). Nach dieser Systematik wäre ein Demenzpatient, der sich nicht mehr allein anziehen kann, auf der Stufe eines vierjährigen Kindes und mit dem Verlust der Sprache auf der eines Einjährigen.

Dass Demenz nicht nur medizinisch-pflegerische, sondern ebenfalls soziale Anforderungen an unsere Gesellschaft stellt, und auch als „soziologische Diagnose" behandelt werden müsse, wird in dem Promotionsprojekt: Tiefschlaf des Bewusstseins – Die Alzheimer Demenz als soziologische Diagnose von Andrea Radvanszky überzeugend herausgearbeitet. Die Autorin beschäftigt sich mit der Frage, welche sozialen Folgen die ausschließlich medizinische Sichtweise auf das Thema Alzheimer-Demenz mit sich bringen. Im Abstract ihrer Arbeit stellt sie fest, dass der postulierte defiziente Status des

Erkrankten, der mit der „Asymmetrie der Beziehung zwischen ‚dem Gesun-
den' und ‚dem Kranken'" einhergeht, zum „Außerkraftsetzen des Reziprozi-
tätsprinzips" führt. „Hieraus eröffnen sich sozialwissenschaftliche Grund-
satzfragen, einerseits nach dem Begriff des Subjekts und der Persönlichkeit
in der sozialen Interaktion und andererseits nach der Art, wie Wirklichkeit
konstruiert wird." (Radvansky 2014, online) Als eine folgenreiche Wirklich-
keitskonstruktion, so die Autorin, kann die Annahme der Regression Demenzbetroffener in kindliche Entwicklungsphasen betrachtete werden.

Betrachtet man Veröffentlichungen über Förder- und Aktivierungsübungen für Menschen mit Demenz, so unterscheiden sie sich häufig nur
marginal von einer bestimmten Form von Frühförderprogrammen. Vor allem die ästhetische Umsetzung erscheint (klein-)kindgerecht: etwa bunt be-
malte Fühlkisten, Memoriekarten mit schematischen Tiermotiven, Therapiepuppen mit „Klappmaulprinzip", Verkleidungs-, Klatsch- und Singspiel
usw. Im Praxisband „Menschen mit Demenz bewegen. 196 Aktivierungsübungen für Kopf und Körper" (Jasper/Regelin 2011) um nur ein beliebiges
Werk herauszugreifen, findet man neben physiotherapeutischen Bewegungs-
übungen eine Vielzahl von „kreativen" Maßnahmen, mit denen Demenzpatienten „bewegt werden sollen". Allein der Titel legt nahe, dass das Reziproзi-
zitätsprinzip, als Grundprinzip zwischenmenschlichen Handelns außer Kraft
gesetzt scheint. Auf der Seite: „Mit Therapiepuppen zur Bewegung anregen"
(Jasper/Regelin 2011, S. 69) sieht man beispielsweise eine junge Frau, die mithilfe einer Therapiepuppe mit einer alten Frau im Rollstuhl Ball spielt. Im
kurzen Begleittext wird darauf hingewiesen, darauf zu achten, „dass sich niemand veralbert oder wie ein Kind behandelt" (ebd.) fühlen und mögliche Ablehnung seitens der Demenzpatienten akzeptiert werden solle. Für einen un-
voreingenommenen Betrachter wirft diese Szene dennoch Fragen auf:
nämlich ob man sich vorstellen kann, selber die Rolle des abgebildeten alten
Menschen einzunehmen oder einen nahen Angehörigen oder Klienten in
dieser Rolle sehen möchte. Auch Hinweise wie: „Demenzbetroffene sind wie
Kinder für festliche Stimmungen sehr empfänglich" (Held/Ermini-Fünf-
schilling 2006, S. 84) legen das Bild des kindlichen Alten nahe.

Der zu beobachtende Zusammenhang zwischen Demenz und ästhetischer Infantilisierung steht im Kontext der genannten soziologischen Studien
von Radvansky. Sie resümiert: „Man könnte sich fragen, ob die von Kitwood
[…] beobachtete Infantilisierung der Demenzkranken in der Pflege nicht
auch damit zu tun hat, dass diese den Wünschen der Pflegenden zur Bemut-
terung entgegenkommt. Im Zuge des Wegfalls des anderen werden analog
zum Stereotyp der Mütterlichkeit die Ansprüche und Erwartungen an die In-
teraktionssituation herabgesetzt. Uns scheint dies folgenreiche Implikationen auf das Pflegeverständnis im Falle der Demenzerkrankung zu haben"
(Radvansky 2011, S. 133).

Ähnliches ist in der Lebensraumgestaltung von Demenzpatienten zu beobachten. So stößt man nicht selten auf gebastelte Jahreszeitendekorationen, Puppen und Teddybären, kindliche Symbole als Leitsysteme, Motive von Fischernetzen und Meerjungfrauen in Badezimmern usw. Diese oftmals engagierten und gut gemeinten Gestaltungversuche, die die Lebensqualität der Betroffenen verbessern und als optische Aktivierung gegen die Fortschreitung der Krankheit fungieren sollen, manifestieren gleichzeitig ihren angenommen Kinder- bzw. Kleinkindstatus. Es soll keineswegs in Abrede gestellt werden, dass weder die Notwendigkeit medizinisch-pflegerischer Versorgung noch die Tatsache, dass die Begleitung und der Umgang mit Menschen mit demenziellen Veränderungen für Angehörige und professionelle Betreuer viel Engagement und nicht selten starke Belastungen mit sich bringen. Hinzu kommen in vielen Fällen sozialer Druck und damit verbundene Schuldgefühle, wenn die häusliche Betreuung zu einer Überforderung führt, und der Umzug in eine Einrichtung unausweichlich wird. Pflegekräfte sind aufgrund notorischer Unterbesetzung in Einrichtungen und fehlender finanzieller Mittel überdurchschnittlich stark belastet. Vor allem sind sie es, die Verantwortung übernehmen, im täglichen Kontakt agieren und Entscheidungen treffen, während der gesamtgesellschaftliche Diskurs um das Thema „Demenz" und „Inklusion" die Würde sowie das gleichberechtigte Mensch- und Personsein der Betroffenen grundsätzlich infrage zu stellen scheint.

Ästhetische Umgebungsqualitäten

> „Im Ansatz einer Ästhetik der Atmosphären tritt dieses Grundbedürfnis aber wieder zutage. Denn sie macht deutlich, daß die Umwelt, daß die Umgebungsqualitäten für das Befinden des Menschen verantwortlich sind. […] Es zeigt sich, daß zu einem menschenwürdigen Dasein auch eine ästhetische Dimension gehört" (Böhme, S. 41 f.).

In seinem Aufsatz: „Atmosphärische Qualitäten. Über das Evangelische in der Diakonie" geht der Autor Thorsten Nolting der Frage nach, wie das Leitbild der „Nächstenliebe" für Klienten und haupt- und ehrenamtliche Mitarbeiter konstant gelebt und umgesetzt werden kann. So Nolting: „Kann diese Atmosphäre so eindrücklich sein, dass Menschen das pflegende, ratende und helfende Handeln diakonischer Einrichtungen als Nächstenliebe deuten?" (Nolting 2011, S. 54) Auch wenn „Nächstenliebe" hier als spezifisch christlich-evangelischer Grundsatz verstanden wird, kann sie für diesen Zusammenhang analog zu dem der Menschenwürde stehen. Nolting geht es dabei um das Schaffen von „Umgebungsqualitäten", die sowohl auf die konkrete

Gestaltung der Lebensräume als auch auf die Beziehungs- und Umgangsqualitäten abzielt. Beides hängt untrennbar miteinander zusammen. Kunst und Design spielen dabei, jenseits von „Dekoration oder „l'art pour l'art" eine wichtige Rolle. Im neuen Düsseldorfer Altersheim am Diakonie-Platz sind die Gänge von Künstlern gestaltet. Die Künstlerin Eva Schwab beschäftigt sich mit alten Familienfotos aus den 1960er Jahren, die sie in einem freien reduzierten Malstil auf Leinwände überträgt. An einigen dieser Gemälde konnten sich die Bewohner beteiligen, indem sie der Künstlerin eigene Fotos gaben. Ein weiterer Flur ist von einem Fotokünstler gestaltet. Zu sehen sind Landschaften, Naturdetails, Szenen am Meer usw., die an alte Postkartenmotive erinnern. Entnommen wurden diese, auf den ersten Bild unspektakulär wirkenden Fotografien, aus Filmen der 1960er und 1970er Jahre. Ähnlich wie die Gemälde von Eva Schwab knüpfen sie an Bekanntes, an mögliche Erinnerungen der Bewohner an, drängen sich aufgrund ihrer stilistischen, abstrahierenden Umsetzung allerdings nicht auf. Sie tragen – vor allem aufgrund ihrer hohen künstlerischen Qualität – dazu bei, diesem Ort „Würde" zu verleihen, die atmosphärisch wahrnehmbar ist.

Mittlerweile gibt es eine Vielzahl von Literatur, die sich mit der Lebensraumgestaltung von Menschen mit Demenz befasst. Dass gestaltete physische Umgebung Alzheimer-Symptome verringern und vor allem zu mehr Lebensqualität und Zufriedenheit beitragen kann, geht unter anderem aus der mehrjährigen Studie für das U.S. National Institute on Agine unter der Mitwirkung von John Zeisel hervor. Zeisel und seine Mitarbeiter eruieren „acht wesentliche Eigenschaften von Orten, die Menschen mit Alzheimer dabei unterstützen, so weit wie möglich ganz sie selbst zu sein." Neben der Gewährung von „Privatsphäre", „Gärten" etc. geht es um „sensorisches Verstehen und Unterstützung von Unabhängigkeit und Empowerment" (Zeisel 2011, S. 174).

Eine wichtige Rolle spielt für Zeisel dabei die Kunst und insbesondere die visuelle Kunst. So der Autor: „Alzheimer bringt eine zusätzliche Sensitivität und Offenheit gegenüber den Künsten. […] Weil Menschen mit Alzheimer dazu neigen, das auszudrücken, was sie gerade denken und fühlen, sind sie gleichsam natürliche Künstler und ein natürliches Publikum für Formen künstlerischen Ausdrucks" (Zeisel 2011, S. 88 f.). So hat er gemeinsam mit Sean Caulfield „Artists for Alzheimer's" (ARTZ) gegründet. Das ARTZ-Programm verfolgt im Wesentlichen zwei Ziele: Zum einen soll Menschen mit Demenz die Möglichkeit geboten werden, regelmäßig künstlerische Erfahrungen rezeptiver und auch praktisch-produktiver Art zu machen. Zum anderen geht es darum, Künstlerinnen und Künstler für die gemeinsame Arbeit mit Menschen mit Alzheimer-Demenz zu gewinnen. Dabei geht es nicht in erster Linie um Therapie, sondern um kulturelle Teilhabe und die Möglichkeit des Ausdrucks, der Kommunikation und Sinnstiftung.

In Deutschland ist vor allem auf das Kunstvermittlungskonzept des Lehmbruck Museums in Duisburg hinzuweisen. Hier werden seit mehreren Jahren mit großem Erfolg Ausstellungsbesuche mit anschließender praktischer Gestaltungsarbeit für Menschen mit Demenz angeboten. Weitere fundierte und inspirierende Arbeiten stellen unter anderem die Veröffentlichung dar: „Auf den Flügeln der Kunst. Ein Handbuch zur künstlerisch-kulturellen Praxis mit Menschen mit Demenz" von Flavia Nebauer und Kim de Groote, sowie „Ein Zaun kennt viele Farben". Plädoyer für eine kreative Kultur der Begegnung mit Menschen mit Demenz" von Gudrun Piechotta-Henze et al. (Hrsg.). Hier werden, unter Einbezug der Forschung von Zeisel und dem Kunstvermittlungskonzept des Lehmbruck Museums Perspektiven der Lebensqualität und Inklusion aufgezeigt.

Das Duisburger Konzept stand Pate, als wir unsere Projekte im Rahmen zweier Seminare an der Ev. Fachhochschule RWL für Studierende der Sozialen Arbeit anboten. Allerdings hatten wir drei Voraussetzungen, die sich vom Konzept des Lehmbruck Museums unterschieden: Erstens sollten Studierende der Sozialen Arbeit die Kunstvermittlung und Gestaltungsarbeit übernehmen, zweitens waren die Angehörigen mit einbezogen und drittens hatten wir es mit freier Gegenwartskunst zu tun.

„Immer der erste Moment". Projektbeschreibung

> „Erstaunlicherweise löst sich dieses innere Bild von Kunst im demenziellen Verlauf auf, wodurch eine Offenheit für andere Formen bildnerischen Ausdrucks entsteht. Hier sind die Menschen mit Demenz oftmals moderner, im Sinne von unkonventioneller, als die sie begleitenden Menschen" (Ganß 2011, S. 99 f.).

Ziel zweier kooperierender Seminare im WS 2012/13 war es, einen Museumsbesuch mit Menschen mit Demenz und ihren Angehörigen im Bochumer Kunstmuseum durchzuführen. Nach theoretischen Einführungen in der Hochschule besuchten wird die Praxiseinrichtung beim Deutschen Roten Kreuz, die eine ambulante Freizeitgruppe für Menschen mit Demenz anbietet. Hier sollten erste Kontakte zu den Teilnehmern und ihren Angehörigen bei einem gemeinsamen Kaffeetrinken entstehen und Termine für Hausbesuche (sieben Studierendengruppen von jeweils fünf Teilnehmern) ausgemacht werden. Jede Gruppe war für eine Familie verantwortlich. Während der Hausbesuche hatten die Studierenden den Auftrag, ein fotografisches Porträt der Person mit Demenz zu erstellen. Dazu sollten sie im Einvernehmen Fotos typischer Gegenstände oder Orte, sowie die Hände der Person fotografieren. Im Mittelpunkt des Seminars standen zwei Museumstage, auf die sich die Gruppen aufteilten. Das Seminar endete mit einer Projektdokumentation und einer öffentlichen Ausstellung im Museum. Die Leitung hatte, neben mir, die Sozialgerontologin Helene Ignatzi und die Kunstvermittlerin Kerstin Kuklinski des Bochumer Kunstmuseums, die auch Lehrbeauftragte an der EFH ist.

Nach einer intensiven theoretischen Einführung in das Thema „Demenz" wurde den Studierenden der Projektverlauf vorgestellt. Erste Zweifel, ob freie Gegenwartskunst die geeignete Beschäftigung für Menschen einer beginnenden und auch mittleren Demenz wäre, wurden früh in der Gruppe diskutiert. Vor allem Studierende, die sich mit der Thematik „Demenz und Lebensraumgestaltung" bereits theoretisch beschäftigt hatten, fragten, inwieweit Kunst nicht zur Überforderung dieser Menschen führen würde, und dies vor allem den Empfehlungen der Fachliteratur grundsätzlich widerspräche. Für diese Annahme, waren Zitate wie das folgende maßgeblich verantwortlich: „Bei der Bebilderung der Wände sind einfache Sujets wie Tiere oder Blumen geeigneter als abstrakte Kunst. Ebenfalls ist zu berücksichtigen, dass bedrohlich wirkende Skulpturen oder Pflanzen Halluzinationen, Angst oder Aggressionen auslösen können. Bekannt ist die schädliche Auswirkung von Spiegeln oder spiegelnden Flächen…" (Held/Ermini-Fünfschilling 2007, S. 84). Auch trifft man immer wieder auf Hinweise, dass Beschäftigungen auf eine Dauer von 15–20 min beschränkt werden müssen und bei Anzeichen von Ermüdung und Erschöpfung sofort abzubrechen ist (Stoppe/Stiens 2009, S. 128). Konnten wir das Risiko eingehen und die Teilnehmer einer Situation aussetzen, in der sie mit Kunst konfrontiert werden, die zum Teil fremd und abstrakt ist und vor allem deutlich die Komplexität reduzierter und vertrauter „Tier- und Blumenmotive" überschreitet? Provozieren wir womöglich „Halluzinationen, Angst oder Aggressionen", da die Wahrnehmung und Empfindsamkeit von Menschen mit Demenz so stark verändert sind, dass freie Gegenwartskunst als Bedrohung empfunden wird? Werden wir nach 15 min den Besuch abbrechen müssen, da Ermüdung und Reizüberflutung drohen? Und schließlich die Frage: Welches Ziel verfolgen wir eigentlich? Sollte man diese alten Menschen nicht mit Gegenwartskunst „verschonen", zumal bereits im Vorfeld feststand, dass nur eine Frau der Gruppe der Demenzbetroffenen eine künstlerische Vorbildung mitbrachte und demnach im Sinne von biografischer Arbeit daran hätte anknüpfen können? Neben den Fragen der Überbeanspruchung oder gar möglichen Gefährdung, die ein Tag im Museum auslösen könnte, mischten sich Zweifel, die die Annäherung an Gegenwartskunst generell betrafen. Michael Ganß beschreibt dies folgendermaßen: „Ein Großteil der älteren Menschen, die in dieser Zeit aufgewachsen sind, tragen diese konventionelle Auffassung von Kunst als feste Überzeugung in sich. Dies gilt sowohl für die kognitive Bewertung von dem, was Kunst für sie selber bedeutet, als auch für das Empfinden in der Betrachtung von Kunstwerken. [...] Auch viele junge Menschen haben eine konservative Kunstauffassung und erleben Kunst entsprechend" (Ganß 2011, S. 101 f.). So mussten also in einem ersten Schritt auch bei den Studierenden Barrieren und Vorbehalte überwunden und Zugänge geschaffen werden.

Foto: Helene Skladny

Dazu diente ein Tag in der Ausstellung, der neben sehr guter Anleitung der Kunstvermittlerin viele Möglichkeiten zum Betrachten, Austauschen und „Sich-darauf-Einlassen" bot. Dass Ganß mit seiner Einschätzung Recht behielt, nämlich dass Menschen mit Demenz oftmals eine vorbehaltlose Offenheit und Sensibilität für (Gegenwarts-)Kunst mitbringen, sollte sich im Verlauf unseres Projektes dann tatsächlich bestätigen.

Der Museumstag wurde intensiv vorbereitet: Namensschilder, arrangierte Kaffee- und Werktische, klare und detaillierte Absprachen des Ablaufs (wer begrüßt die Ankommenden, wer assistiert bei der Garderobe usw.). Ziel war die Schaffung einer möglichst ruhigen und vorstrukturierten Umgebung.

Impressionen

Schon nach kurzer Zeit verteilten sich die Kleingruppen im hellen großen Museumsraum. Jede Gruppe fand ihr eigenes Tempo. Der Ausstellungsbesuch dauerte ca. eine Stunde. Vier der sechs Teilnehmer mit Demenz zeigten großes Interesse und wären sicherlich noch länger in der Ausstellung geblieben. Sie unterhielten sich nahezu die gesamte Zeit über die Werke oder benutzen diese, um sich auszutauschen und fühlten sich in der Gruppe wohl, genossen sichtlich den Austausch mit den Studierenden. Anfragen, was den Sinn oder Unsinn von Gegenwartskunst betrifft, wurden nicht gestellt.

Foto: Helene Skladny.

Kunst, die nicht gefiel, wurde teilweise mit Sätzen: „Das gefällt mir nicht", kommentiert oder aber gar nicht erst beachtet. Unsicherheiten waren anfänglich eher bei den Angehörigen zu beobachten, die sich vorerst zögerlich oder skeptisch äußerten, sich jedoch schnell auf die ungezwungene Situation einstimmen konnten. Nur eine Teilnehmerin hatte Schwierigkeiten, sich auf den Ort und die Werke einzulassen. Sie war die Einzige, die ohne Angehörige im Museum war. Obwohl sie eine Runde durch das Museum machte und auch wenige Kommentare gab, konnte man ihr die innere Unruhe anmerken. Als eine Studentin ihr anbot, sie zum Kaffeetisch ins Foyer zu begleiten, nahm sie dankend an. Ein Teilnehmer mit einer fortgeschrittenen Demenz wechselte häufiger seine Position und schaute sich die Bilder nur kurz und aus einer gewissen Entfernung an. Die Gruppe passte sich seinem Tempo an. Gespräche zu den Werken entwickelten sich hauptsächlich zwischen den Studierenden und seiner Frau. Dass Herr B. nicht uninteressiert war, zeigte sich bei einer durch die Kunstvermittlerin angeleiteten Bildbetrachtung. Hier bleib er ca. 10 min vor dem Bild sitzen und beteiligte sich mit kurzen Kommentaren. Seine motorische Unruhe löste sich bei der praktischen Arbeit vollständig auf.

Frau S., die mit 92 Jahren älteste und im Umgang mit Kunst vertraute Teilnehmerin, steuerte mit ihrer kleinen Gruppe zielsicher auf die grafische Arbeit „dort" (2007), von Andrea Zaumseil zu. Diese Arbeit vereint ungefähr alle Merkmale eines abstrakten Kunstwerks, das, folgt man der oben zitierten Empfehlung, dringend gemieden werden sollte: eine große dunkel gehaltene Papierarbeit (194 cm × 254 cm), auf der mit schwarzer Pastellkreide unregelmäßig verteilte amorphe Anhöhen zu sehen sind – eine äußerst düstere, dramatisch wirkende Kraterlandschaft, so jedenfalls mein Eindruck. Frau S. stellte sich konzentriert vor das Werk, trat zurück, nahm unterschiedliche Perspektiven ein, zeigte auf Besonderheiten und begann über ihre Wahrnehmungen und Assoziationen zu sprechen: „Ein aufgehäufter Kohleberg oder eine Landschaft in der Nacht [...] man kann da hineingehen [...] wie von ganz weit oben [...] interessant." Einige Gruppenmitglieder stiegen in das Gespräch ein, jeder aus der subjektiven Perspektive seiner Wahrnehmung. Die Frage: Was das Werk darstellen solle oder was die Künstlerin damit ausdrücken wolle usw. interessierte während dieser Betrachtung nicht. Liest man den Begleittext im Katalog gewinnt man den Eindruck, dass diese Art des Zugangs dem Werk gerecht geworden ist. Richard Hoppe-Sailer schreibt: „Ziel ihrer künstlerischen Arbeit ist die ästhetische Markierung eines Ortes, der keine Existenz außerhalb dieses Werkes hat. ,dort', bedeutet, hier, auf dem Papier der Zeichnung ereignet sich das Phänomen, hier ist der Ort der künstlerischen Arbeit und der Ort der ästhetischen Erfahrung des Betrachters" (Hoppe-Sailer 2012, S. 105). Sicherlich stellt diese Szene eine Ausnahme dar und ist keinesfalls ein Beleg dafür, solche Art von abstrakter Kunst in die Wohnumgebung von Demenzbetroffenen zu hängen. Es zeigt vielmehr, dass Generalisierungen hinsichtlich der Bildauswahl für Menschen mit Demenz zu vermeiden sind. Frau S. konnte sich auf die abstrakten grafischen Formen intensiv einlassen. Im Prinzip war sie es, die der Gruppe das Werk nahebrachte.

Foto: Helene Skladny.

Interessant war auch der Umgang zweier Teilnehmerinnen mit Objekten und Videoinstallationen, Kunstformen, mit denen sie bisher keinen bewussten Kontakt hatten, und auf die sie deutlich unbefangener zugingen als ihre Angehörigen. In der Mitte des Saales fand sich zum Beispiel die Werkgruppe „Tinten-Spiegelbild" (2010) von Martina Schuhmacher. Weiß lackierte geometrische Stahlformen mit einem ca. 10 cm hohen Rand, die auf einer Fläche von 5 × 6 m auf dem Boden liegen und mit hunderten von Litern farbiger Tinte gefüllt sind. Die Oberflächen reflektieren das Licht und spiegeln mit unterschiedlicher Intensität ihre Umgebung. Frau L. war von der Tiefenwirkung fasziniert: „Das Schwarz sieht aus, als würde man gleich in ein tiefes Loch fallen…Gelb sieht glatt und freundlich aus …!" Die Gruppe umrundete das Objekt und tauschte sich über Empfindungen aus. Sie waren immer noch mit dem Vergleichen der Farbflächen beschäftigt, als alle anderen bereits im Museumscafé saßen.

Frau F. führte ein Gespräch mit der Kunstvermittlerin über das Objekt „Chanson des Jumelles" von Anke Mila Menck, eine 250 × 250 cm große, frei stehende Wand aus schwarzen Legosteine. Dass es sich bei diesem fragilen und gleichzeitig massiv wirkenden Objekt um eine Legowand handelt, sieht man erst auf den zweiten Blick. Aber das schien im Gegensatz zu unserem Wahrnehmungsfokus gar nicht das Hauptaugenmerk der Betrachterin zu sein. Ihre Eindrücke gab sie folgendermaßen wieder: „Wie das halten kann? Dass da Licht hindurchscheint. Eine schöne glatte Fläche, möchte man am liebsten anfassen …"

Foto: Helene Skladny.

Empört, aber durchaus interessiert und belustigt reagierte Frau F. auf die Videoarbeit „Once upon a time" (2005) von Corinna Schnitt. Auf einem keinen Bildschirm kann man eine Szene verfolgen, die zeigt, wie das Wohnzimmer der Künstlerin nach und nach von hinzukommenden Tieren (Kaninchen, Katzen, Papageien bis hin zu Lamas und Schweinen) verwüstet wird. Mit einem Kopfhörer, den alle Teilnehmenden bereitwillig aufsetzten, konnte man das Treiben akustisch verfolgen. Die Absurdität der Szene, wurde von Frau F. registriert, das Inventar („so einen Teppich hatten wir auch mal") und die nach und nach das Zimmer betretenden Tiere kopfschüttelnd betrachtet. Frau L., die mit Tieren aufgewachsen ist und noch immer mit ihrer Familie einen kleinen Hof bewohnt, schaute sich die gesamte Videoarbeit wohlwollend an und kommentierte sie nicht weiter.

Interessant waren auch unsere Prognosen, welche Werke wohl das Interesse der Demenzbetroffenen wecken würden, wenn sie sich denn auf das Setting einließen. Ein Favorit stellte die Videoarbeit „The Eternal Lesson" (2012) von Christoph Girardet dar. Zu sehen sind großformatige schwarz – weiß Projektionen, die aus Filmmaterial aus dem Jahre 1939 stammen. Es handelt sich um kontemplativ anmutende Szenen, die Kunststudenten, mit den für diese Zeit typischen Frisuren und Kleidungsstilen bei ihrer Arbeit an Staffelein zeigen. Niemand unserer Gäste würdigte diese Arbeit auch nur eines Blickes.

Nach Kaffee und Kuchen wurde eine praktische Gestaltungsarbeit angeboten. Grundlage waren 2–3 ausgewählte Fotografien (DIN A4) der Hausbesuche. Auf den Fotos fanden sich Abbildung einer Nähmaschine, eines Lieblingssessels, einer Schmuckdose, eines Hahns u. a. Die Gegenstände wurden erkannt und ein Bild ausgewählt. Mithilfe einer transparenten Folie, die über die Fotografie gelegt wurde, konnten die Konturen mit einem breiten Folienstift nachgezeichnet werden. Die entstandene Zeichnung wurden dann mit Farbe ausgestaltet und mit Stoff oder Papierstreifen hinterklebt. Alle Demenzbetroffenen konnten diese Arbeit bewältigen. Von Seiten der Studierenden wurde, wenn nötig, assistiert und motiviert. Auch die Angehörigen gestalten auf diese Weise ein Bild. Diese Technik eignete sich deshalb, weil niemand zeichnen können musste, und dennoch eine wiedererkennbare gelungene Zeichnung entstand. Weiterhin konnte auf die Folie frei gemalt oder/und die Gegenstände ausgemalt werden. Nach drei Stunden war die Aktion beendet. Alle Beteiligten waren sichtlich zufrieden.

Als nächster Schritt wurde mit den Studierenden eine Ausstellung entwickelt. Zum einen ging es darum, den Projektverlauf anhand von Fotos und Texten der Studierenden zu dokumentieren. Zum andere sollte jeder Teilnehmer porträtiert werden und zwar unter Wahrung der Anonymität. Es waren also weder Gesichter noch persönlichen Daten zu sehen. Ausgestellt wurden dazu ausgewählte Fotos der Hausbesuche. Weiterhin wurde angefragt, ob die Teilnehmer bereit wären, einen für sie typischen Gegenstand für die Ausstellung bereitzustellen. Frau F., die als Schneiderin gearbeitet hatte, und sich sehr damit identifizierte, stelle uns ein selbstgenähtes Brautkleid zur Verfügung, das sie vor 25 Jahren für ihre Tochter (die auch am Projekt teilnahm) genäht hatte, und das sie beim Hausbesuch stolz präsentierte. Frau L. stellte eine typische Tasse aus Ostfriesland zur Verfügung, da sie dort geboren wurde. Weiterhin fanden sich eine Maurerkelle, eine Orchidee, ein Brettspiel und selbstgehäkelte Topflappen ein. Die Ausstellung wurde gemeinsam mit den Studierenden konzipiert und durchgeführt. Die Vernissage war sehr gut besucht. Drei Teilnehmer erschienen mit ihren Familien. Die restlichen Teilnehmer entschieden sich, die Ausstellung an einem „ruhigeren Tag" zu besuchen. Am meisten schien die Ausstellungseröffnung Frau F. zu begeistern. Sie stand an ihrer Ausstellungswand und freute sich sichtlich über das Interesse, das ihrem Brautkleid, und den dazugehörigen Bildern entgegengebracht wurde. In sicherer Begleitung ihrer Tochter und weiterer Angehöriger gab sie lebhaft Auskunft, beantwortete Fragen und zeigte keinerlei Verunsicherungen. Sie ließ sich fotografieren und verweilte lange an diesem Ort. Auch die beiden weiteren Teilnehmer konnten die Situation der Ausstellungseröffnung gut bewältigen. Sie erkannten ihre Fotos, ihre Arbeit und ihren Gegenstand und traten mit den Museumsbesuchern in Kontakt. Was uns überraschte, war, dass nach der aufreibenden Vernissage alle drei Familien noch einmal in die Museumsräume gingen, um auch den Angehörigen, die nicht am Museumstag dabei waren, die Kunstwerke zu zeigen.

Kunst und Demenz. Projektauswertung

Die These, dass Menschen mit Demenz „unkonventioneller" und „moderner" auf bildende Kunst reagieren, konnte mit diesem Projekt bestätigt werden. Die Teilnehmer gingen unmittelbar auf die Kunst ein und konnten zu manchen Werken spontan sinnliche Bezüge herstellen, Fähigkeiten, die man für den Zugang zu Kunstwerken benötigt, und die bei vielen Erwachsenen mehr oder weniger verschüttet sind. Annahmen, dass Menschen mit Demenz aufgrund ihrer veränderten Wahrnehmung nur solche Bildmotive bevorzugen, die leicht erkennbar und sprachlich benennbar sind (also die vielzitierten „Tier- und Blumenmotive"), reduzieren Formen von Kunstrezeption auf begrenzte rationale Prozesse und werden damit weder der Kunst noch den Fähigkeiten dieser Menschen gerecht. Kunst bietet, gerade aufgrund ihrer sinnlichen Qualität, Zugangs- und Austauschformen, die nicht zwingend und ausschließlich auf kognitivem Wissen basieren. Dennoch sind sie anspruchsvoll und herausfordernd. Somit kann Kunst in mehrfacher Hinsicht zur Inklusion Demenzbetroffener beitragen. Zum einem unterstützt sie das menschliche Grundbedürfnis nach Förderung, Entwicklung und Erfahrung. Sie stellt „Verbindungen zwischen voneinander getrennten Teilen des Gehirns her, in denen Erinnerungen und Fähigkeiten lokalisiert sind. […] Wenn das Gehirn von einer Alzheimer-Erkrankung betroffen ist und spezielle Örtlichkeiten und Fähigkeiten geschädigt werden, überdeckt die Tatsache, dass Kunst so zahlreiche Bereiche des Gehirns berührt, an einzelnen Stellen auftretende Defizite" (Zeisel 2012, S. 88). Die erlebte Qualität der Kunstbetrachtung gilt auch für die „Kunstproduktion" im Sinne eigener Ausdrucks- und Gestaltungsformen. Beides bedarf einer geschulten Anleitung.

Weiterhin ermöglicht der Museumsbesuch kulturelle und gesellschaftliche Teilhabe. Menschen mit Demenz haben dort die Möglichkeit, am öffentlichen Leben zu partizipieren, gewissermaßen etwas „Erwachsenes" zu erleben. Im gemeinsamen Betrachten und möglichen Austausch über die Empfindungen und Eindrücke entsteht Kommunikation „auf Augenhöhe". Auch für die Angehörigen kann so eine bereichernde und entlastende Beziehungserfahrung entstehen. Die durch die demenzielle Veränderung häufig verursachte Asymmetrie in der Beziehung wird für den Zeitpunkt des Besuches aufgehoben. Die Atmosphäre des Museumsraumes und die der Werke können zum Wohlbefinden und zur Zufriedenheit der Demenzbetroffenen beitragen. Studien von Zeisel und Nebauer/de Groote bestätigen, dass sich diese Erfahrung auch noch über den Museumsbesuch hinaus auf die Betroffenen positiv auswirken.

Dass Begegnungen von „Kunst und Demenz" Vorbereitung bedarf, nicht alle Ausstellungen geeignet sind, und auch nicht alle Demenzbetroffenen für Ausstellungsbesuche zu gewinnen sind, braucht nicht weiter ausgeführt zu werden. Mittlerweile existieren vielfältige Projekte zur Kunst und Kulturteilhabe Demenzbetroffener (vgl. Nebauer/de Groote 2012, S. 176 ff.). Kunstmuseen haben Vermittlungskonzepte entwickelt, die auf Menschen mit Demenz abgestimmt sind. Wie kann Soziale Arbeit an die Ressource Kunst hinsichtlich des Umgangs mit Menschen mit der Demenz anknüpfen? Zeisel schreibt:

> „Jeder […] kann im eigenen Gemeinwesen nach solchen Angeboten Ausschau halten und einen Nutzen aus ihren ziehen. […] Wenn es keine derartigen Kunstprogramme gibt, kann man fordern, dass solche Programme initiiert werden – ja, man kann sogar selber aktiv werden und ein derartiges Programm aufbauen" (Zeisel 2012, S. 89).

Grundvoraussetzung ist die Sensibilisierung und die Kenntnis um die Wirkung von Kunst und Ästhetik bei Klienten mit Demenz. Dafür sind eigene Erfahrungen und Konfrontationen mit Kunst und zwar im besten Fall vor den Originalen im Kontext des Museums, wichtig. Dafür müssen Sozialarbeiter keine „Kunstkenner" werden, sondern in der Lage sein, Angebote zu nutzen und, bei Interesse und Neigung, auch eigene Angebote zu schaffen. „Und zwar soll Kunst in handlungsentlastenden Situationen (Museum, Ausstellung etc.) die Bekanntschaft und den Umgang mit Atmosphären vermitteln" (Böhme, S. 25). Ziel ist eine Sensibilisierung für die Schaffung von Atmosphären, sinnlicher (Lebens-)Qualitäten und kultureller und gesellschaftlicher Teilhabe.

Literatur

Bochumer Kunst Kunstverein (2013): „bis hier…". 50 Jahre Kunstverein Bochum. Ausstellungskatalog. Bochum: Seltmann Print Art.

Degener, Th. (2009): Auszug aus dem Interview: Ein moralischer Kompass für die Behindertenpolitik. www.integrationsaemter.de/Ein-moralischer-Kompass-fuer-die-Behindertenpolitik/215c1428i1p62/index.html (Abruf 4.5.2015).

Ganß, M. (2011): Kunst, was ist das? In: Piechotta-Henze, G. et al. (Hrsg.): „Ein Zaun kennt viele Farben". Plädoyer für eine kreative Kultur der Begegnung mit Menschen mit Demenz. Frankfurt a. M.: Mabuse, S. 99–106.

Held, Ch./Ermini-Fünfschilling, D. (2006): Das demenzgerechte Heim. Lebensraumgestaltung, Betreuung und Pflege für Menschen mit Alzheimerkrankheit. Basel: Karger.

Hoppe-Sailer, R. (2012): Andrea Zaumseil. In: Bochumer Kunst Kunstverein (2013): „bis hier…". 50 Jahre Kunstverein Bochum. Ausstellungskatalog: Bochum: Seltmann Print Art.

Jasper, B. M./Regelin, P. (2011): Menschen mit Demenz bewegen. 196 Aktivierungsübungen für Kopf und Körper. Hannover: Vincentz Network.

Nebauer, F./Groote, Kim de (2012): Auf Flügeln der Kunst. Ein Handbuch zur künstlerisch-kulturellen Praxis mit Menschen mit Demenz. München: kopaed.

Nolting, Th. (2011): Genau so anders. Zum evangelischen Profil der Diakonie. Düsseldorf.

Piechotta-Henze, G. et al. (Hrsg.) (2011): „Ein Zaun kennt viele Farben". Plädoyer für eine kreative Kultur der Begegnung mit Menschen mit Demenz. Frankfurt a. M.: Mabuse.

Radvansky, A. (2010): Die Alzheimer Demenz als soziologische Diagnose. In: Verantwortung – Schuld – Sühne. Zur Individualisierung von Gesundheit zwischen Regulierung und Disziplinierung. Jahrbuch für kritische Medizin und Gesundheitswissenschaften 46. Hamburg: Argument, S. 122–143.

Radvansky, A. (2014). Abstract: Tiefschlaf des Bewusstseins – Die Alzheimer Demenz als soziologische Diagnose. www.sozphil.uni-leipzig.de/cm/kuwi/mitarbeiter/andrea-radvanszky/ (Abruf 4.5.2015).

Stoppe, G./Stiens, G. (Hrsg.) (2009): Niedrigschwellige Betreuung von Demenzkranken. Grundlagen und Unterrichtsmaterialien. Stuttgart: Kohlhammer.

Wetzstein, V. (2011): Kognition und Personalität: Perspektiven einer Ethik der Demenz. In: Kruse, A. (Hrsg.): Lebensqualität bei Demenz? Zum gesellschaftlichen und individuellen Umgang mit einer Grenzsituation im Alter. Heidelberg: AKA, S. 51–73.

Wißmann, P./Gronemeyer, R. (2011): Demenz und Zivilgesellschaft – eine Streitschrift. Frankfurt a. M.: Mabuse.

Zeisel, J. (2012): „Ich bin noch hier!". Menschen mit Alzheimer-Demenz kreativ begleiten – eine neue Philosophie. Hogrefe: Huber.

Inklusion spielerisch auf den Punkt gebracht: Txalaparta – ein Rhythmusinstrument aus dem Baskenland[1]

Carmen Dorrance und Wolfgang Meyberg

Musikalische Interaktion als Beitrag zu einer inklusionsorientierten ästhetischen Praxis

Uneingeschränkte gesellschaftliche Teilhabe auf der Basis von Selbstbestimmung und Wertschätzung setzt nicht nur strukturell-organisatorische Bedingungen voraus, die ein Miteinander ermöglichen, sondern auch Kommunikation auf Augenhöhe zwischen Menschen, ungeachtet ihrer individuell vielfältigen Ressourcen, seien sie auch kulturell, sozial, körperlich oder kognitiv unterscheidbar. Ästhetische Praxis mag in strukturell-organisatorischer Hinsicht wenig mehr als die eigenen Bedingungen – beispielsweise in Bezug auf Barrierefreiheit – zum Gegenstand der Reflexion machen zu können. In Bezug auf eine barrierefreie Kommunikation allerdings ist sie sicherlich aufgefordert, volle Teilhabe für alle ihre Adressat*innen zu ermöglichen. Eine erfolgreiche und nachhaltige Umsetzung von Inklusion im Sinne der UN-Konvention über die Rechte von Menschen mit Behinderung (UN-BRK) erfordert hierzu elaborierte konzeptionelle Ideen, in denen die verschiedenen Facetten zwischenmenschlicher Kommunikation spielerisch-kreativ geübt und gelebt werden können. Gemeinsames improvisatorisches Musizieren kann hierfür einen idealtypischen Zugang bieten:

- Die Musizierenden einigen sich auf einen zeitlich und örtlich festgelegten Rahmen. Er gibt Sicherheit und Orientierung und gleichzeitig Freiraum für eigene Gestaltungsoptionen.

---

[1] Es empfiehlt sich einleitend zur Lektüre dieses Beitrags, sich über die Praxis des Spiels auf der Txalaparta einen visuellen Eindruck zu verschaffen. Dies kann über die nachfolgenden Hinweise auf frei im Netz zugängliche filmische Kurzbeiträge erfolgen.

- Gemeinsam geteilte Spielregeln gewährleisten, dass sich jede Person innerhalb dieses Rahmens angemessen, gleichwertig und gleichwürdig ihrer Individualität und momentanen Befindlichkeit entsprechend musikalisch bewegen und ausdrücken kann.
- Aus dem interaktiven Spielprozess heraus entsteht ein gemeinsames Ergebnis, das mehr ist als die Summe der Einzelbeiträge und dem doch der jeweilige Eigenanteil anzuhören ist: Musik.

Im Fokus dieses Beitrags steht ein traditionelles baskisches Rhythmusinstrument: die Txalaparta. Unter dem Aspekt von Inklusion in der ästhetischen Praxis soll hier insbesondere ihre spezielle, weltweit einmalige Spielweise betrachtet und ihr Potenzial für die Ermöglichung eines barrierefreien gemeinsamen Musizierens herausgearbeitet werden.

Ausgangspunkt der Überlegungen ist zunächst die Konzentration auf einen gemeinsamen Raum und eine gemeinsam zu verbringende Zeit der am Spiel Beteiligten. Dabei ist die Beteiligung zunächst voraussetzungsfrei – also nicht an spezifische Vorkenntnisse, musikpraktische Erfahrungen oder besondere Begabungsniveaus gebunden. Das Spiel auf der Txalaparta ist dabei stets Kommunikation – die ihm zugrundeliegenden (sehr einfach und rasch nachvollziehbaren) Regeln zielen auf wechselseitige Wahrnehmung und Austausch. Im Verlauf des gemeinsamen Spiels auf der Txalaparta verbinden sich die von den beiden Personen gespielten Rhythmen zu größeren musikalischen Einheiten.

Die Praxis des Spiels auf der Txalaparta

Die Txalaparta (sprich: Tschalaparta) ist ein Musikinstrument, das außerhalb seiner „Heimat", dem Baskenland, kaum bekannt ist. Ein besonderes Merkmal dieses Instrumentes ist es, dass es immer von zwei Personen gespielt wird. Insofern entspricht seine musikalische Praxis per se einem *gemeinschaftlichen* Tun – es geht also nicht um durchaus auch als Wettstreit unterschiedlicher Akteure aufzufassende Improvisationskonstellationen[2] im Kontext von Jazz oder auch bisweilen von Rockmusik. Das Spiel auf der

---

2   Als idealtypisches Beispiel mögen hier etwa die im Gefolge des Bebop der 1940er, 1950er und 1960er Jahre berühmt gewordenen „battles of saxes" Erwähnung finden. Improvisation in Jazzkontexten – und deutlicher möglicherweise noch in den selteneren Momenten, in denen instrumentale Improvisationen zu einem Kernbestandteil der Rockmusik wurden – lassen sich immer auch unter dem Aspekt ostentativer virtuoser Selbstdarstellung interpretieren.

Txalaparta ist selbst bereits Ergebnis von Zusammenspiel, von koordinierter Interaktion.

Auch das Instrument selbst ist in seiner Einfachheit gewissermaßen niedrigschwellig herzustellen. Die Spielfläche einer traditionellen Txalaparta besteht aus einem massiven Brett. Um darauf Töne und Rhythmen zu erzeugen, werden von den Spieler*innen relativ lange und dicke Rundhölzer senkrecht von oben auf das Holz gestoßen. Das Spiel erfolgt immer abwechselnd. Dabei werden jedes Mal von einer Person nie mehr als zwei (in Ausnahmefällen: drei) aufeinander folgende Impulse auf das Brett gegeben. Aus dem so entstehenden gemeinsamen Spiel entwickelt sich nun ein sich unentwegt kontinuierlich veränderndes rhythmisches Geflecht.

Die Txalaparta gehört zu den Instrumenten, deren Herkunft direkt aus dem bäuerlichen Arbeitsleben abgeleitet werden kann: Im Baskenland hat die Herstellung von Apfelwein eine lange Tradition. Bevor die Äpfel in die Presse kamen, wurden sie von den Bauern mit langen Stößeln zerstampft. Danach wurde schon mal eine der Bohlen aus der Presse – nachdem man sie an der Sonne getrocknet hatte – auf mit Maisblättern gepolsterte Weidenkörbe gelegt. Diese diente nun als Musikinstrument. Der arbeitsteilige Stampfrhythmus ging über in ein musikalisches Feierabendvergnügen.

Nachdem das Spiel auf der Txalaparta in den Jahren des Franco-Regimes verboten und dadurch fast in Vergessenheit geraten war, ist die Txalaparta-Musik heute wieder ein lebendiger und bewusst gepflegter Bestandteil des baskischen Kulturerbes. Das Instrument hat in den letzten Jahren viele Veränderungen erfahren: aus einem Holzbrett sind zwei, drei oder mehr geworden. Auch auf andere Materialien wie Stein und Metall werden die mitunter immer raffinierteren und komplizierteren Rhythmen gestoßen – nicht selten auch von drei oder vier Personen an einem Instrument. Aber immer noch gilt die Regel, dass zwei Spieler nie gleichzeitig einen Ton anschlagen. (Empfehlenswert für weitere Informationen ist die englischsprachige Wikipedia-Seite: Txalaparta.)

An dieser Stelle bitten wir Sie, verehrte Leserin und verehrter Leser, sich auf YouTube zunächst einmal folgendes vierminütiges Video anzuschauen:

Abb. 1: Txalaparta meets Bindeschuh

Quelle: Meyberg/Bindeschuh-Projektteilnehmende 2014.

Dieses Video ist anlässlich einer Ausstellungseröffnung des Projekts Bindeschuh entstanden (mehr Informationen auf der Website von Bindeschuh). Warum haben wir es ausgewählt?

- Es spielt hier keine Rolle, dass bzw. ob eine oder beide beteiligten Personen eine Behinderung haben. Dieser Videomitschnitt soll zunächst einmal dokumentieren, dass es möglich ist, auf einer Txalaparta mit einfachsten Mitteln und wenigen Regeln improvisierte Musik zu spielen, die Spaß macht – nicht nur für die Musizierenden, sondern auch für das Publikum!
- Wie bereits oben beschrieben, tragen der äußere Rahmen und die Spielregeln wesentlich dazu bei, dass sich Individualität und Originalität entwickeln und ausdrücken können. Das Spiel auf der Txalaparta ist ein wechselseitiger Prozess. In ihm gibt es die Möglichkeit, die Initiative zu ergreifen und sie auch wieder abzugeben – Verhältnisse also, die sich nicht verfestigen, sondern sich bei genauerem Hinschauen und Hinhören auf beide Personen verteilen und dem Spiel immer wieder neue, kreative Impulse geben.
- Deutlich in dem Video zu sehen und zu hören sind die hohe Konzentration und die kommunikative Präsenz der Beteiligten. Beides ist typisch (und unumgänglich) für das Txalaparta-Spiel.

An dieser Stelle soll die in ihrer Art einmalige Spielweise auf der Txalaparta näher erläutert werden. Wie bereits erwähnt, wird die Txalaparta traditionell immer von zwei Personen im konstanten Wechsel gespielt. Person A beginnt das Spiel mit zwei kurz aufeinander folgenden Stampfimpulsen. Die zweite Hälfte des Taktes wird dann von Person B bespielt. Danach stößt wieder Person A ihre Rundhölzer auf das Brett, und zwar jedes Mal zwei Impulse – nicht mehr und nicht weniger. Person B jedoch hat die Option, in der ihr zustehenden Takthälfte anstelle von zwei Impulsen nur einen zu spielen oder sogar eine Pause zu machen. Allein durch diese einfache Regel wird schon bei kurzem Spiel eine erstaunlich große Zahl an unterschiedlichen Rhythmen zum Klingen gebracht. Person A gewährleistet einen verlässlichen Rahmen, in dem sich Person B frei bewegen kann (Meyberg 2013). Natürlich kann beim Spiel, wie im obigen Videobeispiel zu sehen und zu hören ist, diese traditionelle Rolleneinteilung verlassen werden.

An diesem Beispiel wird der Bezug zu einer inklusionsorientierten ästhetischen Praxis besonders deutlich: Das Spiel jeder einzelnen Person gibt – für sich genommen – musikalisch keinen Sinn. Dies ist vergleichbar mit einem Telefonat, das von einer dritten Person zum Beispiel während einer Bahnfahrt unfreiwillig und fragmentarisch mitgehört wird. Die Txalaparta-Rhythmen erschließen sich nur aus dem hörbaren Zusammenwirken *beider* Spieler*innen. Das Faszinierende und scheinbar Widersprüchliche dabei ist: Die Zeit-Räume für beide Personen werden konstant getrennt und rigide aufge*teilt* (*Teil*habe!), gleichzeitig verbinden sie sich zu musikalisch in sich ge*schlossenen* Formen. Das Wort Inklusion wird abgeleitet von dem lateinischen Wort „claudere", welches *„schließen"* bedeutet! Die für die Txalaparta typische Spielweise kann auch als ein „Interlocking System" bezeichnet werden. Die Übersetzung von „Interlocking" lautet: verzahnen, ineinandergreifen. Womit wir, unterstützt durch diese Wortanalyse, zu folgender Schlussfolgerung gelangen können: Das Txalaparta-Spiel ist gelebte Inklusion!

Das Spiel auf der Txalaparta:
ein Beispiel für eine inklusionsorientierte musikalische Praxis

Ein eng gefasster Inklusionsbegriff reduziert Inklusion auf Aspekte der Verbesserung von Teilhabeoptionen von Menschen mit Behinderungen und diese Personengruppe auf ihre jeweilige Beeinträchtigung. Auf diese theoretisch fragwürdige und auch mit Blick auf die UN-BRK problematische Engführung, zu der auch pädagogische Fachpositionen, die das rein defizitorientierte individuell-medizinische Modell von Behinderung bereits überwunden zu haben glauben, ihren Beitrag leisten, weist auch Tony Booth (2011) hin:

> „Dies trifft sogar da zu, wo man bereits verstanden hat, dass die Teilhabe von Kindern mit Beeinträchtigung nicht in erster Linie wegen ihrer Beeinträchtigungen erschwert ist, sondern aufgrund der Barrieren, die ihnen in den Weg gelegt werden" (Booth 2011, S. 6).

Demgegenüber berücksichtigt ein erweiterter Inklusionsbegriff systemisch[3] bedingte und strukturell verursachte Ausgrenzungsmechanismen[4], beispielsweise aufgrund des soziokulturellen Hintergrunds[5], der kulturellen Herkunft, der Geschlechterzugehörigkeit, des Alters, der sexuellen Orientierung, des Körpers oder der politischen Weltanschauung (vgl. Dorrance 2013; Dorrance 2014).

> „Inklusion ist ein Menschenrecht. Menschenrechte sind unteilbar, sie gelten für jeden Menschen auf der ganzen Welt und sie sind Richtschnur für das Zusammenleben und die Politik. Ebenso wie Menschenrechte für jeden Menschen gelten, so gelten auch die Rechte für einzelne Teilgruppen der Gesellschaft unteilbar und für alle Menschen. So zum Beispiel die Kinderrechte und die Rechte der Behinderten. Die Behindertenrechtskonvention richtet sich also nicht an Menschen mit Behinderungen, indem sie deren Rechte formuliert, sondern sie richtet sich an die gesamte Gesellschaft und an jeden einzelnen. Insofern ist Inklusion nicht zu verstehen als ein Spezialrecht für Behinderte, sondern ein Recht für jeden Menschen und für das Zusammenleben aller Menschen" (Norbert Hocke, Vorwort in Booth 2011, S. 3).

Spätestens seit dem Inkrafttreten der UN-Konvention über die Rechte von Menschen mit Behinderungen (UN-BRK) in Deutschland am 26. März 2009 stellt sich nicht mehr die Frage, ob die UN-BRK umgesetzt werden *soll*, sondern allein, welche Praxisformen einer Umsetzung entsprechen und welche nicht.

Am Beispiel des Spiels auf der Txalaparta kann gezeigt werden, welchen Kriterien inklusionsorientierte Ansätze dabei zu entsprechen haben.

---

3   Die UN-Konvention über die Rechte von Menschen mit Behinderungen (UN-BRK) knüpft an ein systemisches Verständnis von Behinderung Art. 1 an: „Zu den Menschen mit Behinderungen zählen Menschen, die langfristige körperliche, seelische, geistige oder Sinnesbeeinträchtigungen haben, welche sie in Wechselwirkung mit verschiedenen Barrieren an der vollen, wirksamen und gleichberechtigten Teilhabe an der Gesellschaft hindern können."

4   „Jede zehnte allgemeinbildende Schule ist eine Förderschule" (Autorengruppe Bildungsberichterstattung 2014, S. 170). „Mit einem Anteil von 64 Prozent stellen Jungen die Mehrzahl der Förderschülerinnen und Förderschüler [...]" (BMAS 2013b, S. 98).

5   „Erhebliche soziale Disparitäten zwischen Schülerinnen und Schülern mit und ohne sonderpädagogischer Förderung" (Autorengruppe Bildungsberichterstattung 2014, S. 179).

Teilhabe hat zur Voraussetzung, dass Bildungssysteme und -orte sich so entwickeln, dass die vorgefundene Vielfalt wertschätzende Berücksichtigung findet und jedes Individuum gleichermaßen die Chance hat, Achtung und Anerkennung zu finden. Damit wird Inklusion zu einem nie endenden Prozess, der sich der Herausforderung stellt, Teilhabebarrieren aufzuspüren und abzubauen sowie sich gleichzeitig an Werten orientiert, die als prinzipienbasierter Rahmen für die Praxis verstanden werden können (vgl. Booth 2011). Tony Booth (2011) versteht darunter Gleichheit, Gleichwürdigkeit (equity), Fairness und Gerechtigkeit, aber auch Rechte, Teilhabe, Respekt für Vielfalt, Gemeinschaft, Nachhaltigkeit, Gewaltfreiheit, Vertrauen, Ehrlichkeit, Mut, Freude, Mitgefühl, Liebe/Fürsorge, Optimismus und Hoffnung sowie Schönheit als zentrale inklusive Werte (vgl. auch: Booth/Ainscow 2002 bzw. Boban/Hinz 2003).

> „Gleichheit meint nicht, dass alle Menschen gleich seien oder auf die selbe Weise behandelt werden sollten, sondern dass jede und jeder als gleichwertig behandelt wird" (Booth 2011, S. 11).

Im Folgenden wird versucht, die Praxis des Spiels auf der Txalaparta inklusionstheoretisch zu unterfüttern. Dabei soll deutlich werden, dass Inklusion nicht nur Barrierefreiheit bedarf, sondern Teilhabe auch strukturell ermöglichen muss.

Das Spiel auf der Txalaparta: unabhängig vom ökonomischen und sozialen Kapital

Das gemeinsame Spiel auf der Txalaparta bedarf keiner dem Spiel vorausgehenden spezifischen Kompetenz, der Wissensvorsprung dessen, der in das Spiel einführt, hebt sich im Zuge der Spielpraxis zunehmend auf. Die Txalaparta ermöglicht eine Begegnung unabhängig vom soziokulturellen Status[6]

---

6   Die deutsche Schulstruktur „privilegiert die oberen Sozialschichten, indem sie sie vor aufstiegsfähigen Mitbewerbern aus den unteren Sozialschichten abschirmt und begünstigt so die Reproduktion von ökonomischem und sozialem Kapital" (Rösner 2007, S. 47; vgl. Bourdieu 1973 und 1982).
„Musizieren [ist] häufiger bei jungen Menschen aus bildungsnahen Elternhäusern verbreitet [...]. Besonders groß ist die soziale Selektivität auch beim Besuch organisierter Angebote der Musikschulen" (Autorengruppe Bildungsberichterstattung 2014, S. 85; vgl. BMAS 2013a, S. 90).
„Kaum Verbesserungen hinsichtlich der Kopplung von sozialer Herkunft und Schülerleistung" (Autorengruppe Bildungsberichterstattung 2014, S. 88).

der beteiligten Akteure. Das Spiel verzichtet auf die Markierung von Ungleichheiten. Die Spielenden erscheinen als funktional gleichberechtigt und gleichwertig. Ihre Repräsentationschancen unterscheiden sich nicht und folgen keinem vorher festgelegten Muster.

Zudem erscheint das Instrument als weitestgehend unabhängig von zur Verfügung stehenden finanziellen Mitteln und kann ohne großen Aufwand und Anschaffungskosten aus Brettern und Stäben nachgebaut werden bzw. auch aus alternativen Materialien wie zum Beispiel aus Töpfen oder Besen bestehen (vgl. Stomp 2013a und b).

Das Spiel auf der Txalaparta:
Gleichwertigkeit – Gleichberechtigung – Teilhabe

Gleichheit – im Sinne von Gleichwertigkeit aller Menschen – beinhaltet, dass alle Menschen die gleichen Rechte haben. Dieses demokratische Grundverständnis wird beim Spiel auf der Txalaparta praktiziert und gefördert.

> „Rechte gründen auf einem Bekenntnis zu Gleichheit. Alle Menschen haben den gleichen Wert, denn sie haben alle die gleichen Rechte. […]. Die Förderung von Menschenrechten innerhalb des Bildungsbereichs ermutigt die Entwicklung wechselseitiger und fürsorgender Beziehungsverhältnisse" (Booth 2011, S. 12).

Vor dem Hintergrund der Gleichwertigkeit und Gleichberechtigung bedeutet Teilhabe nicht nur, dass eine Person in gemeinsame Aktivitäten mit Anderen einbezogen ist, sondern sie beinhaltet vielmehr die aktive Partizipation und gegenseitige Akzeptanz der jeweiligen persönlichen Eigenheiten auf einem demokratischen Grundverständnis mit einem umfassenden Konzept des Dialogs (vgl. Dewey 1916).

Entsprechend erfordert das wechselseitige Spiel auf der Txalaparta die aktive dialogische Beteiligung[7] der Akteure und trägt dazu bei, auf demokratischen Grundstrukturen autonome Entscheidungen zu treffen.

„Der zu beobachtende Anstieg von Angeboten von Schulen in freier Trägerschaft […] kann als Hinweis interpretiert werden, dass die derzeitigen Angebote des öffentlichen Schulwesens den Bedürfnissen der Eltern nicht ausreichend gerecht werden" (Autorengruppe Bildungsberichterstattung 2014, S. 96).

7   „Der Film ‚Ursula oder das unwerte Leben', der 1966 in die Kinos kam, erregte großes Aufsehen, weil er nicht nur die Missstände von Behinderten-Betreuung aufzeigte, sondern auch demonstrierte, welche Entwicklungsmöglichkeiten in schwerstbehinderten Menschen angelegt sind. Überdies ist der Film ein historisches Dokument, weil er die Einzigartigkeit der Pädagogin Mimi Scheiblauer (1891–1968) bei ihrer Arbeit festhält" (Marti/ Mertens 1966, o.S.)..

Zum Recht auf Selbstbestimmung gehört auch das Recht, nicht partizipieren zu müssen und sei es, musikalische Pausen beim Spiel einzulegen.

> „Beteiligung erfordert Dialog mit anderen auf der Basis von Gleichheit und deshalb ist es erforderlich, Status- und Machtunterschiede ganz bewusst zur Seite zu schieben. Teilhabe ist erhöht, wenn das Zusammenwirken mit anderen uns in der Wahrnehmung unserer eigenen Identität bestärkt. Wenn wir von anderen akzeptiert und wertgeschätzt werden als die, die wir sind" (Booth 2011, S. 13).

Das Spiel auf der Txalaparta:
Respekt für Vielfalt[8] innerhalb der Gemeinschaft

Respekt für Vielfalt überwindet die Fiktion der Existenz homogener Gruppen und hinterfragt den Begriff der „Normalität" und die daraus resultierenden Selektionsmechanismen. Inklusive Ansätze schätzen Vielfalt als kostbare Ressource und überwinden Kategorisierungen von vorherrschenden Vorstellungen über Geschlechterrollen, kulturelle Eigenschaften, altersspezifische Defizite oder behinderungsspezifischen Beeinträchtigungen (vgl. Prengel 2013).

> „Die Bezugnahme auf ‚Vielfalt' macht aufmerksam auf Unterschiede wie auch auf Gemeinsamkeiten zwischen Menschen: Vielfalt meint die Unterschiede, die es auf der Basis von Gemeinsamkeiten der Menschheit gibt" (Booth 2011, S. 13).

Teil einer Gemeinschaft zu sein, diese aufzubauen und zu pflegen, bedeutet, wechselseitig Verantwortung für das gemeinsame Wohl zu übernehmen.

---

8 Vgl. UN-BRK, Art. 24, Abs. 1:
„(1) Die Vertragsstaaten anerkennen das Recht von Menschen mit Behinderungen auf Bildung.
Um dieses Recht ohne Diskriminierung und auf der Grundlage der Chancengleichheit zu verwirklichen, gewährleisten die Vertragsstaaten ein integratives Bildungssystem* auf allen Ebenen und lebenslanges Lernen mit dem Ziel,
a. die menschlichen Möglichkeiten sowie das Bewusst sein der Würde und das Selbstwertgefühl des Menschen voll zur Entfaltung zu bringen und die Achtung vor den Menschenrechten, den Grundfreiheiten und der menschlichen Vielfalt zu stärken;
b. Menschen mit Behinderungen ihre Persönlichkeit, ihre Begabungen und ihre Kreativität sowie ihre geistigen und körperlichen Fähigkeiten voll zur Entfaltung bringen zu lassen;
c. Menschen mit Behinderungen zur wirklichen Teilhabe an einer freien Gesellschaft zu befähigen".
* In der offiziellen und damit rechtskräftigen Sprachfassung der Vereinten Nationen findet sich stattdessen der Begriff „Inclusive Education".

Übernahme von Verantwortung für die Gemeinschaft kann gleichzeitig in einer demokratischen Gesellschaft als Kennzeichen verantwortungsvoller und aktiver Bürger*innen aufgefasst werden.

Das Spiel auf der Txalaparta basiert auf wechselseitiger rhythmischer Kommunikation, die auf dieser Basis Beziehungen entwickelt und die Übernahme von Verantwortung für die Person gegenüber sowie für die Gemeinschaft fördert.

Das Spiel auf der Txalaparta:
Nachhaltigkeit – Gewaltfreiheit – Vertrauen

Für das Wohlergehen künftiger Generationen gewinnt der Begriff der Nachhaltigkeit in den vergangenen Jahren zunehmend an Bedeutung. Inklusive Ansätze transportieren Werte, die dem Kriterium der Nachhaltigkeit gerecht werden. Nachhaltigkeit fokussiert einerseits unter anderem die lokale und globale Umweltzerstörung, Abholzung, Ozonabbau und globale Erwärmung, andererseits kann diesen Phänomenen nur begegnet werden, wenn die Individuen in ihrem Selbstwertgefühl nachhaltig so gestärkt sind, dass sie sich entsprechend engagieren können. Die Erfahrung der Selbstwirksamkeit und die Entwicklung zur Mündigkeit kann durch ein Umfeld unterstützt werden, in dem vor dem Hintergrund eines demokratischen Grundverständnisses Partizipation gelebt wird. Zur aktiven Teilhabe an der Gemeinschaft braucht es Menschen, die Gewaltfreiheit vorleben.

> „Gewaltfreiheit erfordert ein Zuhören und Verstehen der Perspektive von Anderen und ein Abwägen der Stärke von Argumenten, einschließlich der eigenen. Es erfordert die Herausbildung von Fähigkeiten zur Verhandlung, Vermittlung (Mediation) und zur Konfliktlösung bei Kindern und Erwachsenen" (Booth 2011, S. 16).

Wenn Zuhören und Verstehen der Perspektive von Anderen Gewaltfreiheit begünstigt, dann kann daraus geschlossen werden, dass das wechselseitige Spiel auf der Txalaparta dem Anspruch der Entwicklung zur Gewaltfreiheit an sich bereits gerecht wird und zudem durch das Spiel nach gemeinsam erstellten Regeln Formen der physischen und psychischen Macht- und Gewaltausübung entgegengewirkt werden.

Selbstbestimmtes Leben basiert auf Selbstvertrauen, das durch das Umfeld gestärkt werden kann. Ein Umfeld, das inklusive Werte lebt, begegnet den Mitmenschen aufgeschlossen, wertschätzend mit einem Vertrauensvorschuss.

„Vertrauen ist eng mit Vorstellungen von Verantwortung und Vertrauenswürdigkeit verbunden. Vertrauen ist nötig, um Respekt für sich selbst und wechselseitigen Respekt in der professionellen Praxis zu entwickeln.
Je weniger Vertrauen Menschen erfahren, umso weniger Vertrauenswürdigkeit
werden sie eventuell ausbilden" (O'Neill 2002, zit. in Booth 2011, S. 17).

In einer vertrauensvollen Umgebung fühlen sich Menschen frei und anerkannt, das Spiel auf der Txalaparta kann dazu beitragen.

Das Spiel auf der Txalaparta: Ehrlichkeit – Mut – Freude

Ehrlichkeit steht in direktem Zusammenhang zur Integrität und Aufrichtig-
keit in Verbindung zu den Werten Vertrauen und Mut.

„Ehrlichkeit ist schwieriger, wenn Mut daran geknüpft ist und einfacher, wenn
man darauf vertrauen kann, dass andere einen unterstützen" (Booth 2011,
S. 18).

Mut ist oft notwendig, um eigene Überzeugungen entgegen vorherrschender
Konventionen gegenüber Autoritäten zu vertreten. Wenn es eine Kultur ge-
genseitiger Unterstützung gibt, wachsen das Selbstvertrauen und der Mut,
wahrgenommene oder erlittene Diskriminierungen zu benennen und ihnen
entgegenzuwirken oder entgegenzutreten.

„Inklusive Werte beschäftigen sich mit der Entwicklung der ganzen Person, mit
ihren Gefühlen und Affekten; mit der Weiterentwicklung des menschlichen Geis-
tes; mit der Freude am Lernen, am Unterrichten und in Beziehungen" (Booth
2011, S. 19).

Das Spiel auf der Txalaparta kann einen Beitrag dazu leisten, in einer vertrau-
enserweckenden Umgebung Selbstvertrauen und Mut zu entwickeln sowie
die Beteiligten in ihrer ganzheitlichen Entwicklung zu unterstützen. Die mit
einfachsten Mitteln und wenigen transparenten Regeln improvisierte Musik
bereitet allen Beteiligten Freude.

Das Spiel auf der Txalaparta:
Mitgefühl, Liebe/Fürsorge, Optimismus und Hoffnung, Schönheit

Ein inklusiver Wert ist, sich mit den Perspektiven und Gefühlen anderer
Menschen im Sinne von Mitgefühl auseinander zu setzen. Vor dem Hintergrund von Liebe und Fürsorge stellt sich die zentrale Frage, wie Individuen

ressourcenorientiert in ihrer persönlichen Entwicklung unterstützt werden können.

> „Andere darin zu fördern, sie selbst zu sein und zu werden, folgt der Erkenntnis, dass Menschen aufblühen, wenn sie wertgeschätzt werden. Liebe/Fürsorge stärkt das Bewusstsein für Identität und Zugehörigkeit und fördert Teilhabe" (Booth 2011, S. 20).

Klarheit über inklusive Werte zu haben, kann der Handlungsorientierung dienen und kollektive Kräfte entfalten.

Medial vermittelte Schönheitsideale wirken auf alle ausgrenzend und diskriminierend, die diesen nicht entsprechen können oder wollen. In einer Kultur, die von inklusiven Werten geprägt ist, kann darauf vertraut werden, dass sich die Beteiligten ressourcenorientiert wahrnehmen.

> „Schönheit ist da, wenn jemand etwas liebt, das er oder sie oder jemand anders erschaffen hat, in einer Wertschätzung von Kunst und Musik. Inklusive Schönheit ist abseits von Stereotypen in der Vielfalt der Menschen und in der Vielfalt der Natur zu finden" (Booth 2011, S. 22).

Zusammenfassung

Mit Blick auf die Checkliste für inklusive Curricula (Deutsche UNESCO-Kommission 2009, S. 19 f; vgl. auch Dannenbeck/Dorrance 2014) ließe sich festhalten, dass das Txalaparta-Spiel einen aktiven Beitrag zur Antidiskriminierung und Wertschätzung von Vielfalt und Toleranz darstellt.

Das Spiel eröffnet Möglichkeiten, den Bedürfnissen aller Beteiligten, unabhängig von Lernschwierigkeiten, Sinneseinschränkungen oder körperlich begrenzten Möglichkeiten zu entsprechen und über bestehende oder behauptete kulturelle und soziale Grenzen hinweg zur gemeinsamen Interaktion zu veranlassen und zu wechselseitiger Kooperation auf demokratischer Basis zu ermutigen. Damit stellt es ein niedrigschwelliges kreatives Angebot kulturell-ästhetischer Bildung dar, das im Zuge inklusiver Bemühungen nachhaltig zu empfehlen ist.

Literatur

Autorengruppe Bildungsberichterstattung (Hrsg.) (2014): Bildung in Deutschland 2014. Ein indikatorengestützter Bericht mit einer Analyse zur Bildung von Menschen mit Behinderungen. Bielefeld: Bertelsmann. www.bildungsbericht.de/daten2014/bb_2014.pdf (Abruf 3.8.2014).

Bindeschuh (2014): Projekt Bindeschuh. Kulturarbeit mit geistig behinderten Menschen. Webseite c/o Prof. Dr. Andrea Hilgers, Hochschule Fulda, Fachbereich Sozialwesen. www.bindeschuh.de (Abruf 31.7.2014).

BMAS – Bundesministerium für Arbeit und Soziales (Hrsg.) (2013a): Lebenslagen in Deutschland. Vierter Armuts- und Reichtumsbericht der Bundesregierung. 7. März 2013. www.bmas.de/SharedDocs/Downloads/DE/PDF-Publikationen-DinA4/a334-4-armuts-reichtumsbericht-2013.pdf?__blob=publicationFile (PDF) (Abruf 3.8.2014).

BMAS – Bundesministerium für Arbeit und Soziales (Hrsg.) (2013b): Teilhabebericht der Bundesregierung über die Lebenslagen von Menschen mit Beeinträchtigungen. Teilhabe – Beeinträchtigung – Behinderung. www.bmas.de/SharedDocs/Downloads/DE/PDF-Publikationen/a125-13-teilhabebericht.pdf?__blob=publicationFile (Abruf 4.5.2015).

BMFSFJ – Bundesministerium für Familie, Senioren, Frauen und Jugend (Hrsg.) (1989): Übereinkommen über die Rechte des Kindes (UN-Kinderrechtskonvention; 1989) Convention on the Rights of the Child (1989) www.bmfsfj.de/RedaktionBMFSFJ/Broschuerenstelle/Pdf-Anlagen/_C3_9Cbereinkommen-_C3_BCber-die-Rechte-des-Kindes,property=pdf,bereich=bmfsfj,sprache=de,rwb=true.pdf (Abruf 3.8.2014).

Booth, T. (2011): Wie sollen wir zusammen leben? Inklusion als wertebezogener Rahmen für die pädagogische Praxis. Frankfurt a. M. www.gew.de/Binaries/Binary74925/Inklusion_Werte-End.pdf (Abruf 3.8.2014).

Booth, T./Ainscow, M. (2002): Index for Inclusion. Übersetzt für deutschsprachige Verhältnisse bearbeitet und herausgegeben von: Boban, I./Hinz, A. (2003): Index für Inklusion. Lernen und Teilhabe in der Schule der Vielfalt entwickeln. www.eenet.org.uk/resources/docs/Index%20German.pdf (Abruf 3.8.2014).

Bourdieu, P. (1982): Die feinen Unterschiede. Kritik der gesellschaftlichen Urteilskraft. Frankfurt a. M.: Suhrkamp.

Bourdieu, P. (1973): Cultural Reproduction and Social Reproduction. In: Brown, R. K. (Hrsg.): Knowledge, Education and Cultural Change: Papers in the Sociology of Education. London: Tavistock, S. 257–271. http://de.scribd.com/doc/39994014/Bourdieu-1973-Cultural-Reproduction-and-Social-Reproduction (Abruf 3.8.2014).

Dannenbeck, C./Dorrance, C. (2014): Der Inklusionsdiskurs und die (Offene) Kinder- und Jugendarbeit – von Diskursanlass zur Reflexion von Vielfalt und Differenz. In: neue praxis. Zeitschrift für Sozialarbeit, Sozialpädagogik und Sozialpolitik 44, H. 2, S. 150–157.

Deutsche UNESCO-Kommission e. V. (2009): Inklusion: Leitlinien für die Bildungspolitik. Deutsche Ausgabe der Policy Guidelines on Inclusion in Education. Bonn. www.unesco.de/3968.html bzw. www.unesco.de/fileadmin/medien/Dokumente/Bibliothek/InklusionLeitlinienBildungspolitik.pdf (Abruf 3.8.2014).

Deutsche UNESCO-Kommission e. V. (o.J.): Inklusive Bildung. Übersichtswebseite. www.unesco.de/inklusive_bildung.html?&L=0 (Abruf 3.8.2014).

Deutsche UNESCO-Kommission e. V. (o.J.): Internationale Übereinkommen im Zusammenhang mit inklusiver Bildung (1960–2006). Übersichtswebseite. www.unesco.de/inklusive_bildung_uebereinkommen.html (Abruf 3.8.2014).

Dewey, J. (1916): Democracy and Education. Harvard University: Macmillan, digitalisiert 2007. www.gutenberg.org/files/852/852-h/852-h.htm (Abruf 3.8.2014).

Dorrance, C. (2013): Zugehörigkeit und soziale Differenz im Elementarbereich (Teil 1). Inklusion in Zeiten der Entsolidarisierung. In: Gemeinsam leben. Zeitschrift für Inklusion 21, H. 3, S. 141–151.

Dorrance, C. (2014): Zugehörigkeit und soziale Differenz (Fortsetzung). Inklusion in Zeiten der Entsolidarisierung. In: Gemeinsam leben. Zeitschrift für Inklusion 22, H. 2, S. 78–88.

Marti, W./Mertens, R. (1966): Ursula oder das unwerte Leben. [Ursula ou le droit de vivre]. Kinofilm aus dem Jahr 1966, 35mm und 16 mm, 88 min., s/w, Lichtton, 1: 1.37, Deutsch. Webseite des Filmverleihs: www.langjahr-film.ch/pagina.php?0,0,1,4,209,10, (Abruf 3.8.2014).

Meyberg, W. (2013): Txalaparta – der Klang des Holzes. Ein Instrument aus dem Baskenland. In: Musiktherapeutische Umschau 34, H. 3, S. 244–251.

Meyberg, W./Bindeschuh-Projektteilnehmende (2014): Txalaparta meets Bindeschuh. Teilnehmende des Projektes ‚Bindeschuh' der Hochschule Fulda spielen mit Prof. Dr. Wolfgang Meyberg auf der Txalaparta (sprich Tschalaparta). Aufgenommen auf einer Vernissage am 27.1.2014. www.youtube.com/watch?v=DZujZa5rkPE (Abruf 31.7.2014).

O'Neill, O. (2002): A question of trust. Reith Lecture 3. London: BBC.

Prengel, A. (2013): Pädagogische Beziehungen zwischen Anerkennung, Verletzung und Ambivalenz. Opladen/Berlin/Toronto: Barbara Budrich.

Rösner, E. (2007): Hauptschule am Ende. Münster: Waxmann.

Stomp (2013a): How To STOMP: Hands & Feet. Videoclip von StompNY auf youtube.com. www.youtube.com/watch?v=CX6tKPte33A (Abruf 3.8.2014).

Stomp (2013b): How To STOMP: Bags. Videoclip von StompNY auf youtube.com. www.youtube.com/watch?v=3ILouRsc9IE (Abruf 3.8.2014).

Txalaparta (17 June 2014). http://en.wikipedia.org/wiki/Txalaparta (Abruf 31.7.2014).

United Nations [2006] (2008): UN-Konvention über die Rechte von Menschen mit Behinderungen (UN-BRK): Bundesgesetzblatt Jahrgang 2008 Teil II Nr. 35, ausgegeben zu Bonn am 31. Dezember 2008: Gesetz zu dem Übereinkommen der Vereinten Nationen vom 13. Dezember 2006 über die Rechte von Menschen mit Behinderungen sowie zu dem Fakultativprotokoll vom 13. Dezember 2006 zum Übereinkommen der Vereinten Nationen über die Rechte von Menschen mit Behinderungen vom 21. Dezember 2008. www.un.org/Depts/german/uebereinkommen/ar61106-dbgbl.pdf (Abruf 3.8.2014).

Kritische Reflexion „inklusiver" außerschulischer musikalischer Bildungspraxis

Ein Plädoyer für Spiel- und Experimentierräume für Musik von und mit Menschen mit und ohne Beeinträchtigungen mit einem Exkurs von Anna-Rebecca Thomas und Lynn Klinger

Elke Josties

Soziale Exklusion und kulturelle Teilhabeungerechtigkeit prägen nach wie vor die Realität kultureller Bildung in Deutschland. Bestimmte Zielgruppen werden oft pauschal als „schwer erreichbar" definiert, bleiben unbeteiligt und diskriminiert. Ein Grundproblem ist die kategoriale Etikettierung und die damit einhergehende Stigmatisierung solcher Zielgruppen. Heterogenität – wie etwa Ressourcen und Beeinträchtigungen von Individuen, unterschiedliche Geschlechterrollen, sprachlich-kulturelle und ethnische Hintergründe, soziale Milieus, sexuelle Orientierungen, politisch-religiöse Überzeugungen usw. – wird im deutschen Bildungswesen nach wie vor eher als Problem denn als Potenzial begriffen (Sliwka 2012, S. 272 f.). „Inklusive" außerschulische Kulturarbeit müsste Voraussetzungen schaffen, dass jedes Kind und jede/r Jugendliche entsprechend seinen/ihren Ressourcen die Möglichkeiten einer Teilhabe an kulturellen Projekten und Bildungsangeboten erhält. Realiter ist die Kulturelle Bildung jedoch weit von einer strukturellen Barrierefreiheit entfernt. Jugendliche mit körperlichen oder/und geistigen Beeinträchtigungen, um die es in diesem Essay gehen soll, erhalten besondere Förderung zur Eingliederung und Rehabilitation. Die Finanzierung von kulturellen Projekten ist in solchen Kontexten oft mit dem juristischen Status „Behinderung" verknüpft. Damit werden bereits Weichen in Richtung einer Unterscheidung zwischen „behindert" und „nicht behindert" gestellt und inklusive Prozesse eher gehemmt als befördert. In Förderantragstexten, pädagogischen Konzeptionen, aber auch in der Öffentlichkeitsarbeit bestärken soziale und kulturelle Projekte so häufig schon in der Phase der Antragstellung Unterscheidungen

– sie werben gezielt damit, dass „auch" oder „ausschließlich" Menschen mit körperlichen und/oder geistigen Beeinträchtigungen beteiligt sind. Dabei besteht die Gefahr, dass die Wahrnehmung künstlerischer Leistung dieser Zielgruppe in den Hintergrund rückt. Schließlich ist radikal zu hinterfragen: Muss Kulturelle Bildung überhaupt zwangsläufig „inklusiv" sein – kann sie nicht eigensinnig, widerborstig, provozierend wirken und damit Exklusionserfahrungen verdeutlichen oder überzeichnen bzw. im künstlerischen Ausdruck ad absurdum führen (Treptow 2010)? Oder eben einen Experimentierraum für (un-)gewöhnliche und innovative Praxen bieten (Schmidt 2012)?

In diesem Essay werden im ersten Teil, ausgehend von einer biografischen Fallstudie, Konzepte und Beispiele der musikalischen Bildung im Hinblick auf Inklusion und Diversity-Gerechtigkeit und im zweiten Teil Spiel- und Experimentierräume für künstlerische Performanz (in Musik, Tanz und Theater) von Jugendlichen und jungen Erwachsenen mit Beeinträchtigung kritisch reflektiert. Hintergrund der Fallstudie und anderer Praxisbeispiele sind eigene empirische Studien zur Jugendkulturarbeit sowie Praxisreflexionen, Hospitationsberichte und Hausarbeiten von Studierenden der Sozialen Arbeit an der Alice-Salomon Hochschule über kulturelle Projekte mit Beteiligung von Jugendlichen mit Beeinträchtigungen. In einem Exkurs zum Thema „Berufliches Selbst- und Fremdverständnis von Menschen mit ‚Behinderungen' in künstlerischen Werkstätten" präsentieren die Studierenden Anna-Rebecca Thomas und Lynn Klinger Ergebnisse ihrer Feldstudien beim Projekt „Thikwa e. V.". Die exemplarische Reflexion der Praxisbeispiele bezieht sich vorwiegend auf die Situation von jungen Menschen mit und ohne Beeinträchtigungen in Berlin.

Erster Teil

„Behinderung" als wirkmächtige Differenzkategorie

Berlin in den späten 1990er Jahren: Die jugendliche Julia[1], 17 Jahre alt, ist Fan der Band „Die Prinzen". In ihrer Freizeit nahm sie an einer musikalischen Gruppenarbeit teil. Dabei entdeckte sie ihre Freude am Keyboardspiel. Das Keyboard war damals gerade bei Mädchen ein sehr beliebtes Musikinstrument. Julia wollte unbedingt ihre Lieblingshits der „Prinzen" nachspielen. Sie bat ihre Eltern, für sie ein Keyboard zu kaufen. Die Eltern unterstützten sie und schenkten ihr ein für damalige Verhältnisse recht großes und gut klingendes Keyboard. Julia wollte gerne Einzelunterricht im Keyboardspiel nehmen. Dies

---

1 Persönliche Namen und Ortsangaben sind anonymisiert.

konnten ihre Eltern jedoch nicht finanzieren. Julia verwendete die Hälfte ihres monatlichen Taschengeldes darauf, eine Keyboardlehrerin zu bezahlen. Sie hätte ihr Taschengeld sicher locker für andere Freizeitaktivitäten sowie die für ihr Alter üblichen Konsumgüter ausgeben können. Aber sie war hoch motiviert, Keyboard spielen lernen zu wollen.

Der Zugang zu einem Musikinstrument sowie Einzelmusikunterricht war für Julia nicht selbstverständlich. Julia war eine intrinsisch motivierte Musikschülerin, die ihr eigenes (Taschen-)Geld in ihren Keyboardunterricht investierte. Ihre engagierte Grundhaltung verlangt Respekt. Vielleicht war Julia stärker motiviert als so manches Kind aus gutbürgerlicher Familie, das schon in früher Kindheit zu einer Instrumentalausbildung angehalten (oder gezwungen) worden war. Julia war aus eigenem Antrieb dazu bereit, (Frei-)Zeit für das Üben des Keyboardspiels aufzuwenden. Soviel zur subjektiven Ausgangsposition, die für die Einlassung auf kulturelle (Selbst-)Bildungsprozesse (mit-) ausschlaggebend ist, wie der Rat für Kulturelle Bildung in seinem Gutachten 2013 formulierte:

> „[…] Kulturelle Bildung ist nicht nur an objektive, sondern auch subjektive Voraussetzungen gebunden. Die sich bildenden Menschen müssen die nötigen Anstrengungen auf sich nehmen können und wollen. Und sie müssen die Zeit dafür aufwenden […]. Kulturelle Bildung kostet nicht nur Geld sondern auch Zeit" (Rat für Kulturelle Bildung e. V. 2013, S. 19 f.).

Für den Zugang zu kultureller Bildung sind strukturelle Rahmenbedingungen, sozio-ökonomische Faktoren sowie soziokulturelle und lebensweltliche Anregungsmilieus ebenso bedeutsam wie subjektive Dispositionen. In Julias alltäglichem Umfeld gab es (damals) keine für sie geeigneten offenen, an populärer Musik ausgerichteten Bildungsangebote, weder im Kontext von Jugendkulturarbeit noch von Musikschulen. Jugendliche wie Julia waren zudem als Zielgruppe einer Musikschule (damals) nicht vorgesehen. Warum nicht?

Therapeutisierung von Menschen mit Beeinträchtigungen

Julia wurde mit Trisomie 21 geboren. Als Jugendliche wohnte sie – ausgegrenzt in einer „toten" Wohngegend ohne jugendkulturelles Anregungsmilieu am Rande Berlins – in einer betreuten Wohngemeinschaft eines Wohnheims für junge Menschen mit geistiger Beeinträchtigung. Die Musikgruppe, an der sie in diesem Kontext teilnahm, wurde von einer Gestalt- und Musiktherapeutin angeleitet. Beim Musizieren ging es nicht etwa darum, die Hits der „Prinzen"

nachzuspielen, sondern im freien improvisierten Spiel Gefühle und Befindlich-
keiten zum Ausdruck zu bringen, die therapeutisch aufgearbeitet wurden. Julia
bat jedoch die Musiktherapeutin, ihr einzeln Keyboardunterricht zu erteilen.
Die Psychologin legte Wert darauf, zwischen Musiktherapie und musikalischer
Bildung zu unterscheiden und schlug Julia vor, (privaten) Instrumentalunter-
richt zu nehmen.

An Julias Beispiel werden die Dimensionen intersektionaler Diskriminierung
deutlich: Als Kind sozial weniger privilegierter Eltern mit körperlicher und
geistiger Beeinträchtigung ist ihr der Zugang zum Spiel eines Musikinstru-
ments erst in hohem Jugendalter möglich gewesen. Zum Instrumentalunterricht fand sie nicht über Musikschulen, sondern vermittelt über eine engagierte Musiktherapeutin, die Julias musikalisches Bildungsinteresse ernst
nahm und außerdem einen deutlichen Unterschied zum Musizieren im therapeutischen Kontext markieren wollte. Eine selbstverständliche Überein-
kunft, dass jeder Mensch ein Recht auf kulturelle resp. musikalische Bildung
hat, ist in der (sozial-)pädagogischen Praxis kaum ausgeprägt, wird doch das
Musizieren mit Menschen mit körperlichen und/oder geistigen Beeinträchtigungen häufig unreflektiert im musiktherapeutischen Kontext verortet.
Vermutlich ist dies in pädagogischen Institutionen für Menschen mit Beeinträchtigungen der pragmatische Weg, über den eine Legitimierung und Finanzierung auch musikpädagogischer Angebote möglich ist. Schließlich gibt
es durchaus Schnittmengen zwischen musiktherapeutischer und musikpädagogischer Arbeit (vgl. Hartogh/Wickel 2004, S. 51 ff.). Doch selbst wenn in
manchen therapeutischen Gruppen „eigentlich" bzw. vorwiegend musikpä-
dagogisch gearbeitet wird, bleibt die diskursive Zuschreibung wirkmächtig,
dass Menschen mit Beeinträchtigung bezogen auf ihre musikalischen (Bil-
dungs-)Interessen in erster Linie Therapie bedürftig seien.

Öffnung von Musikschulen für Menschen mit Beeinträchtigungen

Eine geeignete Lehrkraft für Julia zu finden, war schwierig. Schließlich über-
nahm eine in der offenen Jugendmusikarbeit erfahrene Pädagogin den Key-
boardunterricht. Einmal wöchentlich erteilte sie mehrere Jahre lang den Un-
terricht in Julias Zimmer in ihrer Wohngemeinschaft, wo ihr Keyboard
aufgestellt war, in der Zeit nach dem Abendessen der Jugendwohngemein-
schaft. Tagsüber arbeiteten die Jugendlichen und jungen Erwachsenen in einer
Behindertenwerkstatt. Abends „chillten" sie im Gemeinschaftsraum, den Julia
einmal wöchentlich zielstrebig verließ um ihren Keyboardunterricht zu neh-
men.

Für Musiklehrer_innen an kommunalen Musikschulen gab es damals keine Weiterbildung für die Arbeit mit Menschen mit Beeinträchtigungen, wie sie der Verband deutscher Musikschulen (VdM) inzwischen in interdisziplinärer Kooperation mit Partnerinstitutionen entwickelt hat[2]. Doch auch heute ist es in Berlin für junge Menschen wie Julia nicht leicht, geeignete Lehrer_innen zu finden. Verbreitet haben Musikschullehrer_innen Angst insbesondere vor der Arbeit mit Menschen mit geistigen Beeinträchtigungen. Sind diese (Berührungs-)Ängste von Musiker_innen und Künstler_innen vor „den anderen" nicht viel mehr das Problem als die Zielgruppen selbst? Und selbst wenn Musikschulen ein „inklusives" Profil entwickeln, gibt es für Kinder und Jugendliche mit Beeinträchtigungen und sozialen Benachteiligungen nach wie vor Zugangsbarrieren:

> „Die Musikschulen müssen, wollen sie allen Kindern und Jugendlichen die Möglichkeit zur musikalischen Tätigkeit bieten, mit den Sonderschulen und Schulen kooperieren. Hier treffen sie die behinderten Kinder, an die sie auf dem üblichen Weg der Anzeigenwerbung, der Mund-zu-Mund-Empfehlung nicht herankommen. Die Eltern sind in der Regel nicht informiert über die Fähigkeiten ihres Kindes, auch wenn sie oft erfreut beobachten, dass ihr Kind auf Musik besonders reagiert, dass es singt, sich zu Musik bewegt, dass es ruhig wird. Sie wissen nicht, welche Möglichkeiten zur Musikbetätigung gegeben sind. Und sie wissen nur wenig über die Angebote einer Musikschule – wenn sie denn da sind. Ein erheblicher Anteil der Schüler an Sonderschulen für Lernbehinderte kommt aus sozialen Gruppen, für die Musikmachen in einer Musikschule einem kulturellen Bereich angehört, zu dem man keinen Zugang hat. Zudem besteht eine Schwellenangst, mit einer Institution in Verbindung zu treten, die den Namen ,Schule' trägt. Gerade hier ist eine Zusammenarbeit und flexibles Handeln Voraussetzung für einen Zugang zu den Kindern" (Probst 2002).

„Normal" ist ein inklusives Musikschulangebot längst nicht an allen Orten in Deutschland. Erst im Mai 2014 erklärte der Verband deutscher Musikschulen Inklusion als „Chance" für eine „Musikschule der Zukunft" (vgl. Verband deutscher Musikschulen 2014, online). Und man solle sich hüten, so warnt der Musikschulleiter Wagner aus Fürth, „alles, was gemeinsam nach außen tritt, gleich als „inklusiv" anzupreisen" (Christ 2012):

> „Denn sind es wirklich Menschen mit Behinderung, die in einer „inklusiven" Band Musik machen? Prägen sie die Gruppe musikalisch gestaltend mit? Musizieren sie wirklich auf Augenhöhe mit den nichtbehinderten Bandmitgliedern?

---

2   Vgl. zum Beispiel www.musikschulen.de/medien/doks/musik%20integrativ/ausschr-anmeldung-blimbam2014.pdf.

Oder sind sie nur „rhythmisches Beiwerk, das rasselt und trommelt"? Bei einer qualitativen Sichtung ist die Bilanz für Wagner eher erschreckend: „Wobei ich dennoch nahezu jede Initiative begrüße, die Menschen mit Behinderung in die Mitte der Gesellschaft holt" (Christ 2012, o. S.).

Wegweisend für die Musikschularbeit mit Menschen mit Beeinträchtigung waren und sind das sogenannte „Bochumer Modell" (Rascher 2014), das „Dortmunder Modell: Musik" (DOMO) (s. u.) und das Projekt „Musik integrativ" an der Musikschule in Fürth (Christ 2012). Hervorzuheben ist, dass es bei diesen Projekten nicht nur um Einzelunterricht, sondern auch um die Ermöglichung der Mitwirkung in musikalischen Ensembles, zum Teil nicht nur von Menschen mit Beeinträchtigungen sowie um Gelegenheiten öffentlich aufzutreten geht:

> „In Fürth haben auch Musiker mit Handicap eine reelle Chance, ihr Können einmal vor Publikum zu beweisen. Wie viel Spaß das macht, erfahren die Mitglieder der Fürther Musikschulgang ‚Vollgas' bei ihren Auftritten. ‚Vollgas' ist eine von inzwischen zahlreichen Bands, die aus behinderten und nicht behinderten Musikern besteht. In der Musik- und Kunstschule Osnabrück etwa wirkt die ‚Takkatina'-Band, in der 15 Musikbegeisterte mit Handicap mitwirken. Seit über 15 Jahren existiert in der Chemnitzer Musikschule das integrative Projekt ‚Motus' mit Menschen aus einer Behindertenwerkstatt sowie nicht behinderten Musikern" (Christ 2012, o. S.).

Das „Dortmunder Modell: Musik" (DOMO) hat einen über die Musikausbildung und Musikpraxis hinaus weiterführenden Ansatz der kulturellen und politischen Teilhabe von Menschen mit Beeinträchtigung entwickelt. Es wurde vom Lehrstuhl Musik der Fakultät Rehabilitationswissenschaft an der TU Dortmund initiiert (Merkt 2014) und gefördert vom Ministerium für Arbeit, Integration und Soziales NRW. Ein Höhepunkt dieser Kulturarbeit ist das „Dortmunder inklusive Soundfestival"[3].

Didaktische Sonderwege oder zielgruppengerechte Musikförderung?

Die Inhalte des Einzelunterrichts für Julia folgten keinem herkömmlichen didaktischen Curriculum des Klavier- bzw. Keyboardspielens. Geübt wurde stets das, was Julia als Arbeit- und Auftraggeberin sich wünschte. Es ging vor allem

---

3   Vgl. www.fk-reha.musik.tudortmund.de/cms/de/DOMO__Musik/Konzerte/Dis_Festival _3_/index.html.

darum, aktuelle Hits der „Prinzen" in leicht gehaltenen Keyboardarrange-
ments nachzuspielen. Julia konnte keine Noten lesen und auch nicht nach Ge-
hör spielen. So wurden die Keyboardtasten mit farbigen Symbolen markiert.
Diese Symbole mussten so groß und deutlich gestaltet sein, dass die stark kurz-
sichtige Julia sie erkennen konnte. Auf übliche Spieltechniken wurde nicht ge-
achtet, Julia hatte kurze und dicke Finger und spielte mit jeder Hand stets mit
nur mit dem Finger, mit dem es ihr leicht fiel, die Tasten zu treffen, dem Zei-
gefinger. Mit der rechten Hand lernte Julia einstimmig die Melodien spielen,
mit der linken den jeweils passenden „single finger" Basston anzuschlagen, der
das entsprechende Akkordspiel auslöste. Julia gelang es mühelos, zweihändig
und rhythmisch zu spielen. Julia war stolz über jedes neue Stück, das sie auf
diese Weise erlernen konnte. Oft sang sie auch zu ihrem Keyboardspiel oder
bat ihre Lehrerin, ihren Gesang zu begleiten. Sie sang inbrünstig, traf jedoch
nur selten die Töne richtig, was mit ihrer Hörbeeinträchtigung zusammenhing.

Julias Keyboardlehrerin musste aus dem Stegreif heraus ein auf sie zuge-
schnittenes individuelles didaktisches Konzept basteln. Dies war für sie nicht
grundsätzlich eine neuartige Herausforderung, hatte sie doch in der offenen
Jugendmusikförderung schon oft improvisieren und Spieltechniken entwickeln müssen, die auf die jeweilige Zielgruppe und ihre Ressourcen zugeschnitten waren. Im Bereich der musikorientierten Jugendkulturarbeit
herrscht schon seit Jahren die Praxis vor, zielgruppenspezifische Musikarran-
gements zu entwickeln und umzusetzen (Hill/Wengenroth 2013, S. 64 ff.; Josties 2007, S. 67). Vor diesem Hintergrund stellt die Zielgruppe der Menschen mit körperlichen und geistigen Beeinträchtigungen nur eine Variante
zielgruppengerechter Musikförderung unter anderen dar, die ggf. durch Assistenzen ergänzt werden muss (Löytved 2007, S. 93). Inklusive Musikpädagogik hieße radikal gedacht, „Sonderwege" bzw. Sonderförderbereiche überflüssig zu machen und stattdessen eine Grundhaltung des Unterrichtens
einzunehmen, die sich offen zeigt für Variationen, für das breite Spektrum
der potenziellen Zielgruppen mit diversen Ressourcen, Fähigkeiten und Interessen an musikalischer Bildung.

"Mit individuell angepassten Formen des Unterrichts werden Berührungsängste
beeinträchtiger Menschen gegen Musikschulen abgebaut. Wobei der Begriff ‚individueller Unterricht' nicht falsch verstanden werden dürfe, warnt Schulleiter
Robert Wagner, der seit 2000 bundesweit für die Ausbildung von Musiklehrern
für das Instrumentalspiel für Menschen mit Behinderung verantwortlich ist. Ein
prinzipieller Unterschied zum Unterricht von Menschen ohne Behinderung exis-
tiere nicht" (Christ 2012, o. S.).

Weiterbildungen, die Musiklehrer_innen für besondere Zielgruppen sensibilisieren und ein methodisch vielfältiges Repertoire vermitteln, sind sicherlich nötig und sinnvoll. Es ist sehr zu begrüßen, dass der VdM in diese Richtung aktiv geworden ist (s. o.). Aber müssen Menschen mit Beeinträchtigungen deshalb nach „sonderpädagogischen Prinzipien" (Probst 2002, S. 14) unterrichtet werden?

> „Die Musikschullehrer sind die geeigneten Lehrkräfte dann, wenn sie die Informationen über die verschiedenen Behinderungsarten und eventuellen Probleme erhalten haben, wenn sie um die sog. ‚sonderpädagogischen Prinzipien' wissen, die ihren Unterricht leiten; die kleinen Schritte, die Anschaulichkeit, die Zurücknahme der sprachlichen Anweisung, die Tendenz zur abnehmenden Hilfe mit dem Ziel zur Selbständigkeit" (Probst 2002, S. 14).

Julia gibt ein Beispiel für eine Musikschülerin, die – wie jeder andere musikalische Laie ohne Beeinträchtigung auch – ein Musikinstrument spielen lernen möchte, zunächst nicht mehr und nicht weniger. Der Anspruch auf „Selbstständigkeit" (ebd.) ist jedoch nicht etwa das „Ziel" (ebd.), sondern der Ausgangspunkt einer musikalischen Bildungsarbeit, die sich dem „Empowerment" (Löytved 2007, S. 96 f.) und „größtmöglicher Selbstbestimmung" (ebd., S. 94) verpflichtet sieht. „Ressourcenorientierte Assistenz" (ebd.) wird ergänzend je nach individuellem Bedarf angeboten. Julia bedurfte keiner besonderen Assistenz, weil der Keyboardunterricht an ihren (Bildungs-)Interessen und Möglichkeiten anknüpfte und ihre Beeinträchtigungen bei der auf sie ausgerichteten Didaktik mit berücksichtigt wurden. Julia verstand sich gegenüber ihrer Instrumentallehrerin als Arbeit- und Auftraggeberin – schließlich war sie diejenige, die den Arbeitslohn zahlte. Sie wusste von vornherein, welches Repertoire sie spielen lernen wollte und setzte ihre musikalischen Interessen im Einzelunterricht durch. Sie war nur begrenzt offen für Versuche der „künstlerischen Alphabetisierung" (Rat für Kulturelle Bildung 2013, S. 21). Sie war durchaus bereit sich anzustrengen und zu üben, aber nicht dazu Musik zu spielen, die nicht ihrem soziokulturellen Geschmacksmuster (Rat für Kulturelle Bildung 2013, S. 20) entsprach. Mit dieser Haltung unterschied sie sich nicht von anderen Jugendlichen, die sich vorwiegend an populärer Musik orientieren und denen ihre musikalischen Präferenzen sehr wichtig für ihre musikalischen Praxen sind (Hill/Josties 2007). Infantilisierende (Musik-)Spielangebote für Menschen mit Beeinträchtigung, die in der (sonder-)pädagogischen Praxis leider noch verbreitet sind, sind für Jugendliche wie Julia eine Zumutung – sie möchte als Jugendliche bzw. junge Erwachsene ernst genommen werden.

„Jugendliche mit geistiger oder körperlicher Behinderung durchlaufen pubertäre Prozesse ebenso wie gleichaltrige Jugendliche, jedoch mit Besonderheiten" (Löytved 2007, S. 94).

Auf die jeweiligen Besonderheiten individuell zu achten, ist unabdingbar. Das gemeinsame „Dritte", die Musik, ist jedoch der Angelpunkt des (Bildungs-)Interesses und eröffnet für alle Menschen, egal ob mit und ohne Beeinträchtigung und welchen Alters, spezifische, eben musikalische und ggf. künstlerische Ausdrucks-, Gestaltungs- und Wahrnehmungschancen. Sollte in der musikalischen bzw. kulturellen Bildung nicht generell für *alle* Zielgruppen die Maxime gelten, individuelle Potenziale zu entdecken und berücksichtigen und die Heterogenität von Gruppen als Ressource zu begreifen und Lernangebote entsprechend zu differenzieren? Auch wenn es wichtig ist, über die für musikalische Bildung relevanten Auswirkungen von körperlichen und geistigen Beeinträchtigungen (wie zum Beispiel Geräuschempfindlichkeiten) zu informieren, so ist kritisch zu hinterfragen, ob durch die Fokussierung auf „Behinderung" nicht ein Klischeebild eines stark von Assistenzen abhängigen „Behinderten" transportiert wird, das längst nicht den multiplen und individuellen Varianten von Beeinträchtigung entspricht.

Geselligkeit, Performanz und Priorität des Genusses von Musik

Julia liebte geselliges, interaktives Musizieren. Oft war ihre damals beste Freundin Tine beim Unterricht anwesend. Sie spendete Julia stets Bewunderung. Julia entschied selbst, ob sie alleine proben wollte oder ihre Freundin und andere WG-Bewohner_innen zuhören und teilnehmen (mitsingen) durften. Allmählich erarbeitete Julia sich ein Repertoire an Liedern, das sie im Wohnheim und zu besonderen Anlässen in der Behindertenwerkstatt aufführte, in der sie tagsüber arbeitete. Für die betriebliche Weihnachtsfeier übte sie Weihnachtslieder. Julia machte es mitunter Freude ihre Keyboardanleiterin mit ihren Repertoirewünschen zu „quälen" und zu necken: Wenn sie etwa sagte: „Heute spielen wir wieder das lange Lied mit den 25 Strophen, und du musst alle für mich singen". Oder wenn sie die Anleiterin im Hochsommer bat, mit ihr Weihnachtslieder zu üben. Proteste wie: „Das sind doch Winterlieder!" motivierten Julia erst recht in ihrem Vorhaben. Julia entschied stets: Das will ich heute tun, und so geschah es dann auch.

Julia war (ist) grundsätzlich an genussvollem Musizieren interessiert, dies gilt auch für das Üben am Musikinstrument. Der Rat für Kulturelle Bildung weist auf den verbreiteten Mythos hin, künstlerische Praxis würde nur ein genussvolles Unterfangen sein. Im Gegenteil sei sie vorrausetzungsvoll nicht nur was die Investition von Zeit und Geld anbelange, sondern in der (musikalischen) Praxis „auch nicht immer das reine Vergnügen" (Rat für Kulturelle Bildung 2013, S. 20). So erfordere das repetitive Üben bei Musiker_innen einen Anstrengungswillen und Interesse (vgl. ebd.). Pädagoginnen könnten dies anregen, aber nicht erzwingen (Rat für Kulturelle Bildung 2013, S. 20 f.). Julia übte durchaus repetitiv, aber nur dann, wenn es ihr Genuss bereitete. Und zum Genuss gehört auch ein geeignetes Setting – mal zurück gezogen allein, mal im geselligen Kontext. Genuss bedeutete in Julias Fall auch die Freude an Humor, das Beharren auf ihrer Launigkeit und ihrem Eigensinn, die Verweigerung normativer Vorgaben und des – gerade in der Musik vorherrschenden – Leistungsprinzips. Julia unterschied sich nicht grundsätzlich von anderen musikalisch interessierten und praktizierenden Laien indem sie auf ihre subjektiven Interessen im Hier und Jetzt beharrte. Längst nicht jede/r, der/die Musik spielt, strebt schließlich eine Instrumentalausbildung auf musikalisch anspruchsvollem Niveau oder gar eine künstlerische Karriere an. Julia ging beim Musizieren in ihrer Freizeit kompromisslos „ihren" Weg – mit einem Maß an Selbstbestimmung, das sie bei ihrer täglichen Arbeit in der Behindertenwerkstatt beileibe nicht erreichen konnte!

Qualitätsansprüche kultureller Bildung und „nicht konsensfähige" populäre Musik(-praxen)

Es gab noch eine weitere Lieblingsband, die Julia von ihren Eltern kannte und mit ihrem Keyboardspiel nachahmen wollte: die Kastelruther Spatzen, eine volkstümliche Schlagerband aus Südtirol. Von ihnen spielte Julia besonders gerne ein Lied, dessen Text von der Liebe von Eltern zu ihrem Kind mit Behinderung handelte. Julia kommentierte ihre eigene Beeinträchtigung stets mit Humor und Ironie. Ihr Lieblingsspruch war: „Ich bin doch nicht blöd!", wobei sie dann auf ihre Stirn zeigt und laut lachte.

Ob das Erlernen deren Lieder überhaupt unter kultureller Bildung zu verorten ist, erscheint durchaus umstritten. In aktuellen Fachdiskursen zu kultureller Bildung werden verstärkt Qualitätsansprüche formuliert:

> „Das Label ‚Kulturelle Bildung' ist an qualitative Kriterien gebunden und muss auf diese Weise auch geschützt werden, damit es nicht für beliebige Angebote und jedweden Unterhaltungskitsch in Anspruch genommen werden kann" (Rat für Kulturelle Bildung 2013, S. 50).

Selbstredend haben alle Menschen ein Anrecht auf Zugang zu anspruchsvoller Musik. So gab es in Julias Wohnheim einige Konzertangebote von professionellen Musikensembles, die klassische Musik spielten. Das von Julia selbst bestimmte und für ihren Keyboardunterricht favorisierte Repertoire der „Prinzen" wird vermutlich den Qualitätsmaßstäben für anerkannte populäre Musik standhalten (zumal es sich bei den Sängern um ehemalige Mitglieder des „Thomanerchors" und „Dresdner Kreuzchors" handelt). Weihnachtslieder finden sich in den meisten Lehrbüchern für Instrumentalschüler_innen (vor allem für diejenigen im Kindesalter). Die Kastelruther Spatzen jedoch fallen unter die Rubrik des Kitsches bzw. der volkstümlichen Musik (mit Elementen der Popmusik, des Schlagers und der Volksmusik). Mit diesem „Kitsch" ist Julia groß geworden, diese Musik ist ihr aus dem Elternhaus vertraut, während die „Prinzen" für ihre jugendkulturelle (Neu-)Orientierung stehen. Die Kastelruther Spatzen haben einige Lieder über Kinder mit Beeinträchtigungen geschrieben und finden einen Teil ihres Stammpublikums in Einrichtungen der Förderung und Rehabilitation von Menschen mit Beeinträchtigung. Julia erfährt hier also eine Art seelische Gemeinschaft mit ähnlich Betroffenen wie auch mit ihrer Familie, deshalb sind die Lieder dieser Band für sie symbolisch bedeutsam. Im Kanon „anspruchsvoller" musikalischer Bildung finden solche populären bis hin zu „kitschigen" Lieder bzw. Musikstücke jedoch keinen Platz, geschweige denn im etablierten Konzertgeschehen.

Das Theaterspiel bietet interessanterweise mehr Experimentierraum für das Spielen „nicht gerade konsensfähiger Musikstücke"[4] – wobei zu fragen ist, wer eigentlich den Konsens ermittelt. In Jérôme Bels Inszenierung „Disabled Theatre" tanzten die Künstler_innen des Ensembles „Theater Hora" – die meisten von ihnen mit geistiger Beeinträchtigung – 2013 beim Theatertreffen der Berliner Festspiele und auf international anerkannten Bühnen solistisch und größtenteils eigenwillig bis ekstatisch zu Playback-Musikstücken ihrer Wahl, einige davon durchaus „kitschig". „Es ist zum Heulen schön" (Klaeui 2012) – so und ähnlich lautet die Resonanz in der Kritik auf die intensiven Tanzdarbietungen zur selbst gewählten Musik. Heftig diskutiert wurde bei der Podiumsdiskussion des Theatertreffens, welche Wirkung die intensive und provokante Performance des Theater Hora (vor

---

4   Zitat: Benjamin Wihstutz, Protokoll der Podiumsdiskussion „Behinderte auf der Bühne – Künstler oder Exponate?", Symposium anlässlich von „Disabled Theatre" von Jérôme Bel und Theater Hora im Rahmen des Theatertreffens der Berliner Festspiele 2013 am 13.5.2013, verfasst von Elke Josties. Hinweis auf die Podiumsdiskussion: www.berlinerfestspiele.de/de/aktuell/festivals/theatertreffen/archiv_tt/archiv_tt13/tt13_programm/tt13_veranstaltungsdetail_64534.php (Abruf 10.8.2014).

allem die Tänze zur Playbackmusik) entfaltet hätten, wären sie von Menschen ohne (geistige) Beeinträchtigung präsentiert worden. Handelte es sich hier etwa um eine peinliche und politisch bedenkliche Zurschaustellung in der Tradition der Freakshows (vgl. Schmidt 2012) oder um eine Variante der Konzeptkunst, bei der die Schauspieler_innen sich „vom Leistungsprinzip des Theaters emanzipieren – paradoxerweise nicht als Schauspieler_innen, sondern als Tänzer_innen und Performer_innen"[5]? Als besonders provokativ wurde die Einleitungssequenz der Performance empfunden, in der jedes einzelne Ensemblemitglied des „Theater Hora" auf der Bühne vortrat, seinen Namen und seine Behinderung nannte und schließlich auch seinen/ihren Beruf angab: „... und ich bin Schauspielerin"[6]. Dies löste beim Theatertreffen eine Debatte darüber aus, wer eigentlich das Anrecht auf die großen Theaterbühnen habe und wer von sich behaupten könne, Schauspieler_in zu sein. In dem folgenden Exkurs über das Projekt der künstlerischen Werkstatt „Thikwa" wird diese Problematik am Beispiel von Menschen mit Beeinträchtigungen, die zu Künstler_innen ausgebildet werden und in diesem Beruf arbeiten, diskutiert.[7]

---

5 Zitat: Benjamin Wihstutz, Protokoll der Podiumsdiskussion „Behinderte auf der Bühne – Künstler oder Exponate?" Symposium anlässlich von „Disabled Theatre" von Jérôme Bel und Theater Hora im Rahmen des Theatertreffens der Berliner Festspiele 2013 am 13.5.2013, verfasst von Elke Josties.

6 Protokoll der Podiumsdiskussion „Behinderte auf der Bühne – Künstler oder Exponate?" Symposium anlässlich von „Disabled Theatre" von Jérôme Bel und Theater Hora im Rahmen des Theatertreffens der Berliner Festspiele 2013 am 13.5.2013, verfasst von Elke Josties.

7 Bezogen auf Musik wäre eine vergleichende Analyse mit dem Hamburger Projekt „Barner 16", einem inklusiven Netzwerk professioneller Kulturproduktionen von Künstler_innen mit und ohne Beeinträchtigungen, aufschlussreich. Es wird von der Alsterarbeit, Beschäftigungsträger für Arbeits-, Beschäftigungs- und Qualifizierungsangebote für Menschen mit Handicaps, unterstützt und bietet ebenfalls künstlerische Werkstätten an, vgl. www.barner16.de/index.php?option=com_content&view=article&id=6&Itemid=3&lang=de (Abruf 16.10.2014).

Exkurs

Anna-Rebecca Thomas und Lynn Klinger

Berufliches Selbst- und Fremdverständnis von Menschen mit „Behinderung"[8] in künstlerischen Werkstätten – das Beispiel Thikwa

Thetaer Thikwa e. V. ermöglicht seit 1990 Menschen mit Behinderung künstlerisches Arbeiten. Seit 1995 besteht eine Kooperation mit der Nordberliner Werkgemeinschaft gGmbH. Damit fungiert das Theater als Werkstatt für Menschen mit Behinderung (WfbM) und gilt als Einrichtung zur Eingliederung in die Arbeitswelt. Es ist eingebettet in das Rehabilitationsgesetz SGB IX, mit dem die Teilhabe von Menschen mit Behinderung am Arbeitsleben geregelt wird. Die Kooperation verfolgt das Ziel, künstlerische Arbeit von Menschen mit Behinderung zu professionalisieren. Zurzeit sind ca. 40 Schauspieler_innen im Theater Thikwa beschäftigt. Zusätzlich sind 15 weitere Regisseur_innen und Schauspieler_innen extern angestellt. Die Thikwa-Produktionen sind auf der „Suche nach einer Ästhetik, die sowohl die besondere Unterschiedlichkeit der teilnehmenden Personen als auch deren Gemeinsamkeit zum Ausdruck bringt" (Thikwa e. V. 2011).

Bei unserer Feldforschung leitete uns die Frage „Welches Verständnis von Arbeit und professionellem Schauspiel haben die unterschiedlichen Akteur_innen in und um das Theater Thikwa?" Dafür wollten wir den Blick der Schauspieler_innen, der Künstlerischen Leitung, der Regisseur_innen sowie des Publikums und die Betrachtung der Presse auf das Theater untersuchen, um diese Blickwinkel anschließend zu vergleichen und sowohl eine Innen- als auch Außenperspektive zu erhalten. Uns war der Fokus auf den Arbeitsbegriff wichtig, denn Deutschland ist eine Arbeitsgesellschaft und demnach führt ein wichtiger Weg zur gesellschaftlichen Teilhabe über Arbeit. Dabei war für uns eine Grundannahme, dass die Anerkennung als Künstler_innen gleichzeitig die Anerkennung der Arbeit gewährleisten müsste. Für die Analyse der Innenperspektive des Theaters nutzten wir zwei Forschungsmetho-

---

8 Wir möchten hier diese Begrifflichkeit verwenden, weil sie im Theater Thikwa von den Schauspieler_innen selbst genutzt wurde. Trotzdem möchten wir als Autor_innen darauf hinweisen, dass „‚Behinderung' nicht einfach ‚vorhanden' ist, sondern ‚hergestellt' wird, produziert und konstruiert in wissenschaftlichen und alltagsweltlichen Diskursen, in politischen und bürokratischen Verfahren und in subjektiven Sichtweisen und Identitäten" (Waldschmidt 2003, S. 13).

den, die Teilnehmende Beobachtung und Leitfadeninterviews. Bei der Teilnehmenden Beobachtung wurden wir mit großer Offenheit aufgenommen. Der direkte Kontakt zu Akteur_innen durch Teilnahme an Schauspieltraining, Musikübungen, Bühnenproben und der Arbeit im Atelier ließ eigene Barrieren zu dem uns neuen Kontext abbauen, erlaubte einen Blick auf die Arbeitsweise und schaffte außerdem Kontakt- und Beziehungsaufbau für die Interviews.

Bei den Leitfadeninterviews wurde deutlich, dass die Schauspieler_innen sich als Künstler_innen sehen und stolz sind auf ihre Arbeit, die sie leisten. Ein Schauspieler erzählte uns:

> „[...] ich wollte etwas Bedeutendes machen gegen die Unterdrückung der Behinderten – damals waren sie ja noch nicht so weit [...] ich gesagt ich werde Künstler ich wollte etwas für Kunst machen und Neugestaltung was ist Kunst [...].“[9]

Weiterhin wurde geäußert, dass mit Theaterarbeit und Bildender Kunst Vorurteile und Spannungen abgebaut werden könnten. Von der Seite der Regie wurde hervorgehoben, die Schauspieler_innen brächten ein hohes Maß an Professionalität mit ein. Insbesondere die Bühne sei ein geeignetes Medium, Begegnungen zwischen verschiedenen Menschen zu ermöglichen und Berührungsängste abzubauen. Auf der einen Seite würden Begegnungen zwischen Publikum und Schauspieler_innen ermöglicht, und auf der anderen Seite finde innerhalb des Ensembles zwischen den Schauspieler_innen des Theaterensembles und externen Schauspieler_innen ein Austausch statt. Eine besondere Herausforderung sei es, ein gemeinsames Zeittempo für die Probenarbeiten zu finden. Die Akteur_innen im Theater sehen die Schauspieler_innen als professionelle Künstler_innen, die mit ihrer Arbeit Begegnung schaffen können. Aus der Perspektive der Mitwirkenden des Theaters wird mit Bühnenauftritten eine Möglichkeit für künstlerischen Ausdruck und eine kritische gesellschaftspolitische Positionierung geschaffen. Auf künstlerischer Weise wird die Stimme gegen die eigene Unterdrückung und Diskriminierung in der Gesellschaft erhoben.

Die Ergebnisse der Außenperspektive machen jedoch eine Diskrepanz der Blickwinkel deutlich. Wie bei der Analyse von Zeitungsartikeln (Meierhenrich 2014; Wildermann 2014) deutlich wurde, wird die Leistung der Schauspieler_innen von Thikwa häufig als weniger professionell angesehen. Vielmehr sind es die Regisseur_innen, die Anerkennung für ihre Arbeit erhalten. Die Schauspieler_innen werden stets pauschalisierend ohne Berück-

---

9   Interviewprotokoll 2014, Schauspieler N.

sichtigung individueller künstlerischer Leistungen als eine Gruppe, nämlich als „Schauspieler_innen mit Behinderung" beschrieben.

Somit kann die Arbeit von Theater Thikwa nur insofern als Erfolg für die Teilhabe von Schauspieler_innen mit „Behinderung" an der Gesellschaft gesehen werden, als sie eine Plattform für künstlerischen Ausdruck, Begegnung und gesellschaftspolitische Positionierung geschaffen hat. Was aber muss passieren, damit die Stimmen dieser Plattform gleichberechtigt gehört und die Theaterarbeit der Schauspieler_innen von Thikwa als professionell angesehen wird? Die Problematik der Nicht-Anerkennung bzw. geringen Anerkennung künstlerischer Leistungen von Menschen mit „Behinderung" drückt sich strukturell in ihren Beschäftigungsverhältnissen aus. Die Schauspieler_innen erhalten ein sehr geringes Werkstattentgelt, welches nicht ausreichend ist, um den Lebensunterhalt zu bestreiten. Daher geht in den meisten Fällen ein Werkstattverhältnis mit einer erwerbsgeminderten Grundsicherung, geregelt nach SGB XII, einher. Dies bedeutet aber auch, dass ihr Gesamteinkommen begrenzt ist. Externe Schauspieler_innen, die bei Thikwa mitwirken, erhalten somit bei gleicher Leistung einen höheren und eher angemessenen Lohn. Durch diese Ungleichbehandlung im Beschäftigungsverhältnis sowie bei der Entlohnung wird eine Gleichstellung verhindert, die einer Inklusion fundamental im Wege steht. Betrachten wir dies aus der Perspektive der UN-Behindertenrechtskonvention, die fordert, dass Teilhabe am Arbeitsleben ermöglicht werden muss und alle Menschen für die gleiche Leistung gleiches Arbeitsentgelt erhalten sollen (UN-BRK Art. 27), wird deutlich, dass das Werkstattverhältnis eher einer Beschäftigungsmaßnahme als einer regulären Arbeitsstelle gleicht.

Wie könnten Zugänge in die Gesellschaft gestaltet werden, die über den Rahmen der WfbM hinausgehen? Auf diese Frage ist eine Antwort schwer zu finden, solange wir in einer Gesellschaft leben, in welcher auf Leistung und Effizienz geachtet wird, anstatt auf (künstlerische) Vielfalt. Thikwa leistet – trotz der strukturellen Benachteiligung von Künstler_innen mit „Behinderung" im Bildungs- und Berufsleben – einen erheblichen Beitrag dazu, Vielfalt, Selbstbehauptung und Widerspruch in die Theaterwelt zu bringen und somit Menschen mit „Behinderung" ein Forum für künstlerische Qualifizierung und Performanz zu schaffen.

Zweiter Teil

Spiel- und Experimentierräume für Musik von und mit Menschen mit Beeinträchtigungen

Welche Spiel- und Experimentierräume gibt es für die Performanz von jugendlichen und jungen erwachsenen Musiker_innen mit Beeinträchtigungen – für Laien wie auch für (Semi-)Professionelle? Ein Blick auf die Praxis zeigt, dass (sozial-)pädagogische und therapeutische Settings dominieren.

Ensemblespiel und Auftritte in Nischen

Nach wie vor sind die meisten musikalischen Ensembles mit und Auftritte von jugendlichen Musiker_innen mit Beeinträchtigungen in Nischen der (sozial-)pädagogischen, therapeutischen Arbeit für und mit Menschen mit Beeinträchtigung anzutreffen:

> „… Schulen und Hort; […] Diagnose-, Behandlungs-, Therapie- und Rehabilitationszentren; Freizeit- und Reisegruppen für in der Familie lebende Kinder und Jugendliche mit Behinderungen; Behindertenförderstätten; Werkstätten und Ausbildungszentren für Jugendliche mit Behinderungen; interkulturelle Jugendprojekte" (Löytved 2007, S. 93).

Hier werden – meist ausgehend von der Initiative musikalisch interessierter Mitarbeiter_innen und längst nicht regulär in jeder Einrichtung für Menschen mit Beeinträchtigung – musikalische Förder- und Ensembleaktivitäten angeboten, Rockbands für Jugendliche und Erwachsene mit körperlichen und/oder geistigen Beeinträchtigungen, offene Trommelgruppen in Therapiezentren oder Chöre von schwer und nicht hörenden Menschen, die mithilfe der Gebärdensprache singen. Hervorzuheben im Sinne des Empowerments sind die kulturpädagogischen Europa-Begegnungsprojekte der „Karawane" (Löytved 2007, S. 97 ff.), die Jugendlichen und jungen Erwachsenen mit Beeinträchtigungen europäische Begegnungsprojekte ermöglichen, bei denen Musik als „internationale verbale Sprache" (Löytved 2007, S. 101) von zentraler Bedeutung ist. In den meisten Fällen – so das Ergebnis mehrjähriger Recherchen, Hospitationen und Praktika von Studierenden der Alice Salomon Hochschule in der Berliner Praxis – finden in solchen Ensembles ausschließlich Menschen mit Beeinträchtigung zusammen, und das Publikum, vor dem sie auftreten, ist eines, das auch zu diesen Zielgruppen gehört oder sich ihnen (familiär bzw. persönlich) verbunden fühlt. Selten gibt es kulturelle Bildungsangebote für Menschen mit Beeinträchtigung in offenen Settings für Menschen mit und ohne Beeinträchtigung, so zum Beispiel Bandprobenarbeit oder Chorsingen in Jugendkulturzentren. Selbst wenn solche Angebote offen bzw. „inklusiv" konzipiert werden und sich an alle richten sollen, überwiegt in der Praxis das Phänomen, dass sich höchstens vereinzelte Jugendliche ohne Beeinträchtigung darauf einlassen. Dies ist das (ernüchternde) Ergebnis empirischer Recherchen von Studierenden in Berlin, die im Jahr 2013 gezielt „inklusiv" konzipierte Projekte der kulturellen Bildung untersuchten. Schwierig scheint es besonders dann zu werden, wenn das Sprachvermögen bzw. die Artikulationsfähigkeit Jugendlicher beeinträchtigt ist. Auf solche Besonderheiten beim Zusammenspiel eines musikalischen Arrangements Rücksicht zu nehmen, bedeutet beispielsweise beim Einstudieren von Liedern, dass Jugendliche, die sich für das Singen begeistern, aber stets falsch Intonieren (dies gilt im Übrigen nicht nur für Jugendliche mit spezifischen Beeinträchtigungen, sondern auch für viele im Singen ungeübte Menschen) dennoch Gesangsparts übernehmen dürfen. Dies haben Studierende der Sozialen Arbeit an der ASH im Schonraum eines Musikseminars praktiziert, als beispielsweise eine Kommilitonin mit schwerer spastischer Beeinträchtigung zu einem selbst gespielten Rockmusikstück mit großer Begeisterung und Hingabe einen Gesangspart am Mikro übernahm. Ihr fiel es nicht nur schwer, die Töne zu treffen, sondern auch das Timing zu halten. Ihr musikalischer Part beeindruckte und berührte die Seminargruppe dennoch. Eine Aufführung außerhalb des Schonraums wäre mindestens irritierend gewesen.

Prozesse des „Othering" und der Exklusion und Inklusion von Künstler_innen mit Beeinträchtigung

Die bewertende Unterscheidung von „richtigen" und „falschen" Tönen, die Fokussierung auf die Einhaltung von Metrik und Rhythmen, dies und vieles mehr sind musikalische Regelwerke, die bei der Erarbeitung gängigen populären wie klassischen Musikrepertoires einzuhalten sind, will man überzeugend klingen oder auftreten. Der Spielraum für „andere" Töne und Klanginstrumente, „freie", metrisch ungebundene Rhythmen und das Aufbrechen musikalischer Konventionen, wie es ihn in der experimentellen Neuen Musikszene gibt, ist bei den derzeit in Deutschland unter Jugendlichen und jungen Erwachsenen meist verbreiteten und favorisierten populären Musikstilen gering. Das Konzept der heute berühmten deutschen inklusiven Band mit Musiker_innen mit und ohne Beeinträchtigung „Station 17", die sich 1989 als Projekt einer Wohngruppe der Evangelischen Stiftung Alsterdorf gründete, war es, Improvisation mit Computer-Technik zu kombinieren. Der

Durchbruch ins künstlerische Geschäft gelang dieser Band jedoch erst, als sie sich auch populären Musikstilen öffnete, in ihrem Fall dem Indie Rock. So entstand eine eigene experimentelle Variante des Indie Rock. Mark Chunk von der legendären Band Einstürzende Neubauten, einer derjenigen, die mit Station 17 kooperieren, kommentiert:

> „Musik mit geistig behinderten Menschen muss von Anfang an gleich zwei Diskursfallen überlisten. Jenseits von gönnerischem Gutmenschentum und vorführender Freakshow müssen Station 17 ihre eigene künstlerische Sprache finden. Das ziehen sie bis heute erfolgreich durch".[10]

Zumeist erfahren jedoch nur diejenigen Menschen mit Beeinträchtigung eine Chance, musikalisch zu überzeugen und gar künstlerisch erfolgreich zu sein, die konventionelle und offensichtlich/vermeintlich unumgehbare musikalische „Spielregeln" beherrschen. In der klassischen Musik ist das beispielsweise dem mit einer Contergan-Schädigung geborenen Sänger Thomas Quasthoff gelungen, dessen Beeinträchtigung keinesfalls die Wirkung seiner Gesangsstimme schmälert. Dennoch erregte sein Auftreten zum Beispiel auf Opernbühnen Aufsehen. Und so kann auch Quasthoff trotz seines herausragenden musikalischen Erfolges nicht den „Othering"-Prozessen entgehen – er wird immer wieder auf seinen „besonderen" künstlerischen Werdegang angesprochen – „besonders" im Hinblick auf seine körperliche Beeinträchtigung.

Der Berliner Rapper „Graf Fidi" wurde zur Ankündigung seines Konzerts im Kleisthaus, dem Sitz und Kulturveranstaltungsort der deutschen Behindertenbeauftragten in Berlin, als „der beste Rollstuhlrapper"[11] beworben. Warum lässt er sich in der Werbung für sein Konzert als Rollstuhlfahrer etikettieren? Die Tatsache Rollstuhl zu fahren bürgt ja nicht zwangsläufig für die Qualität des Rap bzw. der Stimme des jungen Musikers. Ist dies ironisch provokant gemeint und/oder als Werbegag gedacht? Schaut man auf das Textrepertoire des „Grafen Fidi", so wird deutlich, dass für ihn das Thema „Barrierefreiheit für Rollstuhlfahrer" von Bedeutung ist – zum Beispiel an der Evangelischen Hochschule Berlin, wo der junge Musiker Soziale Arbeit studiert hat und mit vielen Barrieren konfrontiert war[12]. Hier wird der Rap wie seit seiner Entstehung in New York zum Sprachrohr von Menschen, die von Unterdrückung und Exklusion betroffen sind und dagegen kämpfen – „mit

---

10 www.laut.de/Station-17 (Abruf 18.10.2014).
11 Vgl. www.behindertenbeauftragte.de/SharedDocs/Pressemitteilungen/DE/2014/PM11_GrafFidi.html (Abruf 14.8.2014).
12 Vgl. Songtitel „EHBarrierefrei", www.youtube.com/watch?v=ksi_bNRpOU0 (Abruf 14.8.2014).

einer direkten Botschaft" (Paenhysen 2012, S. 80). Graf Fidi möchte als Rapper anerkannt sein und keinesfalls auf eine „Opferrolle" als Mensch mit Beeinträchtigung reduziert werden. In seinem Songtext „Klartext" erklärt er in einem fiktiven Dialog einem Radiomoderator Folgendes:

> „Lieber Journalist, ich bin nicht an den Rollstuhl gefesselt, schreib doch lieber, dass ich Spaß hab und auch voll gut im Rap bin. Mhm, nein, ich leide nicht an einer Behinderung, ich fühl mich gut, so wie du, schreibt das auf, ich bin gesund. Durch solche Sätze entstehen negative Bilder, als wären wir hilflose, 10jährige Kinder [...].
> *Refrain:* Wir sind keine leidenden Opfer, wir sind wie jeder Mensch, der was Gescheites im Kopf hat, bitte lasst in Zukunft dieses Schubladendenken."[13]

Musiker_innen wie Graf Fidi oder „Die Coolsten", eine inklusive Band der Lebenshilfe Berlin e. V. treten bei Festivals wie „Rock am Berg – das inklusive Musikfestival" am Pfefferwerk in Berlin auf[14]. Veranstaltet wurde das Konzert von der Berliner Lebenshilfe e. V., der Eintritt ist umsonst – inklusive Kulturarbeit in einer Nische oder Eroberung einer eigenen Plattform?

> „Der inklusive Gedanke zeichnet sich nicht nur durch die Vielfalt der Bands aus. Schon bei der Planung und Organisation des Festivals sind Menschen mit Behinderung und Mitarbeiter der Lebenshilfe gleichberechtigt tätig. ‚Das Rockfestival bietet den mitwirkenden Klienten eine Plattform, eigene Ideen, Wünsche und Vorstellungen einer Musikveranstaltung realisieren zu können', sagt Projektleiter Steffen Röhle".[15]

Als Hauptakt des Festivals sollte die „legendäre inklusive Band Station 17"[16] auftreten. Im Ankündigungstext wurde betont, dass diese Band nicht nur in Nischen Anerkennung finde:

---

13 http://leidmedien.de/aktuelles/graf-fidi-song-klartext-rap-ueber-medien-und-behinderung/ (Abruf 24.10.2014).
14 www.jugendhilfe-bewegt-berlin.de/uploads/pics/Rock_am_Berg_2014.png (Abruf 16.10.2014).
15 www.lebenshilfe-berlin.de/de/service/presse/pressemitteilungen/detail/aktuelles/rock-am-berg-das-inklusive-musikfestival-am-25102014-am-pfefferberg-in-berlin.html (Abruf 16.10.2014).
16 www.kobinet-nachrichten.org/de/1/nachrichten/30411/Rock-am-Berg-mit-Station-17.htm (Abruf 16.10.2014).

> „Seit mehr als 25 Jahren ist die inklusive Band mit ihrem experimentellen Indie-Rock erfolgreich im Musikgeschäft und hat zum Beispiel mit Musikern wie ‚Fettes Brot' zusammengearbeitet. In diesem Sommer trat ‚Station 17' vor 80.000 Besuchern auf dem Hurricane Festival auf" (ebd.).

Das inklusive Musikfestival fand bei sehr vielen Besucher_innen mit Beeinträchtigungen regen Anklang, der Saal war voll, die Stimmung ausgelassen. Das inklusive Konzept scheiterte jedoch daran, dass die Mehrheit dieser Gäste bereits zur Halbzeit des Festivals (Samstags abends bereits um 20 Uhr!) zurück in ihre stationären Wohneinrichtungen fahren musste, da zu späterer Uhrzeit keine Assistenzen und Fahrdienste mehr zu buchen waren.

Gebärdensprache als künstlerisches Potenzial – das Beispiel des Rappers „Signmark" und die experimentelle Gruppe „Die tödliche Doris"

Rap-Performances fokussieren auf Gestik und Mimik. Gebärdensprache wird hier nicht auf die bloße Funktion einer Übersetzung von zu hörender Sprache reduziert. Paenhuysen verweist darauf, dass sich in den USA seit den 1970er Jahren Zeit gleich mit dem Hiphop die „kreative Arbeit mit Gebärdensprachenpoesie (mit der American Sign Language ASL) als einem eigenständigen Genre" (Paenhuysen 2012, S. 80) entwickelte.

> „Waren hörende HipHopper inspiriert von der sich herausbildenden neuen Kunstform der ASL-Dichtung oder andersherum? Betont ausgearbeitete Gebärdengestik wurde ein charakteristisches Stilelement der Hiphop-Performances. Sie unterstützt im Hiphop nicht nur die Konzentration und das Im-Fluss-Bleiben, die Betonung von rhythmischem und reimendem Sprechgesang sowie das Aufpeitschen des Publikums. Darüber hinaus wird sie als nonverbales Kommunikationsmittel eingesetzt, das die Handbewegungen ins Spiel mit den Ausdrucksmöglichkeiten der Gesichtsmimik bringt. Heute ist Hiphop eine bedeutende kulturelle Form Gehörloser" (Paenhuysen 2012, S. 82).

Beim Rappen geht es darum, die Potenziale der jeweiligen (weltweit unterschiedlichen) Gebärdensprache auszuloten und künstlerisch als Poesie im Stil des Rap weiterzuentwickeln. Der seit 2006 international bekannte finnische Rapkünstler Signmark formuliert das so: „A deaf man paints lyrics in the air by waving his hands" (Signmark: „Speakerbox", 2010, zit. nach Thoma/Letho 2011, S. 7). Signmark arbeitet in seiner Band mit hörenden Musikern zusammen.

„Er rappt simultan mit hörenden Musikern, die lautsprachlich rappen, um weder Gehörlose, noch Menschen, die keine Gebärdensprache/n verstehen, auszuschließen. Den Beat fühlt Signmark mit seinen Füßen und Händen. Wenn auf der Bühne keine oder schlechte Monitore vorhanden sind, erkennt er den Rhythmus an den Bewegungen seiner Partner oder an denen des Publikums (www.signmark.biz/site/videoblogi; Abruf 6.12.2010)" (zit. nach Thoma/Letho 2011, S. 5).

Die Positionierung für die Gebärdensprache beinhaltet für Signmark auch die Ablehnung operativer Eingriffe im Innenohr. Dies ist die klare, kritische und politische Botschaft seines Rapsongs „Our Life" (Signmark feat. Brandon: „Our Life" 2006, zit. nach Thoma/Letho 2011, S. 5). Signmark möchte nicht als Mensch mit Behinderung, sondern als Angehöriger einer Sprachenminorität bezeichnet und verstanden werden:

"Signmark feels that the society should not treat the Deaf as handicapped people, but as a linguistic minority with their own culture, community, history and heritage. Appreciating diversity is exceedingly important in today's increasingly multicultural world".[17]

Die Communitys der nicht und schwer Hörenden sind so heterogen wie andere auch. Es gibt unterschiedliche Positionen, auch im Hinblick auf das künstlerische Verständnis der Gebärdensprache und Gehörlosenkulturen – als eigene Sprache und (musikalische) Kunstform oder als Ausdruck von letztlich unüberbrückbarer Differenzerfahrung.

„Es ist das (Nicht-)Hörvermögen, die damit verbundene andere Form der Welterfahrung und nicht etwa ein Sprachvermögen, das Hörende und Gehörlose voneinander trennt" (Vollhaber 2012, S. 87).

Die Strategien, mit Diversity und Differenzerfahrungen umzugehen, sind unterschiedlich, ebenso die künstlerischen Wege, mit musikalischen Stilvorgaben innerhalb der Popmusikszene umzugehen. Ein Beispiel für die radikale Ablehnung jedweder Festschreibung gab in Deutschland „Die tödliche Doris", in der Tradition der „Art School Fraktion [...] (ein Beispiel für) künstlerische Selbstermächtigung und Infragestellung sämtlicher musikalischer Konventionen" (Büsser 2012, S. 128). Die Grenzen zwischen Musik und Bildender Kunst waren fließend, der Ansatz „offen anti-essentialistisch" (Büsser 2012, S. 130). 1998 kreierte das Bandmitglied Wolfgang Müller mithilfe der

---

17 www.signmark.biz/bio/ (Abruf 16.8.2014).

Gebärdensprache eine neue künstlerische Schöpfung alten musikalischen Repertoires:

> „Müller, Mitbegründer der Berliner Gruppe ‚Die tödliche Doris' [hat] die komplette erste Doris-LP von 1981 in Gebärdensprache übertragen lassen. Klang wurde in Bewegung transformiert, akustische Information in visuelle" (Büsser 2012, S. 127).

1998 wurde diese multimediale Performance im Prater der Berliner Volksbühne aufgeführt und auf DVD aufgezeichnet. Büsser kommentiert dieses Projekt 2007 in der „Neuen Zeitschrift für Musik" wie folgt:

> „… jedes Kommunikationssystem – und damit verbunden auch unser Empfinden von Wohlklang – (beruht) auf Konventionen, die nicht unverrückbar, sondern aus historischen und sozialen Vereinbarungen hervorgegangen sind. Wer die Musik hören kann, ist nicht „reicher" als der Gehörlose, der die Gebärdensprache versteht, sondern nimmt nur etwas anderes wahr. Und dies auch als Hörender nachvollziehen zu können, empfiehlt es sich, die DVD erst einmal ohne Tonspur ablaufen zulassen" (Büsser 2012, S. 133).

Diskriminierungserfahrungen und das Recht auf eigene Räume – die „May deaf"

Obwohl derzeit die (Musik-)Kulturen der nicht Hörenden zunehmend gesellschaftliche Beachtung erfahren, bestimmen Diskriminierung und Ausgrenzung nach wie vor den Lebensalltag von schwer und nicht Hörenden. Schließlich sollte unterstrichen werden, dass Menschen mit Beeinträchtigungen gar nicht immer „inkludiert" werden wollen bzw. können und eigene Nischen für sich beanspruchen. Dies verdeutlicht ein Beispiel aus der Elektromusikszene: Seit 2000 organisiert Björn Blumeier aus Berlin, von Geburt an schwer hörend, alljährlich eine „May deaf", bei der vor allem Hörgeschädigte raven. In einem Interview erklärt er seine Motivation und schildert Beobachtungen aus der Clubszene:

> „Die (Gehörlosen) spüren die Musik in ihrem Körper. Ich habe mit verschiedenen Gehörlosen gesprochen. Wir haben Luftballons aufgeblasen, die haben die in den Händen gehalten. Und als wir den Bass weggedreht haben, dann hat man die Melodie gespürt. Das war sehr interessant für die Gehörlosen. Die spüren fast alles. Wir machen nicht lauter, nur weil wir gehörlos sind, sondern wir halten die Lautstärke auch für Hörende. Ich hab auch beobachtet, wie sie mit den Beinen zappeln und dem Takt folgen können. Die fühlen sich auch wohler. Die sind

in einer Gruppe, können sich gegenseitig kennenlernen und eine neue Liebe finden. [...]

In einer Diskothek ist es laut, dunkel und es gibt viele bunte Lichter. Da kann man mit Gebärdensprache gar nicht kommunizieren. Deswegen machen wir eine andere Veranstaltung, die heller ist. Wir machen auch viel mit Videoeinwänden, damit die Gehörlosen gucken können. [...] Heutzutage muss man ein bisschen aufpassen. Weil wenn man mit Händen spricht in der Diskothek oder auf einem Konzert, da denken viele, was tun die hier? Die können doch gar keine Musik hören. Warum tanzen die einfach? Die werden einfach diskriminiert. Wenn es Probleme geben sollte, dann verstehen die dich auch falsch. Wenn ein Hörender sagt, ‚du hast mich geschubst' und der Gehörlose aber mit eigener Mimik sagt, ‚nein, es war nicht mit Absicht', kann das der Hörende wiederum nicht verstehen" (Hummelsiep 2014, online).

Künstlerische Inspiration durch inklusive kulturelle Bildung?!

Zum Abschluss und Ausblick sei auf das Beispiel des Berliner Tanzprojekts „Atem und Herz" verwiesen. Anlass für diese Projektidee der kulturellen Bildung waren erste Erfahrungen des DOCK 11 – ein Ort der vielfältigen und internationalen Tanzszene für Produktion, Pädagogik und Präsentation[18] – mit Tanzprojekten mit Schüler_innen einer Berliner Gehörlosenschule, die zunehmende Verbreitung des Rap in DGS auf Youtube und künstlerische Diskurse im Kontext der 2012 eröffneten Ausstellung „Gebärde Zeichen Kunst. Gehörlose Kultur" im Kunstraum Kreuzberg (Müller/Paenhuysen 2012). Zielpersonen des Projekts sind zum einen die ca. 500 Kinder und Jugendlichen, die bereits im Dock 11 tanzen und einige Grundlagen der DGS tänzerisch erlernen sollen, Schüler_innen der Ernst-Adolf-Eschke Schule für schwer und nicht hörende Kinder und Jugendliche sowie Jugendclubs für Gehörlose, mit denen eine langfristige Zusammenarbeit angestrebt wird. Während des einjährigen Verlaufs der Projektarbeit „Atem und Herz" soll zunächst innerhalb der bereits bestehenden Tanz-, Schul- und Jugendgruppen gearbeitet werden und darauf aufbauend eine gemeinsame Choreografie entwickelt werden, die im Februar 2015 in Berlin aufgeführt werden soll.

Innovativ an diesem Projekt ist die Einbeziehung leiblicher rhythmischer Signale wie „Atem und Herz" für tänzerische Bewegung sowie der Deutschen Gebärdensprache (DGS), deren Grundlagen von allen Beteiligten (hörenden und nicht/schwer hörenden Tanzdozent_innen wie Kindern und Jugendlichen) erlernt werden sollen und mit deren „Gesten als Bewegungsmaterial" (ebd.) improvisatorisch und kompositorisch gearbeitet wird. Die

---

18 www.dock11-berlin.de/index.php/cat/c0_Dock11-EDEN-----.html (Abruf 15.10.2014).

Gesamtkonzeption des improvisatorisch ausgerichteten Projekts basiert auf den Kategorien des Laban-Bartenieff-Bewegungsanalysesystems[19]. Die Rhythmen von Atem und Herz werden als eine die Sinne erweiternde Wahrnehmungsebene für künstlerische Inspiration genutzt:

> „Der Tanz ist die stille, sprachlose, körperlich-visuelle Kunstform, die die Kommunikations-Brücke zwischen hörenden und nicht hörenden Schülern schafft. Die Kunst schafft somit eine Begegnung zwischen zwei normalerweise gesellschaftlich voneinander getrennten Gruppen einer heranwachsenden Generation. Die Rhythmen von Atem und Herz als allgemeinen menschliche Rhythmen bilden die Grundlage der Bewegung, die die Kinder körperlich-sinnlich erspüren und mit der sie einen Zugang zu ihrem eigenen Körper finden" (Dock 11 2014, S. 1).

Die Tänzer_innen sollen sich „expressiv-musikalisch ohne Musik" (Dock 11 2014, S. 1) verständigen – „über den Herzschlag als Metrum und den Atem als Melodie" (ebd.). Diese Formulierung ist paradox, wird zum einen behauptet, man arbeite „ohne Musik", zum anderen der Herzschlag als „Metrum" und Atem als „Melodie" bezeichnet. Implizit wird hier von einem konventionellen Musikverständnis ausgegangen. Wäre das Grundverständnis jedoch ein experimentelles, so könnte man das Projekt „Atem und Herz" durchaus als ein Tanz- UND Musikprojekt definieren.

> „… die DGS, der Ausdruck der Gehörlosen ist eine große Erweiterung des Bewegungsmaterials und der Ausdrucksfähigkeit im Tanz. Der Tanz bietet viele Gestaltungs- und Kompositionswerkzeuge, mit denen Gehörlose und Hörende sich […] auch künstlerisch aus[…]drücken können" (Dock 11 2014, S. 2).

Unbedingt ergänzen müsste man, dass die DGS dem Tanz nicht nur Bewegungs- und Ausdrucksmaterial, sondern letztlich auch eine musikalische Grundlage – den Rhythmus – sowie einen neuartigen (nicht akustischen, sondern visuellen) musikalischen Ausdruck – die Gebärdensprache – bietet.

Schlussbemerkung

In diesem Essay wurden die Herausforderungen einer kritischen Inklusionsperspektive (Dannenbeck/Dorrance 2009) an die Praxis der musikalischen bzw. kulturellen Bildung bezogen auf Menschen mit körperlicher und/oder geistiger Beeinträchtigung thematisiert.

---

19 www.laban-eurolab.org (Abruf 16.8.2014).

Ausgehend von dem Beispiel einer musikalischen Bildungsbiografie wurden unter anderem folgende Fragen diskutiert: Warum gelten Menschen mit Beeinträchtigung, die an musikalischer Bildung interessiert sind, als „Musiktherapie"-bedürftig? Warum fällt es Musikschullehr_innen so schwer, mit Menschen mit Beeinträchtigungen zu arbeiten? Wie wird mit Musikinteressen und -praxen von Menschen mit Beeinträchtigung umgegangen, die normativen Qualitätsansprüchen an Musik nicht genügen? Warum erfahren Menschen mit Beeinträchtigung, die in „inklusiven" künstlerischen Werkstattprojekten arbeiten, keine gleichberechtigte Anerkennung wie andere als professionell anerkannte Künstler_innen?

Anhand unterschiedlicher Projektbeispiele der kulturellen bzw. musikalischen Bildung wird kritisch hinterfragt: Warum finden Ensemblespiel und Aufführungen von Musik von und mit Menschen mit Beeinträchtigung vorwiegend in „behüteten Nischen" und „exklusiven Situationen" ihren Raum? Warum erweist sich der Theaterbereich als experimentierfreudiger als der Musikbereich? Warum werden auch erfolgreiche Musiker_innen immer wieder als Menschen mit Beeinträchtigung etikettiert oder etikettieren sich selbst so?

Am Beispiel der vielfältigen Kulturszene schwer und nicht-hörender Menschen wird perspektivisch nach den Ressourcen statt nach Defiziten von Menschen mit „Beeinträchtigung" gefragt: Welche Potenziale birgt die Gebärdensprache für musikalisch-künstlerische Schöpfung, aber auch die politische Selbstbehauptung von schwer und nicht hörenden Menschen? Und wie können Hörende von der DGS profitieren bzw. inspiriert werden – auf der Wahrnehmungs- und Kommunikationsebene, im Tanz und in der Musik?

Mit diesem Essay soll dazu angeregt werden, (vermeintlich) inklusive Konzeptionen und Prozesse der Praxis der kulturellen Bildung kritisch zu reflektieren. Manche angeblich inklusiven Projekte geraten in die Fallstricke essentialistischer Zuschreibungen und zementieren damit (unbewusst) Diskriminierungen bestimmter Adressat_innengruppen. Dahingegen sollten intersektionelle Perspektiven eingenommen werden (vgl. Jacobs/Köbsell/Wollrad 2010), Vielfalt anerkannt und zugleich Differenzsetzungen durch praktisches – künstlerisches und pädagogisches Handeln – dekonstruiert werden (ebd.). Schließlich gilt es zu bedenken: „Inklusion" in der kulturellen Bildung ist keinesfalls ein „wohlmeinendes" (kultur-)pädagogisches Anliegen, das auf angeblich universell gültigen Werten wie „Respekt für Vielfalt" basiert, sondern stets im Kontext von diversifizierten Gesellschaften mit ihren jeweiligen sozialen und ökonomischen Ungleichheiten und ihren Machtpolitiken auszuhandeln. Speziell in der kulturellen Bildung definieren machtvolle akademische (erziehungswissenschaftliche), künstlerische und kulturpolitische Fachdiskurse den Spielraum für das, was in der Praxis als

„inklusiv" anerkannt und als förderungswürdig ausgehandelt wird. Bei solchen Aushandlungsprozessen wird zu wenig mitbedacht, dass sich die kulturelle bzw. musikalische Bildung selbst – auch bezogen auf ihre Inhalte und Qualitätsansprüche – hinterfragen lassen und ggf. wandeln muss, will sie sich neuen Adressat_innen öffnen. Wenn Zugangsbarrieren für junge Menschen mit und ohne Beeinträchtigungen erkannt und überwunden würden, müssten Experimentierräume und (auch etablierte) Bühnen für selbst bestimmtes künstlerisches Üben und Schaffen gemäß IHREN ästhetischen und kulturellen (ggf. auch kultur-/politischen) Interessen, Ausdrucksformen und Qualitätsmaßstäben geschaffen werden. Dies wird in Deutschland aktuell vor allem in der Theaterszene ausgehandelt. Für die Musikszene sind experimentelle Bands wie „Station 17" und die derzeit vielfältige, lebendige Kulturszene der schwer und nicht hörenden jungen Menschen vor allem bezogen auf die Entwicklung neuer künstlerischer Praxen zukunftsweisend.

Die in diesem Essay reflektierten Beispiele zeigen, dass Inklusion in der kulturellen Bildung ein Aushandlungsprozess ist – mit denjenigen und im Interesse derjenigen, die aufgrund von Beeinträchtigungen „Othering-Prozessen" und Diskriminierungen ausgesetzt sind und exkludiert werden. Die angebliche Kehrseite der Inklusion, die Exklusionserfahrung, kann produktiver Ausgangspunkt und zentrales Anliegen einer kulturellen Bildung und künstlerischen Praxis sein, die sich der kulturellen Teilhabe ausgegrenzter Menschen verpflichtet fühlt – im Sinne des Menschenrechts der Teilhabe aller am kulturellen Leben[20].

Literatur

Büsser, M. (2012): Musik in Gebärdensprache. Ein Projekt der Tödlichen Doris. Music in Sign Language: A Project by Die Tödliche Doris. In: Müller, W./Paenhuysen, A. (Hrsg.): Gebärde Zeichen Kunst. Gehörlose Kultur/Hörende Kultur. Gesture Sign Art. Deaf Culture/Hearing Culture. Berlin: Martin Schmitz, S. 127–133.

Christ, P. (2012): Auf dem Weg in die Inklusion: Ermutigende Ansätze in Musikschulen – aber es fehlt an Rückhalt und Geld. In: neue musikzeitung online vom 18.12.2012. www.nmz. de/online/auf-dem-weg-in-die-inklusion-ermutigende-ansaetze-in-musikschulen-aber-viel-zu-wenig-geld (Abruf 10.8.2014).

Dannenbeck, C./Dorrance, C. (2009): Inklusion als Perspektive (sozial)pädagogischen Handelns – eine Kritik der Entpolitisierung des Inklusionsgedankens. In: Zeitschrift für Inklusion, H. 2. http://rmhserver2.netestate.de/koop_jsa/media/raw/inkl_02_09_dannenbeck_inklusion.pdf (Abruf 16.8.2014).

---

20   Vgl. Gesetz zu dem Übereinkommen der Vereinten Nationen vom 13. Dezember 2006 über die Rechte von Menschen mit Behinderungen vom 21. Dezember 2008, Artikel 30.

Dock 11 GmbH Studios (2014): Atem und Herz – ein generationsübergreifendes Tanzprojekt für hörende und nichthörende Menschen. Internes Konzept (Stand 6.8.2014). Kurzdarstellung im Internet. www.dock11-berlin.de/index.php/cat/c3_0_28_Atem-und-Herz.html, (Abruf 16.10.2014).

Gesetz zu dem Übereinkommen der Vereinten Nationen vom 13. Dezember 2006 über die Rechte von Menschen mit Behinderungen vom 21. Dezember 2008. Artikel 30. Teilhabe am kulturellen Leben sowie an Erholung, Freizeit und Sport. Bonn: Bundesanzeiger, S. 1443 f. www.un.org/Depts/german/uebereinkommen/ar61106-dbgbl.pdf (Abruf 4.5.2015).

Hartogh, Th./Wickel, H. H. (2004): Musik und Musikalität. Zu der Begrifflichkeit und den (sozial-)pädagogischen und therapeutischen Implikationen. In: Hartogh, Th./Wickel, H. H. (Hrsg.): Handbuch Musik in der sozialen Arbeit. Weinheim/München: Juventa, S. 45–55.

Hill, B./Josties, E. (2007): Musik in der Arbeit mit Jugendlichen. In: Hill, B./Josties, E. (Hrsg.): Jugend, Musik und Soziale Arbeit. Anregungen für die sozialpädagogische Praxis. Weinheim/München: Juventa, S. 13–41.

Hill, B./Wengenroth, J. (2013): Musik mach im „jamtruck". Evaluation eines mobilen Jugendprojekts für Jugendliche. München: kopaed.

Hummelsiep, M. (2014): Techno spürt sich gut an — Beim „MayDeaf" raven Gehörlose. www.bln.fm/2014/04/taube-menschen-hoeren-techno-nein-sie-spueren-ihn/ (Abruf 16.6.2014).

Jacobs, J./Köbsell, S./Wollrad, E. (Hrsg.) (2010): Intersektionale Aspekte von Behinderung und Geschlecht. Bielefeld: transcript.

Josties, E. (2007): Musik in der Kooperation von Jugendkulturarbeit und Schulen. In: Hill, B./Josties, E. (Hrsg.): Jugend, Musik und Soziale Arbeit. Anregungen für die sozialpädagogische Praxis. Weinheim/München: Juventa, S. 63–76.

Klaeui, A. (2012): Disabled Theater – Jérôme Bel und das Theater Hora beim Festival d'Avignon. Mich selber zu sein oder jemand anderes. In: nachtkritik.de. http://nachtkritik.de/index.php?option=com_content&view=article&id=7094:disabled-theater-und-six-personnages-en-quete-dauteur-neue-produktionen-von-jerome-bel-und-stephane-braunschweig-beim-festival-davignon-&catid=38:die-nachtkritik&Itemid=40 (Abruf 14.8.2014).

Löytved-Hardegg, P. (2007): Musik in der Arbeit mit Jugendlichen mit Behinderungen. In: Hill, B./Josties, E. (Hrsg.): Jugend, Musik und Soziale Arbeit. Anregungen für die sozialpädagogische Praxis. Weinheim/München: Juventa, S. 93–106.

Meierhenrich, D. (2014): Bestrickender Charme der Bourgeoisie. In: Berliner Zeitung vom 28.1.2014. www.berliner-zeitung.de/theater/anne-tismer-im-theater-thikwa-bestrickender-charme-der-bourgeoisie,10809198,26022176.html (Abruf 7.2.2014).

Merkt, I. (2014): Auf dem Weg zur Inklusion. Das Dortmunder Modell: Musik. In: Kulturpolitische Mitteilungen Nr. 144, H. 1, S. 61.

Paenhuysen, A. (2012): Gebärden-Pop und Hiphop. Sign Pop and Hiphop. In: Müller, W./Paenhuysen, A. (Hrsg.): Gebärde Zeichen Kunst. Gehörlose Kultur/Hörende Kultur. Gesture Sign Art. Deaf Culture/Hearing Culture. Berlin: Martin Schmitz, S. 79–83.

Probst, W. (2002): Musik mit Behinderten – eine Aufgabe der Musikschule. In: Verband Bayerischer Sing- und Musikschulen e. V. (VBSM) in Zusammenarbeit mit dem Fachausschuss „Behinderte an Musikschulen" des Verbandes deutscher Musikschulen e. V. (VdM) (Hrsg.): Musik mit Behinderten an Musikschulen. Grundlagen und Arbeitshilfen. Berichte aus der Praxis. 2. erw. Aufl. Nürnberg: Peter Athmann, S. 10–20. www.athmann.de/verlag/online/bams/bams201.htm (Abruf 16.10.2014).

Rascher, M. (2014): Das Bochumer Modell – Abteilung für Musik mit behinderten Menschen (nach einem Artikel von Marei Rascher in: Forum, Zeitschrift der Lebenshilfe Bochum e. V.). www.bochum.de/C125708500379A31/vwContentByKey/W27BYF63599BOLDDE (Abruf 16.10.2014).

Rat für Kulturelle Bildung e. V. (Hrsg.) (2013): Alles immer gut. Mythen Kultureller Bildung. Essen, S. 40.

Schmidt, Y. (2012): Perform to be a Freak. In: Schipper, I. (Hrsg.): Ästhetik versus Authenzität? Reflexionen über die Darstellung von und mit Behinderung. Berlin: Theater der Zeit, S. 118–129.

Sliwka, A. (2012): Soziale Ungleichheit – Diversity – Inklusion. In: Bockhorst, H./Reinwand, V.-I./Zacharias, W. (Hrsg.): Handbuch Kulturelle Bildung, München: kopaed, S. 269–273.

Thikwa e. V. (2011): Theater Thikwa und Thikwa-Werkstatt für Theater und Kunst. http:// thikwa.de/theater/index.html (Abruf 28.10.2014).

Thoma, N./Letho, A. (2011): Swingin' his hands faster than Karate Kid. Der gehörlose Rapper Signmark und Gebärdensprachen im HipHop. In: Samples. Online-Publikationen des Arbeitskreises Studium Populärer Musik e. V. (ASPM). http://bidok.uibk.ac.at/library/thoma-lehto-signmark.html (Version 1.11.2011).

Treptow, R. (2010): Kulturelle Strategien und soziale Ausgrenzung. Tagung „Shortcut Europe" am 5. Juli 2010. www.fonds-soziokultur.de/shortcut/07/news/kulturelle-strategien-und-soziale-ausgrenzung/ (Abruf 19.4.2013).

Verband deutscher Musikschulen (2014): Potsdamer Erklärung vom 16. Mai 2014. Musikschule im Wandel. Inklusion als Chance. www.miz.org/dokumente/2014_vdm_potsdamer_erklaerung.pdf (Abruf 16.10.2014).

Vollhaber, T. (2012): „Das Auto fährt über die Brücke – aber es kommt nicht an. Anmerkungen zu den Schwierigkeiten, die sich ergeben, wenn sich Hörende und Gehörlose treffen. „The Car Drives across the Bridge – But It Never Arrives". Notes on the difficulties that arise when hearing and deaf people meet. In: Müller, W./Paenhuysen, A. (Hrsg.): Gebärde Zeichen Kunst. Gehörlose Kultur/Hörende Kultur. Gesture Sign Art. Deaf Culture/Hearing Culture. Berlin: Martin Schmitz, S. 85–94.

Waldschmidt, A. (Hrsg) (2003): Kulturwissenschaftliche Perspektiven der Disability Studies. Tagungsdokumentation. Kassel.

Wildermann, P. (2014): Meine Wolle, meine Welt. In: Der Tagesspiegel vom 26.1.2014. www.tagesspiegel.de/kultur/meine-wolle-meine-welt/9384340.html (Abruf 7.2.2014).

Neue Medien und Inklusion

Franz Josef Röll

Das jeweilige Denken und Wahrnehmen wird von der Struktur der Kommunikationsform geformt, durch die wir die Welt und uns selbst erfahren. Die verschiedenen Teile dieses Kommunikationssystems sind soziokulturell einem ständigen Wandlungsprozess ausgesetzt. Keine mediale Struktur, kein Code und kein Kanal bleiben über längere Zeit unverändert. Heute bestimmen weitgehend die digitalen Medien den kommunikativen Code in der Gesellschaft. Aufgrund der hohen Repräsentanz der digitalen Medien im kommunikativen Lebensalltag wird Ihnen ein kausaler Faktor für unterschiedliche Probleme und gesellschaftliche Wandlungsprozesse zugeschrieben. Kein Zweifel besteht, dass sie enorme Potenziale zur Erweiterung der Kommunikationsfähigkeit anbieten, die aber nicht von allen in wünschenswerter Weise genutzt werden können. Gelingende oder nicht gelingende Kommunikation entsteht in dialektischer Beziehung zu den jeweiligen soziokulturellen Verhältnissen. Im folgenden Text möchte ich nach einer Begriffsbestimmung das Phänomen Digital Divide erörtern, die bestehende Herausforderung erörtern, auch behinderte Menschen barrierefrei an der digitalen Kommunikationskultur teilnehmen zu lassen, aufzeigen, dass durch Neue Medien die kommunikative Teilhabe von vielen Behinderten unterstützt wird sowie zwei Beispiele aus der Praxis beschreiben, wie benachteiligte Kinder mithilfe von Neuen Medien ästhetische Erfahrungen sammeln können. Zum Schluss wird begründet, weshalb ästhetische Erfahrungen zur Aneignung von Wirklichkeit und zum Erlebnis der Selbstwirksamkeit beitragen können.

Neue Medien

Der Begriff der „Neuen Medien" tauchte zuerst Mitte der 1980er Jahre in der medienpädagogischen Debatte auf. Damals wurden mit „Neuen Medien" neue Übertragungsformen bei der Vermittlung des Fernsehsignals subsumiert, so zum Beispiel die Verbreitung von Radio- und Fernsehsignalen mit Koaxial- und Glasfaserkabel sowie über Satelliten. Später wurde der Begriff verwendet, wenn es um den Wandel von terrestrischen analogen Übertragungstechniken zur digitalen Verbreitung ging, die bereits im Jahre 2008 abgeschlossen war und bei dem Wandel von der Kathodenröhrentechnik (Bildschirm) zur Plasma- bzw. Flüssigkristalltechnik sowie der bei Veränderung der Bildauflösung (HDTV). Im Moment wird an sogenannten OLED-Bildschirmen gearbeitet, die unter anderem eine Blickwinkelunabhängigkeit ermöglichen. Mit Smart TV, dessen Teilsysteme vernetzt sind und sich durch intelligente Selektionsmechanismen auszeichnen, hat sich das Medium Fernsehen zur multioptionalen konvergenten Nutzung erweitert, wobei Apps eine zentrale Schnittstelle bilden. Eine ergänzende Nutzungsform steht im Zusammenhang mit Second Screen-Anwendungen in Kombination mit interaktiven TV-Formaten. Diese Entwicklungen werden mit Social TV bezeichnet. Denkbar ist auch eine weitere Entwicklung, das Datenbankfernsehen. Bei dieser Zukunftsvision konstruieren die NutzerInnen mithilfe von engine machines und Filmvorlagen, die in einer Datenbank gespeichert sind, ihren eigenen Film.

Ebenso wurde der Begriff „Neue Medien" für die 1984 beginnende personale Nutzung der Computertechnik benutzt. Auch hier lässt sich beobachten, dass der Begriff immer wieder mit den jeweils aktuellen Medien in Verbindung gebracht wird. War der Personal Computer das neue Medium Mitte der 1980er Jahre, so kam diese Bedeutung dem Internet 1991 zu, dem Web 2.0 wurde das Attribut 2003 und dem Smartphone 2007 zugeschrieben. Auch CD-ROM, DVD und Blu-ray galten zum Zeitpunkt ihrer ersten Nutzung als Neue Medien, ebenso Steuerungstechniken, die die Verknüpfung unterschiedlicher Medien erlaubten (Multimedia, Multivision). Für Ratze (1993) sind Neue Medien alle neuartigen Verfahren und Mittel (Medien), bei denen mithilfe neuer oder erneuerter Technologien Informationen erfasst, bearbeitet, gespeichert, übermittelt oder abgerufen werden.

Digital Divide

Während die ComputernutzerInnen zu Beginn der 1990er Jahre noch eine marginale Gruppe in der Gesellschaft bildeten, kann jetzt umgekehrt davon ausgegangen werden, dass diejenigen, die über keine alphanumerische Kompetenz verfügen, die die Kommunikations- und Informationsmöglichkeiten des Internet nicht nutzen, die Analphabeten des 21. Jahrhunderts sind. Nicht zu Unrecht wird von einem „digital divide" gesprochen.

Bisher galt die Lesekompetenz als eine unabdingbare Voraussetzung für eine erfolgreiche Teilnahme am gesellschaftlichen Leben. In Gesellschaften, deren Kommunikationskultur von den Medien geprägt sind, genügt Lesekompetenz nicht mehr, zusätzlich bedarf es der Kompetenz, das Internet zur Information, für Bildung und Wissensmanagement, zur öffentlichen und interpersonalen Kommunikation und zur Stabilisierung von Beziehungs- und Identitätskonzepten verwenden zu können.

Die Möglichkeiten die Potenziale des Internets zu nutzen sind allerdings ungleich verteilt. Bei der Digital-Divide-Debatte handelt sich somit auch um eine Inklusionsdebatte. Sie bezieht sich auf den modernisierungs-theoretischen Ansatz, der davon ausgeht, dass wir zukünftig in einer Wissensgesellschaft leben, deren gesellschaftliche Infrastruktur die Informationstechnologien bilden. Ein wesentlicher Motor dieser Entwicklung steht im Zusammenhang mit der Deregulierung der Finanzmärkte und der grenzenlosen Investitionspolitik weltweit operierender Unternehmen. Die Netzwerke des Internets bilden das kommunikative Gerippe des flexiblen Kapitalismus (Sennet 2005). Spezialisierte Produktions- und Zulieferbetriebe lösen die Fließbandproduktion einer Fabrik auf. Die Standorte und Arbeitsabläufe dieser Zulieferer orientieren sich ständig flexibel an den Notwendigkeiten der globalisierten Wirtschaft. Infolge der Globalisierung lässt sich eine verschärfte Trennung von Personen, Institutionen und Gesellschaften (zum Beispiel westliche Länder) feststellen, die durch diese Entwicklung profitieren bzw. an denen die technische und ökonomische Entwicklung vorbeigeht. So lässt sich vor allem ein „global divide" feststellen, ein Unterschied im Zugang zum Internet zwischen Industrie- und „Entwicklungs-"Ländern.

Die Daten des amerikanischen Marktforschungsinstitutes Internet World Stats[1] belegen die Auswirkungen dieser Wirtschaftspolitik auf die (Entwicklungs-)Länder. Es leben 15,6 Prozent der Erdbevölkerung in Afrika, 26,5 Prozent der Bevölkerung nutzen das Internet. Im Gegensatz dazu leben in der Europäische Union 11,5 Prozent der Weltbevölkerung, 70,5 Prozent der gesamten Bevölkerung nutzen das Internet (42,3 Prozent der Internetnutzer weltweit).

Der exklusionstheoretische Ansatz setzt sich mit den sozialen Faktoren des Digital Divide auseinander. So geht es unter anderem um informationelle Ungleichheit bzw. Ungerechtigkeit. Angestrebt wird, ökonomische, politische und sozio-kulturelle Zugangsbeschränkungen zum Internet und sonstige Hindernisse für eine gesellschaftliche Integration zu beseitigen.

Innerhalb der entwickelten Länder kommt es zu einem „social divide", einer zunehmenden Kluft zwischen „information rich" und „information poor". Die in der Gesellschaft schon bestehende Wissenskluft wird weiter vergrößert, da die besonders gut informierten und an gesellschaftlichen und kulturellen Prozessen Beteiligten durch geschickte Internetnutzung den Abstand zum Rest der Gesellschaft immer weiter vergrößern. Zugangsbarrieren

---

1   www.internetworldstats.com.

wie Kosten und Medienkompetenz führen dazu, dass die ohnehin schon sozial Privilegierten auch im Internet überrepräsentiert sind. Das Internet hat auch eine politische Dimension, zumal politisch nicht interessierte Personen auch im Internet keine politischen Informationen abrufen. Wenn zudem die digitalen Medien nicht zum Engagement in und zur Beteiligung am öffentlichen Leben benutzt werden, führt dies zu einem „democratic divide" (ungleiche Möglichkeit zur Teilhabe/Partizipation). Von einem „technical divide" kann gesprochen werden, wenn die technische Infrastruktur (Computer, Internet, Breitbandkabel) eine Teilnahme an der Internetnutzung einschränkt.

Mit dem Konzept der unterschiedlichen Kapitalsorten von Pierre Bourdieu (1982) kann ebenso verdeutlicht werden, dass die kulturelle Teilhabe am Internet auf unterschiedlichen Ausgangsvoraussetzungen basiert und es letztlich damit zu einem „Second Level Digital Divide" kommt. Bourdieu differenziert in Ökonomisches Kapital (Geld- und Sachwerte), Kulturelles Kapital (= Bildungskapital) und Soziales/Symbolisches Kapital, damit sind die sozialen Beziehungen, Gruppenzugehörigkeit sowie Distinktionen (Verschleierung von ökonomischer Macht) gemeint. Die Knüpfung persönlicher Beziehungen in sozialen Netzwerken zum Beispiel begünstigt die Bildung von sozialem Kapital. Durch das Internet sind Kontakte zu sozialen Milieus möglich, die ansonsten verschlossen wären. Durch schwache Beziehungen können Zugänge zu Informationen gefunden werden, die auch die persönlichen beruflichen Perspektiven erweitern können. Ebenso ist es aber auch denkbar, dass habituelle Fähigkeiten, strukturelle Möglichkeiten und fehlende Gruppenzugehörigkeit zu einer Ungleichheit der Verfügbarkeit führen.

Seit dem Beginn des Internet-Zeitalters in den 1990er Jahren hat die Digital-Divide-Debatte zwei Zielrichtungen. Eine Teilhabe-Richtung zielt darauf, dass auf unterschiedlichen Ebenen (unter anderem Mikro-, Makroebene, soziale Dimension, milieuspezifische Sicht) der Zugang und die Teilhabe an der elektronischen Kommunikation und der Informationsaufnahme und -verarbeitung gewährleistet sein sollte. Nadia Kutscher (2010, S. 153) macht darauf aufmerksam, dass fehlende materielle, kulturelle und soziale Ressourcen zu einer (Re-)Konstitution von Macht- und Ungleichheitsstrukturen in Form von Nutzungs- und Beteiligungsformen führen. Ein zweiter Diskussionsstrang fokussierte sich auf behinderungskompensierende Techniken und die Umsetzung von Barrierefreiheit (Hänsgen 2004).

Barrierefreiheit

Wenn es auch bei der Barrierefreiheit um vergleichbare Ziele geht, so zum Beispiel die Verwirklichung von Teilhabe, die Gleichstellung und die Ermöglichung von Selbstbestimmung, so stehen doch bei den Befürwortern der Forderung nach Barrierefreiheit technische Beschränkungen im Zentrum. Daher hat die Barriere-Richtung das Überschreiten von Grenzen, die durch Neue Medien entstanden sind, im Blick. Intendiert ist, dass Blinde, Sehbehinderte, Hörgeschädigte, Personen mit motorischen Störungen sowie geistig und lernbehinderte Zugang zu barrierefreier Informationstechnik haben. Am 23. Juli 2002 wurde im Bundesgesetzblatt 2002 die „Verordnung zur Schaffung barrierefreier Informationstechnik nach dem Behindertengleichstellungsgesetz" (Barrierefreie-Informationstechnik-Verordnung – BITV) veröffentlicht. Am 12. September 2011 wurde sie an die veränderte Technik (Web 2.0) angepasst[2]. Der Geltungsbereich der Verordnung bezieht sich auf Internetauftritte und -angebote der Behörden der Bundesverwaltung, die öffentlich zugänglich sind sowie grafische Programmoberflächen, die mittels Informationstechnik realisiert wurden.

Bei der ersten Verordnung wurden auf den Internetseiten große Schriftzeichen gefordert, gut lesbare Grafiken und Erklärungen der Grafiken mit Alt-Texten sollten Verwendung finden, wenig Flash-Animationen genutzt und auf Frames und Animationen sollte verzichtet werden. Da Internetseiten nicht mehr mit Frames gestaltet sind (unter Einsatz der Skriptsprache HTML), weil in der Regel heute CSM (Content Management Systeme) eingesetzt werden, ergeben sich mittlerweile andere technische Herausforderungen. So wird in der aktuellen Fassung des BITV 2.0 unter anderem gefordert, Nicht-Text-Inhalte (Bilder, Grafiken, Audio, Video) in Textform als Alternative bereitzustellen, sodass sie den Bedürfnissen der Nutzerinnen und Nutzer entsprechen. Über die Tastatur ist die gesamte Zugänglichkeit der Funktionalität sicherzustellen, Orientierungs- und Navigationshilfen müssen zur Verfügung gestellt werden, um Inhalte finden zu können.

eInclusion

„eInclusion" intendiert nicht nur, den „digital gap" (digitalen Graben) zuzuschütten, sondern die Teilhabe aller Menschen und Gruppen an allen Aspekten der Informationsgesellschaft zu fördern sowie Diskriminierungen zu bekämpfen. eInclusion zielt daher auf die Überwindung von Ausgrenzung, die

---

2   www.gesetze-im-internet.de/bitv_2_0/BJNR184300011.html.

Verbesserung von Lebensqualität und des sozialen Zusammenhalts sowie die Förderung der gesellschaftlicher Teilhabe. Der Zugang zu Information, Medien, Inhalten und Dienstleistungen soll erleichtert werden.

Bereits in den 1980er Jahren wurde die Braillezeile, auch Brailledisplay genannt, erfunden. Mit diesem Computer-Ausgabegerät für blinde Menschen können Zeichen in Brailleschrift dargestellt werden. Mithilfe eines Screenreaders wird taktiles Lesen ermöglicht (fühlbare Blindenschrift). Große Teile der Standardsoftware können dadurch von Blinden benutzt werden und sie können selbständig am Computer arbeiten. Bei der Kopfmaus handelt es sich um einen kabellosen optischen Sensor für Menschen, die ihre Hände zur Bedienung des Computers nicht benutzen können. Heute gibt es eine Vielzahl von Möglichkeiten, die Neuen Medien zur eInclusion einzusetzen:

- Tablets können mithilfe von Apps individuell so angepasst werden, dass sie für Menschen mit Behinderungen nutzbar sind.
- Das Arbeiten mit Fußtastaturen hilft Personen, die keine Möglichkeit haben, Daten mit den Händen einzugeben.
- Voice-Over-Funktion (Spracherkennung) hilft Blinden Touch-Technologien zu bedienen.
- Ein Großteil der Filmproduktionen erscheint inzwischen auch mit Untertiteln. Vorreiter dieser Entwicklung ist der Streamingdienst Netflix.

Parallel zu den Bemühungen, mithilfe von Neuen Medien Barrierefreiheit herzustellen und sicher zu stellen, dass auch Menschen mit Behinderung die Neuen Medien nutzen können, gibt es auch Bestrebungen die Neuen Medien zur gesellschaftlichen Teilhabe, zur Lebenswelterkundung sowie zur Entfaltung der Persönlichkeit einzusetzen.

Das Netzwerk NIMM! versteht sich als Netzwerk zur „Inklusion mit Medien"[3]. Vom Netzwerk werden Medienprojekte initiiert, es werden regelmäßig Infos über unterstützende Computertechnologien, Apps, Tools und Computerspiele für die barrierefreie Medienarbeit zur Verfügung gestellt. Menschen mit Behinderungen können bei der Nutzung von Computer und Internet durch folgende Techniken/Methoden unterstützt werden:

- Die Sprachsteuerung digitaler Medien mit der Stimme bietet erweiterte Möglichkeiten für Menschen mit motorischen und Sehbehinderungen.

---

3 www.inklusive-medienarbeit.de.

- Techniken zur komplexen Spracherkennungen geben den NutzerInnen eine Rückmeldung, ob sie „verstanden" wurden. Eine wichtige Voraussetzung für Barrierefreiheit wird gewährleistet, weil sie zur erneuten Spracheingabe auffordern (zum Beispiel die Sprachsteuerung Siri in Apple, Spracherkennungssoftware wie Dragon).
- Audio-Games vermitteln sämtliche Informationen über Sound, Musik und Sprache. Sie können per Tastatur oder Touch-Display gespielt werden. Allerdings gibt es für Blinde jenseits von Audio-Games kaum Möglichkeiten, Computerspiele zu spielen.
- Zukunftsforscher diagnostizieren, dass im Jahre 2025 für Hörgeschädigte problemlos Telefongespräche mithilfe von Schriftdolmetschern möglich sind. Via Spracherkennung werden schriftliche Texte auf das Smartphone weitergeleitet. Ebenso werden dann digitale Texte problemlos durch Gebärdenavatare wiedergegeben werden können.

Inklusive Sozialraumerkundung in Bad Kreuznach

Die oben aufgeführten Beispiele demonstrieren, dass die Neuen Medien vor allem helfen, dass Behinderte bessere Möglichkeiten haben, an der Kommunikationskultur teilzunehmen. Im folgenden Beispiel des von medien+bildung.com initiierten Projekts mobil+stark wird verdeutlicht, dass Neue Medien auch Erfahrungsebenen eröffnen, die bisher Behinderten weitgehend verschlossen waren. Die Handyralley wurde mit Schülerinnen und Schülern der Bethesda Schule in Bad Kreuznach, die einen Förderschwerpunkt motorische Entwicklung (SFM) hat, durchgeführt (Kreschel 2014). Die Schule befindet sich in Trägerschaft der Bad Kreuznacher Diakonie.

Mobile Geräte wie Tablets und Smartphones wurden eingesetzt, um Methoden, Konzepte und Apps mit und für Menschen mit Behinderung zu testen und zu entwickeln. Als Software wurde Actionbound eingesetzt[4]. Mithilfe dieses Apps kann man iPad-Ralleys, Tablet-Tours, Schatzsuche oder Schnitzeljagd durchführen. Ebenso kann man Stadterkundungen vornehmen und dabei dazu beitragen, dass Behinderte aktiv ihre Lebenswelt erkunden.

---

4   https://de.actionbound.com.

Abb. 1: Screenshot der Actionbound-Seite

Quelle: https://de.actionbound.com.

Derartige Projekte fördern das individuelle Stärkenbewusstsein der Teilnehmer. Neben technischen werden auch sozialen Kompetenzen gestärkt und
die gesellschaftliche Teilhabe unterstützt. Deutlich wurde bei diesem Projekt,
dass Neue Medien den Alltag von Behinderten bereichern und das Leben ver-
einfachen, das gilt vor allem für mobile Medien, da sie die Texteingabe erleichtern. Es handelt sich um ein offenes Bausteinkonzept, das eine flexible
Ausgestaltung und eine bedarfsgerechte Weiterentwicklung zulässt.

Beim ersten Treffen wurde von den Jugendlichen eine Liste sehens-
werter Punkte in Bad Kreuznach zusammengestellt. Beim zweiten Treffen
wurden die Orte angefahren. Vor Ort wurden passende Fragen zu den Orten
entwickelt. Die MedienpädagogInnen, die das Projekt betreuten, konnten zu
Beginn feststellen, dass bereits ein Drittel nicht nur mit Tablets ausgestattet
war, sondern sie bereits aktiv nutzten.

In Teilgruppen wurden die nächsten Aufgaben angegangen. Am Flipchart legte eine Gruppe die endgültige Route fest. Die bei der ersten Erkundung gemachten Fotos wurde von der zweiten Gruppe sortiert nach „Dokubild" und „Routenbild". Anschließend wurden die Bilder am Laptop bearbeitet, das heißt es wurde der Kontrastumfang verbessert, es wurden Ausschnitte gemacht und kippende Linien begradigt. Die Teilnehmerinnen bekamen so viel Zeit, wie sie entsprechend ihrer Auffassungsgabe benötigten. Die ersten fünf Stationen der Rallye wurden anschließend in die Stadtrallye-App Actionbound eingebunden. Damit alle die Prozesse mitverfolgen konnten, wurde ein Whiteboard eingesetzt. Die Koordinaten des jeweiligen Stationspunkts musste in die Arbeitsumgebung der App Actionbound eingegeben werden, ebenso musste die zugehörige Frage und die Antwortalternativen eingegeben werden. Darüber hinaus mussten die Fotos hochgeladen werden.

Abb. 2: Handy-Rallye durch Bad Kreuznach

Mit den TeilnehmerInnen und einer Parallelklasse wurde später die Rallye, die großen Anklang fand, getestet. Erst beim Probelauf wurde der Gruppe bewusst, was sie geleistet hatte. Auf ihre Handyrallye durch Bad Kreuznach waren alle sehr stolz. Die Medienpädagoginnen hätten sich in der Rückschau etwas mehr Vorlaufzeit gewünscht, um alle SchülerInnen noch gleichmäßiger beteiligen zu können. Aber auch wenn das Projekt unter dem engen Zeitkorsett am Schuljahresende zu leiden hatte, wurden alle Ziele erreicht.

Ästhetische Erfahrung in Babenhausen

Die Eduard-Flanagan-Schule in Babenhausen integriert ein sonderpädagogisches Beratungs- und Förderzentrum und eine Schule mit dem Förderschwerpunkt Lernen und Praxisklassen. In diese Schule gehen vor allem Kinder, die unter erschwerten Bedingungen lernen und leben und einen sonderpädagogischen Förderbedarf haben. Im Rahmen der Projektstudienphase mit dem Schwerpunkt „Jugend und Medien" haben in den letzten Jahre Studierende der Hochschule Darmstadt des Fachbereichs Gesellschaftswissenschaften und Soziale Arbeit an zwei Nachmittagen Kursangebote gemacht, um den Kindern die Möglichkeit zu geben, die Neuen Medien zum Selbsterkunden und Selbstausdruck kennen zu lernen. Entsprechend der Zielgruppe bedurfte es eines niedrigschwelligen Ansatzes. So lernten die Kinder zu Beginn, sich selbst zu fotografieren und dann in der zweiten Phase ihre Schule und danach die Lebenswelt rund um die Schule zu erkunden. Sie lernten, die Bilder abzuspeichern, in Ordner zu kopieren und danach zu bearbeiten. Mithilfe der kostenlosen Bildbearbeitungssoftware *Gimp*[5] lernten sie den Kontrast zu erhöhen, die Farbintensivität zu verbessern und störende Stellen aus dem Bild zu entfernen. Einigen gelang es sogar mit Ebenen zu arbeiten, das heißt unterschiedliche Bildfragmente miteinander zu verbinden. Die Kinder waren mit großer Begeisterung dabei, benötigten aber auch Pausen und vor allem hatten sie große Probleme, sich die unterschiedlichen Befehle zu merken. Notwendig war es daher, didaktische Hilfsmittel bereitzustellen, damit die Kinder die einzelnen Schritte rekonstruieren konnten.

In der nächsten Phase wurde mit der Software *Comic Life*[6] gearbeitet. Hier lernten die Kinder auf spielerische Weise wie man Fotos und Texte in Sprechblasen miteinander verbinden kann, sodass dadurch ein Comic entsteht. Comics waren ihnen bekannt und so konnte an ihre Erfahrungswelt angeknüpft werden. Kleine Rollenspiele wurden ausgedacht. Anschließend wurde Szene für Szene fotografiert und in die Templates von Comic Life eingebunden.

Aufgrund der positiven Erfahrungen setzten wir auch das Autorentool *Mediator* ein[7]. Diese Software ist sehr mächtig und ermöglicht die Produktion von interaktiven DVDs. Die Software gibt Kindern und Jugendlichen die Chancen, erste Erfahrungen mit Multimedia zu machen. Die auf visuellen Symbolen basierende Befehlsstruktur ermöglicht das intuitive Arbeiten. Spielerisch lernen Kinder Wenn-Dann-Beziehungen zu gestalten und damit

---

5 www.gimp.org.
6 comic-life.softonic.de.
7 www.matchware.com/ge/products/mediator.

die Grundzüge des Programmierens. Dies geschieht auf einer sinnlichen und sehr einfachen Weise durch Drag-and-drop. In der Bildungsarbeit ist Mediator optimal einsetzbar, es begünstigt computerunterstütztes Lernen (CBT) und vor allem selbstgesteuertes Lernen mit Neuen Medien. Text, Sprache, Ton, Video, Grafik und Foto können miteinander verbunden werden. Die Vielfalt der Möglichkeiten erlaubt eine Binnendifferenzierung im Lernprozess. Die Kinder können entsprechend ihren Fähigkeiten und Potenzialen vorgehen. Nach jeder Phase sind die Arbeitsergebnisse sichtbar. Dies führt zu Erfolgserlebnissen und fördert die intrinsische Motivation. Einige Kinder erstellten ein persönliches Profil, andere stellten den Klassenraum vor, wiederum andere beschäftigten sich mit der direkten Umgebung der Schule. In noch deutlicherem Maße als bei der Arbeit mit dem Bildbearbeitungsprogramm fiel auf, dass die Kinder große Mühe hatten, sich die gelernten Befehle zu merken. Es machte ihnen große Freude Animationen zu erstellen, aber wie eine Animation gemacht wird, musste immer wieder erklärt werden. Wenn auch bei Mediator nur Grundzüge angeeignet wurden, merkten die Kinder, dass es möglich ist, mit dieser Software beeindruckende Präsentationen zu erstellen. Sie waren stolz, dass sie bei diesen Seminaren teilnehmen durften, fühlten sich ernst genommen.

Animoto[8] setzten wir ebenfalls ein. Dieses Tool befindet sich in der Cloud. Es handelt sich um ein ideales Tool gerade für Personen, die mit dem kognitiv-rationalen Lernen Probleme haben. Mit Animoto kann die aktive Recherche der Lebenswelt zu einer multimedialen und ästhetischen Erfahrung verdichtet werden. Bei Animoto (Werbeslogan: „The end of slide shows") handelt es sich um eine Story-Engine-Maschine. Zuerst fotografieren und filmen die Kinder/Jugendlichen assoziativ alles, was ihnen Freude macht. Danach wird ausgewertet. Was sind die Gründe für die gewählten Motive? Was war die Absicht, was ist auf dem Bild zu erkennen? In Kleingruppen werden ausgehend von der über die Sinne erfahrenen Recherche erste Konzepte diskutiert, eine Narration, eine Erzählung wird sich ausgedacht oder es wird darüber nachgedacht, wie Bilder mit der Musik als Klangteppich verbunden werden können. Danach folgt die zweite Recherche. Mithilfe von Bildbearbeitungsprogrammen werden die Bilder „verbessert", geschönt oder künstlerisch gestaltet. Wenn die Reihenfolge der Bilder und/oder der Videos festgelegt ist, werden sie mithilfe der Story-Engine-Maschine auf einer Zeitleiste miteinander zu einem professionellen Bilderfilm verbunden. Die Kinder/Jugendlichen können sich GEMA-freie Musik aussuchen und haben die Möglichkeit, unterschiedliche Templates und Montageverknüpfungen auszuwählen. Mit Templates sind die Hintergründe gemeint

---

8 animoto.com/home.

und mit der Wahl einer Montageform kann man entscheiden, wie und in welcher Form die Bilder wechseln. Es können auch Texte integriert werden. Nachdem Musik ausgesucht, Bild, Text oder Video auf der Zeitlinie angeordnet ist, errechnet die Software unter Vorgabe des Templates und der Montage eine Animation, die Bilderfilm (neudeutsch für Diaschau oder Multivision) genannt wird. Auch wenn die einzelnen Bilder nicht perfekt aufgenommen sind, wird über die Animation jedes Produkt zu einem ästhetischen Erlebnis. Das Ergebnis bleibt in der Cloud (bei Animoto) und kann auf YouTube hochgeladen werden. Mit einem Link können Freunde informiert werden und sie können sich den Bilderfilm anschauen. Bilderfilme bis zu einer Länge von 30 Sekunden sind kostenlos.

Das Wiedererkennen, die Kontextualisierung und das Reflektieren der eigenen Person geschieht über Geschichten erzählen, dem Spielen mit Sprache, Bildern und Tönen. Genau dies kann man mit Animoto in perfekter Weise umsetzen. Es ist eine sinnliche Auseinandersetzung mit der eigenen Person und der Lebenswelt. Die Lernenden machen dabei ästhetische Erfahrungen, erleben ihre kreativen Potenziale. Animoto-Bilderfilme können auch in Gruppen gemacht werden. Die Lernenden erfahren, dass es bei dem ästhetischen Lernen nicht um eine einzige Lösung geht, sondern viele mögliche Lösungen denkbar sind. Bei den Bilderfilmen können jederzeit Bilder ausgetauscht und/oder verändert werden, ohne dass die zentrale Aussage des Films dadurch verändert wird. Deutlich wird somit, dass es keine universale Lösung, sondern nur multiversale Lösungen gibt. Damit wird das multiverselle Denken gefördert. Besonders für die Arbeit mit bildungsfernen Schichten und Personen die lernbehindert sind, kann dieses Tool eine Gate-Opener-Bedeutung bekommen.

Ästhetische Erfahrung

Die aktuellen Neuen Medien können schwerpdabei helfen Grenzen zu überwinden, weil sie eine Schnittstelle bilden für Kommunikation, Interaktion und Beziehungsmanagement. Weil mit deren Hilfe auch Weltaneignung stattfindet, ist es sinnvoll und notwendig diese Medien einzusetzen. Allerdings lassen sich neben den genannten Gründen noch weitere Aspekte hervorheben, die von Bedeutung sind für medienpädagogische Lernprozesse. Mithilfe von Neuen Medien können ästhetische Erfahrungen, genauer aisthetische Erfahrungen (Erweiterung der Wahrnehmung) gemacht werden. Neuen Medien kommt bei dem hier vorgestellten Konzept auch die Aufgabe zu, die Disposition der Wahrnehmung über ästhetische

Erfahrungen zu erweitern. Damit verbunden ist die Intention die Selbstwirksamkeit und Selbstverwirklichung zu stärken und die Entwicklung des Selbstkonzepts zu fördern.

Ästhetische Erfahrungen bilden den Kern des ästhetischen Lernens. Sowohl bei der Wahrnehmung ästhetischer Objekte und Phänomene als auch durch produktive Gestaltung lassen sich ästhetische Erfahrungen machen. Ästhetische Erfahrungen bedürfen keiner spezifischen Lernumgebung, sie können in der Lebenswelt gemacht werden, in Ereignissen und Szenen, „die das aufmerksame Auge und Ohr des Menschen auf sich lenken, sein Interesse wecken und, während er schaut und hört, sein Gefallen hervorrufen" (Dewey 1934/1980, S. 11).

Wichtige Strukturelemente ästhetischer Erfahrung sind Überraschung und Genuss. Ästhetische Erfahrungen können die bisherigen Denk- und Wahrnehmungsweisen und damit das Selbstbild erweitern. Die Erfahrung der Diskontinuität und Differenz zu bisher Erlebtem löst die ästhetische Erfahrung aus. Das mithilfe der Sinne gewahr werdende Unerwartete, die Aufnahme überraschender Eindrücke führt mit dem ästhetischen Reiz zu Korrekturen bisheriger Annahmen von Wirklichkeit. Die genussvolle Identifikation, die von einer spielerischen Distanz zur Wirklichkeit bis hin zur Erkenntnis des Neuen reicht, führt dazu, „Neues" lustvoll zu erleben und begünstigt dadurch das Erleben von erfüllter Gegenwart. Die ästhetische Erfahrung kann aber auch zu einem sogenannten „Aha-Erlebnis" führen, der inneren Erkenntnis grundlegender Zusammenhänge, die plötzlich eintreten.

In vielfältigen Ausdrucks- und Gestaltungsformen kann sich die ästhetische Erfahrung aktualisieren. Bezogen auf die Neuen Medien konkretisiert sie sich in (be-)greifbaren, manifesten Darstellungen oder Ausdrucksformen (Medienobjekte, Filme, Fotoausstellungen, Multimediaproduktionen, Podcasts, Websites). Kennzeichnend für die ästhetische Erfahrung ist die Vermischung von Kulturaneignung und Kulturproduktion. Folgende Potenziale können mithilfe der ästhetischen Erfahrung gefördert werden.

Ästhetische Erfahrung als Instrument der Selbsterkenntnis

Die Thematisierung von Sinnfragen wird besonders durch den ästhetischen Produktionsprozess ausgelöst. Dies gelingt alleine schon deswegen, weil das menschliche Wahrnehmungsverhalten nie von Nutzlosigkeit geprägt und die ästhetische Erfahrung einer Grundform menschlicher Erfahrung entspricht und immer interessegeleitet ist. Dem ästhetischen Lernprozess kommt die Funktion zu, bisherige Welt-Deutungen zu überprüfen, andere Aneignungen von Wirklichkeit kennen zu lernen und probehaft auszuleben. Ästhetische Erfahrung und Handeln geht somit über die Nachahmung, die bloße Spiegelung hinaus, sie hat die Kraft des Hervorbringens.

Ästhetische Erfahrung als Analyse- und Erkenntnisinstrument

In einer immer stärker ästhetisch geprägten Kultur (Welsch 1993) wird ästhetische Bildung, das heißt auch die Kompetenz die symbolischen Botschaften mittels ästhetischer Instrumentarien zu decodieren, zu einer allseitigen Bildung für alle Kinder und Jugendliche. Die Kenntnis ästhetischer Formensprache und deren Ausdrucks- und Wirkungsmöglichkeiten befähigt nicht nur zur komplexeren Wahrnehmungsfähigkeit, der Entzifferung von Zeichensystemen, sondern auch zur kommunikativen Kompetenz, einer wesentlichen Ausgangsbedingungen für eine emanzipatorische und aufklärerische Erziehung. Ästhetische Bildung als Analyse- und Erkenntnisinstrument, das Erkennen von deren Ausdrucksfunktionen und das Beurteilen ihres Symbolcharakters erhält eine Schlüsselfunktion bei der Interpretation und Identifikation des aktuellen Verständnisses von sozialer und politischer Wirklichkeit. Sie ist in der Lage neben ihrer Relevanz der Decodierung subjektiver Weltbilder und der Befähigung zur bildhaften Kommunikation zu sensibilisieren für wahrnehmbare Veränderungen der Gesellschaft.

Ästhetische Erfahrung als Handlungsraum

Da die Erweiterung des bisherigen Bewusstseins, des bisherigen Standpunkts vornehmlich durch die eigenständige Erkundung erfolgt, führt dies nicht zu einer Blockade, sondern zu einer höheren Bereitschaft, sich bisher nicht Wahrgenommenem zu öffnen. Die oft verfestigte Verselbstständigung der lebensweltlichen Perspektive wird aufgebrochen. Das bisher nicht Wahrgenommene wird wie eine archäologische Entdeckung seines eigenen Selbst erlebt. Leben wird als gestaltbarer Raum erlebt, der Projektionen, Entwürfe erlaubt. Weil ich eine bestimmte Erfahrung gemacht habe, verbinde ich mein Tun mit Plänen und Absichten. Die unspezifische Zeit- und Raumerfahrung wandelt sich zu einer spezifischen Zeit- und Raumerfahrung. Die Erfahrungen der Konfrontation der Lebenswelt mit einer ästhetischen Erfahrung führen zu einer Transformation der bisherigen Aneignung von Wirklichkeit. Die Lebenswelt wird aus einer anderen Perspektive kennengelernt, die aktuell zur Verfügung stehenden Deutungsmuster werden erweitert, und die Motivation, sein eigenes Leben bewusster wahrzunehmen, wird gefördert.

Nach jedem gelungenen ästhetischen Entwurf entsteht das Bedürfnis nach Erweiterung. Daher ist die ästhetische Erfahrung prädestiniert, ganz unterschiedliche Bildungsprozesse auszulösen. Bei dem Einsatz von Neuen Medien bei lernbehinderten und/oder behinderten Kindern und Jugendlichen bedarf es einer dynamischen Anpassung dieses Konzeptes auf die jeweilige Zielgruppe. Die Umsetzung muss daher zielgruppenspezifische Besonderheiten berücksichtigen.

Neue Medien als Steigbügelhalter

Soziale Arbeit steht vor der Herausforderung, die Chancen und Potenziale die mit den Neuen Medien verbunden sind, für Inklusionsprozesse zu nutzen ohne die Risiken und „Begleiterscheinungen" wie zum Beispiel exzessiven Medienkonsum zu vernachlässigen. Neue Medien können Barrieren aufbauen, sie können sie auch überwinden, sie können auch neue Probleme wie Suchtverhalten und Cybermobbing fördern. In diesem Text ging es vor allem darum, die Potenziale in den Blick zu nehmen und die Notwendigkeit herauszustellen, Neue Medien in den Lern- und Lebensräumen zu nutzen, weil sie unseren Lebensalltag durchdringen. Gerade weil die Neuen Medien auch zum Digital Divide beitragen, ist dies eine notwendige Herausforderung. Wichtig wäre es, Lernumgebungen zu schaffen, die umfassende erweiterte Nutzungsformen der Medien erlauben. Medien sollten als Medium eingesetzt werden, um unterschiedliche Kompetenzen zu erwerben. Die Persönlichkeit von Menschen kann durch kooperative und kollaborative Lernformen reifen.

Sinnvoll ist es, Impulse zu Verhaltensänderungen zu geben und die Reflexion der eigenen Handlungsmuster anzuregen. Ausgegangen wird dabei von der Hypothese, dass Personen, die ein anregungsreiches Umfeld haben, in der Lage sind, sich in unterschiedlichen Erfahrungswelten zu erproben, die zugleich in kommunikativen und sozialen Produktionsprozessen eingebunden sind. Diese Personen können Selbstbewusstsein und Ichstärke entwickeln und damit keinen Bedarf haben, Medien dysfunktional zu nutzen, sondern zugleich kompetenter sein, sich gegen die Risiken zu schützen. Vor allem können, wie die aufgeführten Beispiele zeigen, die Neuen Medien sinnvoll eingesetzt behinderten Menschen bessere Chancen geben, sich in die gesellschaftliche Kommunikation und Teilhabe zu integrieren.

Literatur

Bourdieu, P. (1982): Die feinen Unterschiede. Kritik der gesellschaftlichen Urteilskraft. Frankfurt a. M.: Suhrkamp.

Dewey, J. (1934/1980): Kunst als Erfahrung. Frankfurt a. M.: Suhrkamp.

Hänsgen, Th. (2004): Behinderungskompensierende Techniken und Technologien zur Umsetzung von Barrierefreiheit. In: Otto, H.-U./Kutscher, N. (Hrsg.): Informelle Bildung Online. Weinheim/München: Juventa, S. 54–56.

Kreschel, D. (2014): mobil+stark: Handy-Rallye durch Bad Kreuznach. www.inklusive-medienarbeit.de/mobilstark-handy-rallye-durch-bad-kreuznach-ein-gastbeitrag-von-diem ut-kreschel/#more-4738 (Abruf 7.12.2014).

Kutscher, N. (2010): Digitale Ungleichheit: Soziale Unterschiede in der der Mediennutzung. In: Cleppien, G./Lerche, U. (Hrsg.): Soziale Arbeit und Medien. Wiesbaden: VS, S. 153–163.

Ratze, D. (1993): Handbuch der Neuen Medien. Stuttgart: Deutsche Verlagsanstalt.

Sennet, R. (2005): Der flexible Mensch. Die Kultur des neuen Kapitalismus. Berlin: Berliner Taschenbuch-Verlag.

Welsch, W. (1993): Ästhetisches Denken. 3. Aufl., Stuttgart: Reclam.

Die Autorinnen und Autoren

Kulkānti Barboza, Prof. Dr., studierte Sportwissenschaft, Ethnologie sowie Soziologie in Münster, wurde 2006 promoviert und erhielt 2010 ihren Ruf an den Fachbereich Sozialwesen der Fachhochschule Münster. Hier lehrt sie ästhetische Bewegungserziehung, kreative Sprachbildung sowie internationale Perspektiven der Sozialen Arbeit (Schwerpunkt „Indien"). Gleichzeitig studierte sie in Indien klassischen indischen Tanz sowie Yoga und ist seit 20 Jahren professionelle Tänzerin mit Auftrittserfahrung in Asien, den USA und Europa.

Clemens Dannenbeck, Prof. Dr., Dipl.-Soziologe, ist Professor für Soziologie und Sozialwissenschaftliche Methoden und Arbeitsweisen in der Sozialen Arbeit an der Hochschule Landshut. Er ist außerdem Beauftragter für die Belange von Studierenden mit Behinderungen und chronischer Krankheit sowie Prüfungskommissionsvorsitzender. Von 1988 bis 2001 war er wissenschaftlicher Mitarbeiter am Deutschen Jugendinstitut in München (DJI). Er ist Mitglied des Herausgeberkreises von Gemeinsam Leben. Zeitschrift für Inklusion, Inklusion Online (www.inklusion-online.net) und wirkt mit im Redaktionsbeirat der Fachzeitschrift Teilhabe der Bundesvereinigung Lebenshilfe e. V.

Carmen Dorrance, Prof. Dr., ist Professorin für Integrations-/Inklusionspädagogik an der Hochschule Fulda, Fachbereich Sozialwesen.

Ina Döttinger, Dr., ist Projektmanagerin bei der Bertelsmann Stiftung im Programm Integration und Bildung. Ihr Schwerpunkt liegt bei der schulischen Inklusion. Sie verantwortet insbesondere den Jakob Muth-Preis für inklusive Schule.

Thomas Grosse, Prof. Dr., Dipl.-Musiklehrer, ist Professor für Ästhetische Kommunikation mit dem Schwerpunkt Musik und Rektor der Hochschule für Musik Detmold. Zudem ist er Mitglied im Bundesarbeitskreis Kultur-Ästhetik-Medien (BAKÄM).

Theo Hartogh, Prof. Dr. phil. habil., ist Professor für Musikpädagogik an der Universität Vechta. Er studierte Klavier, Schulmusik, Erziehungswissenschaften und Biologie in Hannover und Hamburg. Es folgte die Promotion an der Technischen Universität Chemnitz und Habilitation an der Universität Leipzig. Er forscht und publiziert in den Bereichen Musikpädagogik, Musikgeragogik und Musiktherapie. Seine Schwerpunkte sind die Musik in der Altenarbeit und die Musik in der Sozialen Arbeit. Darüber hinaus ist er Zweiter Vorsitzender der Deutschen Gesellschaft für Musikgeragogik e. V. und gemeinsam mit Hans Hermann Wickel Herausgeber der Buchreihe „Musikgeragogik".

Ingrid Hentschel, Prof. Dr., lehrt Theater, Spiel, Kultur an der Fachhochschule Bielefeld in den Studiengängen Soziale Arbeit und Pädagogik der Kindheit. Sie ist Herausgeberin der Reihen „Scena – Theater und Religion" sowie „Resonanzen. Theater – Kunst – Performance". Ihr jüngstes Forschungsprojekt beschäftigt sich unter dem Aspekt der Gabe und der Gemeingüter mit den Prozessen von Austausch und Wechselseitigkeit in den bildenden und performativen Künsten. Neben dem Gegenwartstheater bildet die Theaterästhetik für Kinder und Jugendliche ein langjähriges Forschungsfeld.

Nicole Hollenbach, Dr., ist Projektmanagerin bei der Bertelsmann Stiftung im Programm Integration und Bildung. Sie arbeitet zu den Themen Chancengerechtigkeit im Schulsystem, Bildungsmonitoring, Schulentwicklung und Professionalisierung von Lehrkräften.

Elke Josties, Prof. Dr., ist Professorin für Theorie und Praxis der Sozialen Kulturarbeit mit dem Schwerpunkt Musik an der Alice Salomon Hochschule Berlin. Sie ist Mitglied im Bundesarbeitskreis Kultur-Ästhetik-Medien (BAKÄM), im Netzwerk Forschung Kulturelle Bildung, im Beirat der Landesmusikakademie Berlin und in der Jury des Projektfonds Kulturelle Bildung Berlin (bis 2017). Ihre Forschungsschwerpunkte sind Musik, Jugend und Kulturelle Bildung in Deutschland und im euromediterranen Vergleich.

Wolfgang Krieger, Prof. Dr. phil., Dipl.-Pädagoge, hat die Professur für Erziehungswissenschaft an der Hochschule Ludwigshafen am Rhein, Fachbereich Sozial- und Gesundheitswesen inne. Er ist Mitglied der Deutschen Gesellschaft für Soziale Arbeit (DGSA), der Deutschen Gesellschaft für Systemische Soziale Arbeit (DGSSA) und des Bundesarbeitskreises Kultur-Ästhetik-Medien (BAKÄM). Seine Schwerpunkte liegen im Bereich Allgemeine Pädagogik, Musikpädagogik und Ästhetische Bildung, Jugendhilfe, Systemische Soziale Arbeit, Beratung und Didaktik.

Wolfgang Meyberg, Prof. Dr., ist Professor für das Fach Musik in der Sozialen Arbeit an der Hochschule Fulda, Fachbereich Sozialwesen. Er ist außerdem Mitglied im Bundesarbeitskreis Kultur-Ästhetik-Medien (BAKÄM).

Tilly Miller, Prof. Dr., ist Professorin für Sozialarbeit/Sozialpädagogik und Politikwissenschaft an der Katholischen Stiftungsfachhochschule München. Sie absolvierte ein Studium der Politikwissenschaft (Dipl.sc.pol.Univ.) und der Sozialpädagogik mit dem Schwerpunkt Jugend- und Erwachsenenbildung (Dipl.Sozialpäd.FH). Zudem ist sie Theaterpädagogin BuT® und schloss eine Weiterbildung in Tanz- und Bewegungspädagogik Moderner Kreativer Tanz ab. Sie leitet den Vertiefungsbereich Erwachsenenbildung und das Theaterpädagogische Zentrum.

Lisa Niederreiter, Prof. Dr. phil., ist Dozentin für Ästhetik und Kommunikation an der Hochschule Darmstadt, Fachbereich Gesellschaftswissenschaften und Soziale Arbeit. Sie ist Sonder- und Kunstpädagogin, diplomierte Kunsttherapeutin und Künstlerin. Klinische Tätigkeit und offene Atelierarbeit mit psychoseerfahrenen Menschen, mit von HIV/AIDS Betroffenen und drogengefährdeten Jugendlichen. Gastdozentin an der Hochschule für Kunsttherapie in Nürtingen. Zahlreiche Ausstellungen und Veröffentlichungen. Sie ist Mitglied im Bundesarbeitskreis Kultur-Ästhetik-Medien (BAKÄM).

Franz Josef Röll, Prof. Dr., Dipl.-Pädagoge und Soziologe, hat eine Professur an der Hochschule Darmstadt, Fachbereich Gesellschaftswissenschaften und Soziale Arbeit mit den Schwerpunkten Neue Medien und Medienpädagogik inne. Seine aktuellen Forschungsschwerpunkte sind die Veränderung von Wahrnehmung und Bewusstsein bei Kindern und Jugendlichen aufgrund von Medienkonsum, Handlungsorientierte Medienpädagogik, Lernpräferenzforschung, Selbstgesteuertes Lernen mit Neuen Medien und Social Media.

Helene Skladny, Prof. Dr., absolvierte ein Lehramtsstudium an den Universitäten Dortmund und Münster (Kunstpädagogik, Deutsch, Ev. Theologie) und war als Lehrerin tätig. Seit 2010 ist sie Professorin für Ästhetische Bildung/Bildende Kunst an der Ev. Fachhochschule Bochum. Ihre Forschungsschwerpunkte sind die Historische Kunstpädagogik, Kunstvermittlung, Museumspädagogik und Soziale Arbeit, Inklusion und Ästhetische Bildung. Darüber hinaus ist sie Mitglied im Bundesarbeitskreis Kultur-Ästhetik-Medien (BAKÄM).